Dominique Lafourcade:

Una infancia para toda la vida

Bryan Alviárez Vieites

ISBN: 978-3-9823130-0-9

DEDICATORIA

Dedico este libro a mis apasionados e infatigables padres. Gracias a ellos aprendí a navegar por ríos turbulentos de los cuales salí renovada y fortalecida. Viví con ambos emociones intensas y de una profundidad que solo se da en familias como la nuestra. Una familia que sigue produciendo muchos artistas gracias a ese don de las sensibilidades exacerbadas.

ÍNDICE

INTRODUCCIÓN

A medida que el pasado crece y se acumulan las historias, también aumenta la necesidad de contarlas. Me fui embarcando en ello poco a poco, compartiéndolo con algunos interesados, con mi familia. Descubrí que disfrutaba investigar historias, reconstruirlas, recuperar documentos, fotos, evidencias. Y leer otras tantas más.

Decidí publicar un libro, limitarlo a mi vida en Chile antes de 1974. Luego de varios borradores, lecturas y ediciones, llegué a la conclusión de que mi formación científica me llevaba constantemente a los datos, lo cual quizás fuera una lectura interesante para algún historiador de la época, pero no para un público general. Todo esto sucedió en un lapso de varios años.

En el 2019 fallecieron mi padre y hermano; pocos meses después comenzó la pandemia y mi jubilación involuntaria. En esas circunstancias decidí retomar el proyecto a tiempo completo.

Lo primero fue considerar a quién iba a dirigir el relato final, quién sería el lector. No quería un público selecto, sino uno más amplio y más bien joven. Contar el pasado, mi pasado, a generaciones del siglo siguiente. Para eso necesitaba ayuda y me puse a buscarla. En principio, acudí a conocidos, luego publiqué una oferta de trabajo en un sitio web. Gestionar proyectos con personal remoto en plataformas virtuales no se me planteaba como un obstáculo ya que tenía muchos años de experiencia laboral en el área.

Me llegaron bastantes propuestas de todas partes del mundo. Y me decanté por un candidato, considerando sus textos. Tenía claro que no era fácil y que sería mucho trabajo. Y así fue. El confinamiento y la falta de alternativas ayudó a perseverar, a buscar soluciones, a cambiar los métodos. Manejábamos la misma lengua, pero la comunicación se topaba con muchos obstáculos. Cerrar la brecha (cuatro decenios, dos continentes y más cosas) necesitó de una determinación e interés sostenido de ambas partes.

De paso, fui aprendiendo mucho sobre su realidad, la de Venezuela, la de los gallegos en Venezuela. La suerte de los emigrantes españoles y su descendencia. Algo nuevo, pero familiar.

Ambos aportamos nuestra parte; yo la experiencia de decenios y él, la pasión por su futuro oficio.

El resultado se parece más a una novela, basada en mi vida y experiencia, que a unas memorias. Espero cumpla el objetivo de llegar a un amplio y variado espectro de lectores.

Dominique Lafourcade Señoret
Westerburg, junio de 2021

Capítulo 1

Un hogar repleto de recuerdos

1

Aquel grito emergió desde las entrañas de la tierra y la despedazó.

Esa madrugada soñé con algo que murió muy rápido en mi recuerdo. Desperté sobresaltada, empujada por la sacudida de una mano y la voz de mi abuela Raquel distorsionada por un tono inusual y mal disimulado. Pánico, lo percibí al instante. Traté de hacerme con algún rostro en medio de la penumbra mientras frotaba mis ojos y me adaptaba a la oscuridad. Distinguí rápidamente la mirada de Octavio, mi hermano pequeño, somnoliento todavía en la cama de al lado, tan confundido como yo y temeroso desde el instante en el que puso sus pies sobre el suelo de madera y no pudo sostenerse. La tierra temblaba y sacudía la casa desde los cimientos con una violencia injusta y desgarradora.

Nos cargaron.

Las puertas de nuestra habitación se abrieron casi a la vez y por ellas aparecieron todos los miembros de la casa. Como emisarios de una noticia fatal, sus rostros turbados y sus humores agitados mostraban sin palabras que aquella era una situación atípica, sorpresiva, anormal; una situación que exigía calma, pero a la cual acudían todos acongojados y con la enfermedad del miedo contaminando sus sentidos.

El mundo se sacudía con rabia: las paredes, el suelo y las personas temblaban sin cesar. A mí alrededor, cualquier acción parecía ralentizarse frente a la promesa de que aquel hogar de recuerdos cediera bajo la fuerza de la naturaleza y nos aplastara con el peso del pasado.

Pero nosotros no estábamos dispuestos a esperar a que eso sucediera.

Al inicio, creí que despertarnos había sido una formalidad, un miedo impulsivo por parte de mi abuela al creernos adultos cuando le bastaba llevarnos en sus brazos. Sin embargo, pronto descubrí mi error. A pesar de que mi hermano y yo estábamos raquíticos —producto de una mala alimentación que llevaba a la empleada de turno a mancharnos la boca sin darnos alimento-. mantener el equilibrio resultaba realmente difícil, imposible hacerlo con dos niños en brazos. Mi abuela se arrepintió casi al instante y volvimos a la inestabilidad del suelo. Cogí la mano de Octavio y ella tomó la mía; así entrelazamos nuestra suerte. La calidez de aquella palma de mujer me reconfortó. En ella encontré la fuerza y la dirección para avanzar a trompicones hasta la sala, velando siempre por Octavio y su miedo desbordado; posando la mirada en todos los lugares ensombrecidos del cuarto; escuchando los murmullos inteligibles de mi tío a mis espaldas y ese chirrido de la puerta principal que nos condujo hasta una sala en penumbras, apenas iluminada por el breve despertar de la aurora a las seis de la mañana.

A nuestro encuentro acudió mi abuelo, don Enrique Lafourcade Miranda, enérgico, decidido, dispuesto a darlo todo por su familia. Su rostro inalterable parecía controlar sus emociones y, al mismo tiempo, las de todos. Llegaba desde el jardín, decidido a protegernos del peligro. Se nos unió a mitad de la sala, pero lejos de tranquilizarnos, su llegada coincidió con un estruendo grave que provenía desde todos los rincones de la casa y nos aturdía de forma incesante.

Aquel ruido era un sonido uniforme que mezclaba indiscriminadamente el estrépito de los platos y el tambaleo de los coloridos tarros de mermeladas; fusionaba el estruendo que producían los cuadros enmarcados en madera y vidrio al estrellarse contra el suelo a lo largo del salón; unificaba las vibraciones que emitían los muebles y objetos de la sala con el tembloroso repiqueteo de los cristales de puertas y ventanas; en suma, todos aquellos sonidos impetuosos se homogenizaban en mis tímpanos, y aunque no podía distinguirlos por separados, el conjunto de sus ecos resonaba con una misma voz, un mismo pulmón que no necesitaba inhalar, sino gruñir con un ardor amenazante capaz de generarnos a todos el mismo sentimiento de desesperación.

A pesar de los años, todavía conservo con sorprendente precisión los detalles de aquel momento de incertidumbre. En mi mente no ha pasado el tiempo, tal vez por eso puedo revivir mil veces esa escena de caos y temor como si estuviese suspendida en el espacio, libre de cualquier atadura temporal. Esa mañana, mis ojos infantiles retrataron aquel breve segundo como si se tratara de una fotografía...

Todavía puedo recordarlo.

Allí estábamos, una parte de la familia Lafourcade, inmersa en una tragedia que no había hecho más que comenzar la madrugada del veintiuno de mayo de 1960. Allí estaba yo, temblando con una mano y protegiendo a Octavio con la otra; segura por contar con mi abuela, quien sufría en silencio la posible pérdida de sus diarios —todavía resguardados en su habitación— pero también responsable de la mirada suplicante de mi hermano y todos los temores que lo perturbaban. Esa mirada que me taladraba la nuca; me juzgaba y exigía, quizás sin saberlo, estar a la altura. Sus ojos claros y repletos de preguntas me empujaban a dar más de mí. Él llevaba la boca entreabierta, como oxigenando sus miedos, obligándome con su carita infantil a tragarme los míos y a convertirme en su ejemplo, en su hermana mayor, la valiente, la que siempre sabía todo y tenía por norma no fallar a pesar de las circunstancias.

Al mismo tiempo, a mi alrededor estaba mi tío Gastón. Su rostro eternamente teatral se había transformado en una morisqueta aterradora que expresaba miedo y preocupación, motivado, seguramente, por lo que pudiese sucederle a su hermoso piano de cola. Él ayudaba a mi bisabuela *Ta*, quien se esforzaba por avanzar a pesar del dolor de sus varices y el peso de la vejez. También caminaba junto a nosotros mi tía Eliana, con el rostro pálido y muy cerca de mi abuelo, aquel hombre de hierro que asumía como único deber el resguardo de su familia.

Entonces, justo cuando atravesábamos el salón, todo se detuvo de golpe: el suelo dejó de temblar y los sonidos de la casa se amordazaron solo para ser reemplazados por un sofocante e hiriente silencio que apenas era interrumpido por nuestras respiraciones. Quedamos paralizados; temíamos que a ese instante de sosiego le siguiera algo mucho peor, pero casi de inmediato reanudamos la marcha a paso rápido hasta salir a la terraza exterior de la casona.

Allí, el ambiente era totalmente diferente. El cielo otoñal apenas si iluminaba la tierra y el olor de las glicinas lo invadía todo. Para mí ese aroma era el perfume de la vida, así que lo inhalé desesperada. A nuestro alrededor no había ruido, salvo los propios de un nuevo amanecer y los que provenían del otro lado de la terraza, donde se encontraba la casa de mi tía Raquel, su esposo Villalobos y mis primos. Antes de ir a buscarlos, ya habían salido a nuestro encuentro. No lucían mejor que nosotros, llevaban ropa de dormir, el rostro intranquilo, el miedo en la mirada.

Ambos grupos nos encontramos en medio del parrón y nos quedamos allí, inmóviles, creyéndonos resguardados de cualquier peligro, mirando inertes nuestros hogares. Temíamos lo peor y no era un miedo infundado: las réplicas podían aparecer en cualquier instante. Aquellas casonas españolas nos devolvían una mirada suplicante. Sus paredes se me antojaban endebles; su estructura, frágil; sus colores, entristecidos.

Allí estábamos, los Lafourcade, todos juntos en medio de la incertidumbre, integrando nuestro silencio al del ambiente, sumergidos en la inacción mientras avanzaba el tiempo y el sonido de los animales anunciaba que, por encima de los pesares, comenzaba un nuevo día.

Ahí estábamos, invadidos por sentimientos extraños, desconocedores del caos que vendría después... Ignorábamos que todo aquello no era más que el principio de un presagio, una visión de las heridas que ya desde antes sufría la sociedad chilena y que pronto se transformaría en algo más que dolor y sumisión. Entonces no lo sabíamos. Nadie lo sabía.

Pero tarde o temprano terminaríamos por descubrirlo.

2

Ese día la tierra no volvió a temblar.

Sin embargo, todos decidimos trasladar nuestra cotidianidad al exterior de las casonas. Las familias se dedicaron a ocupar sus esfuerzos en los quehaceres básicos del jardín, las conversaciones con los vecinos y cualquier otra cosa que les permitiera mantener la mente y las manos atareadas. En ocasiones, los adultos regresaban al hogar para recuperar algún objeto particular. Aparentaban cierta normalidad, pero se les notaba tensos: les resultaba imposible disimularlo. De todos, mi abuelo fue el único que se internó prolongadamente para tratar de escuchar alguna información por la radio; lamentablemente no consiguió demasiado. La catástrofe había sido en el sur; la situación era grave, 8.2 la magnitud del terremoto, pero en Santiago la vida continuaba. Aquello lo escuché de la boca de mi abuelo, casi entre susurros. Por alguna razón que desconozco, prestaba mucha atención a los detalles y a todo lo que decían los adultos, aunque no me dejaban escuchar por mucho tiempo.

Nosotros, los niños, ignorábamos en gran medida las consecuencias de un sismo. Quizás por eso nos fuimos a jugar en lo profundo de los jardines, alejados de todas las miradas, confiados de que todo marchaba bien. El miedo de la mañana todavía estaba presente en nosotros, pero la tierra nos llamaba con mayor fuerza. ¡Había mucho por hacer! Visitamos el gallinero, cogimos algunas frutas de la huerta y pululamos por aquí y por allá, inmersos en nuestra ajetreada y alegre rutina. No importaba nada más.

Siempre he pensado que esa es la magia de los niños. En ocasiones, solo les basta un poco de compañía para olvidar por completo los problemas. En mi caso, Octavio y mis primos —Viviana e Iván—, decididamente eran suficiente para hacer de mis días algo memorable. La aventura estaba asegurada en los más de dos mil metros cuadrados de aquellas casonas y sus jardines, por eso era muy fácil conseguir algo para hacer sin mucho esfuerzo.

No obstante, a pesar de todas las actividades y juegos a nuestra disposición, Iván, el mayor de nosotros, estaba decidido a desafiarnos. En varias ocasiones nos atraía hasta las faldas de las casas solo para retarnos a entrar. Para nosotros, había cierta inyección de adrenalina en regresar al interior. Nos sentíamos estimulados y valientes con tan solo poner un pie dentro de la cocina o el salón. Al hacerlo, algo nos sacudía por dentro, el pánico se apoderaba de nuestro cuerpo y nos hacía regresar al exterior de inmediato con la respiración entrecortada. En el fondo, nos aterraba la idea de que en cualquier momento las casonas se fueran a desmoronar.

Viviana nos miraba jugar extasiada. A ella siempre la vestían como una muñeca de porcelana con sus ropas de color pastel bien planchaditas y arregladitas. Sin embargo, vivía consumida por la preocupación que le generaba su madre. Siempre pensé que un niño que no puede ensuciarse la ropa es un niño desdichadamente infeliz. Indudablemente, Vivi era una de esos niños. Estaba condenada a ser una muñequita encerrada dentro de su estuche, destinada a ser contemplada por su madre y a sufrir las consecuencias de cualquier acción que la llevara fuera de los márgenes invisibles que habían sido creados para ella.

Debido a esto, era normal que Viviana estuviese repleta de miedo y dudas, aunque su mirada reflejara una intensidad apasionante, una excitación desbordada y frenética por aquello que no podía hacer, pero que la tentaba irremediablemente. Al vernos emprender las más arriesgadas —y sucias— aventuras, se impacientaba. Su carita se contraía hasta formar una morisqueta de placer y culpa, de deseo y resignación; una súplica muda frente a lo que nunca lograba hacer pero que, en el fondo, anhelaba con locura.

Por piedad, o tal vez porque no nos interesaba demasiado aquel juego de Iván, nos aburrimos muy rápido y volvimos a merodear a los adultos durante la hora de comer. El sol se dejaba sentir en el jardín, la tarde estaba comenzando y la diestra mano de mi abuela dirigía un cucharón sobre una cazuela en la que hervía un delicioso caldo. Mi estómago rugía ante aquel perfume, pero yo ni siquiera lo notaba. Ese sonido era algo normal para nosotros. No recuerdo un solo día de mi infancia en el que no estuviese hambrienta. En casa de mis abuelos comíamos regularmente, al menos con un horario establecido. Sin embargo, la nuestra era un hambre desmedida, un apetito voraz y desesperado. Devorábamos todo lo que ponían en los platos, hurtábamos cualquier fruta de los árboles y los huertos del jardín, pero por más que comíamos, nunca estábamos satisfechos. Éramos niños realmente hambrientos y sospecho que no era solo por falta de comida.

Mucho tiempo después de almorzar, el día terminó sin mayores complicaciones. Mi abuelo, quizás mejor informado para aquella hora, sacó sábanas, colchones y almohadas fuera de la casa. Alegres e intrigados, hicimos un campamento improvisado debajo del parrón y nos tratamos de proteger del inclemente frío de la noche. Dormimos allí, a la intemperie, resguardados del peligro de techos y paredes. En el jardín, los sonidos del ambiente se entremezclaban con nuestras respiraciones. A lo lejos se escuchaba el ladrido ocasional de algunos perros del barrio; a lo lejos sonaba el ruido de un autobús, a lo lejos otros temían lo que no tardaría en llegar... a-lo-lejos.

Cerré los ojos.

Al abrirlos, Chile había cambiado.

3

Pasaron veinticuatro horas y treinta y un minutos desde el primer sismo. Se repitió; estábamos preparados. La intensidad de este fue ligeramente inferior, al menos en Santiago. Aun así, la sacudida pesó sobre nuestro ánimo. Nos mantuvimos gran parte de la mañana aletargados, pero sin fuerzas para dormir; temerosos, con los labios sellados e incapaces de concentrarnos en algo más que la incertidumbre. A mis primos se los llevaron a algún lugar desconocido, pero volvieron a comienzos de la tarde, justo a tiempo para tomar el almuerzo. Octavio y yo ayudamos a la abuela a cocinar y a recoger algunas frutas del jardín. Solo así logramos recuperar el sosiego.

En ese instante no lo tenía claro, pero llevaba clavado en mi interior un profundo amor por la naturaleza. Trabajar la tierra con las manos me resultaba fascinante y casi sin quererlo se convirtió en mi escape. Aquellas casonas demandaban una infinidad de labores y, como algunas nos involucraban, durante esos años surgió la oportunidad perfecta para consolidar el hábito de mantener la mente y el cuerpo ocupados para huir de mis aflicciones. Este hábito, tan característico de mis abuelos, se me inculcó sin que nadie fuera consciente de ello. Cuando realizaba una actividad, lo hacía con una concentración inhumana. A veces me desconectaba de tal forma de mi realidad que mi abuelo se burlaba con cierto orgullo: «¡*La niña tiene otra vez esa mirada!*».

Desde que tengo memoria, poseo una mirada inquisitiva y abstraída de la realidad. Esa misma forma de contemplar el mundo la llegué a observar en mi padre, en Gastón y en mi abuela durante toda la vida. Aquella herencia estaba muy presente en mis facciones y eso hacía que, de alguna manera, mirara con los ojos del que encuentra en su entorno algo desafiante y novedoso. Casi sin quererlo, me perdía hacia dentro, a lo profundo de mi soledad, y eso me

18

empujaba a reflexionar e interesarme por los procesos de la vida. Nada me resultaba mundano, pero lo que más me encendía era la posibilidad de descubrir la manera de hacer algo nuevo.

Tal vez por eso, aunque la curiosidad me era natural y preguntaba cada vez que tenía ocasión, solía aprender observando. Allí por donde pasaba, escudriñaba los detalles con los ojos del más minucioso joyero; lo hacía envuelta en el absoluto silencio, prestando atención a esas labores que manos más diestras realizaban al encender el fuego en el patio, preparar los alimentos, atender a las gallinas, recoger los huertos y tomar los frutos de los árboles. Para mí, cualquier actividad se convertía en una fuente de interés y de buena gana me sumaba sin que me lo pidieran. Usualmente, estaba encantada de rendirme ante esa sed de experiencias que me rondaba sin que pudiera advertirlo.

Gracias a esa sed, mis días avanzaban atropellados, con una prisa ridícula, pero apasionante. Ese veintidós de mayo no hubo excepciones a la regla. Las horas no conocen de despedidas y en un abrir y cerrar de ojos nos encontrábamos devorando el almuerzo junto a mis primos. Comimos sin hablar, casi siempre era así, Octavio y yo le temíamos al hambre y en cada bocado calmábamos nuestros miedos.

Inmediatamente después de terminar, ya cansados por el desvelo y preparados para tomar una siesta, llegó la segunda sacudida. Esta vez el sonido de la tierra fue un simple ronroneo que tardó menos de una hora en transformarse en un sonido amorfo e inhumano; un grito doloroso y angustiado que desgarraba el aire. Aquel ruido era fiel presagio de la muerte. Nadie estaba preparado para aquello y en menos de un instante nos embargó la más genuina de las desesperaciones.

Entonces comenzó el verdadero horror.

Como todos los anteriores, aquel grito subterráneo que se elevaba tan violentamente provenía del sur, desde Traiguén y Malleco, Valdivia, Concepción y tantos otros lugares que en ese instante estaban siendo arrasados simultáneamente por una energía sísmica de 9.5, algo nunca registrado por la humanidad. La ruptura tectónica de esa tarde era portadora de una fuerza descomunal que iba destruyendo todo a su paso. Su furia era potente y no perdonaba a nadie. En su avance rajaba la piel de Chile: rompía sus articulaciones, desgarraba campos, suburbios y poblaciones, y desnudaba de forma descarada y fría las viejas heridas y desigualdades que en medio de la destrucción se mostraban como una deuda insatisfecha, olvidada... dolorosa.

No había escapatoria.

Las casas se caían a pedazos sin importar su material; las estructuras se rendían casi sin mostrar batalla; las calles se abrían con grietas monstruosas, y hombres, mujeres y niños corrían y gritaban, rezaban y suplicaban, morían y quedaban atrapados debajo de los escombros y los lamentos de un país entero. Aquel día la tierra abrió sus fauces con la seria amenaza de engullirnos a todos por igual.

Mientras más se alejaba el sismo del sur y ascendía hacia el centro y el norte de Chile, su furia se reducía, pero no por ello se mostraba menos indómita. De hecho, si mi primera impresión del día anterior había sido de alarma, no tenía punto de comparación con la energía de aquellas horas.

Cuando el sismo se dejó sentir en Santiago, intentó destruirlo todo con un rencor antiquísimo. Las casonas se tambaleaban frente a nosotros. Los sonidos venían de todas partes y formaban una sinfonía ensordecedora y lastimera. Jamás me sentí tan impotente. A mi alrededor, todos quedamos paralizados, con la mirada fija, la boca entreabierta en un grito mudo y la respiración entrecortada del llanto. En algún rincón de nuestra mente suplicábamos para que todo se detuviera.

Suplicábamos y llorábamos… gritábamos y suplicábamos.

Pero no se detuvo.

El terremoto se prolongó por diez minutos enteros. Diez agónicos minutos en los que una sucesión de más de treinta y siete movimientos tectónicos fueron sacudiendo el país de punta a punta. Uno de aquellos estallidos de energía frenética chocó con la casa de mi tía Raquel y la partió a la mitad con una grieta profunda que iba desde la sala hasta la cocina. En ese momento no lo sabíamos, pero el sonido no dejaba espacios para dudas.

Aquella situación me sobrepasaba: sentía el estómago revuelto, estaba al borde del vómito. Cada fibra de mi cuerpo gritaba aterrada, pero no podía escucharme, ni siquiera me salía voz de la garganta. Estaba perpleja y paralizada. Me resultaba imposible procesar mis pensamientos y todos parecían estar sintiendo lo mismo. Todos salvo Octavio. En su temor, se había aferrado a mi espalda con todas sus fuerzas. Tenía tanto miedo que no lo había notado.

Luego de un tiempo, la tierra dejó de moverse. El ruido desapareció suavemente, como una canción que llega a su final. Poco a poco, Chile quedó sumergido en un silencio terrorífico e incrédulo. Muy cerca de la casona, los pájaros alzaron vuelo, dejando atrás un canto que parecía un reproche a la existencia. Los vi alejarse en la distancia con dirección al norte. Por alguna razón deseé ser uno de ellos en ese instante.

Mi tía Raquel intentó ingresar desesperada a la casa, necesitaba atestiguar los daños, pero su esposo la detuvo. Después de esos agónicos minutos, nadie se sentía a salvo. Mi abuelo salió disparado a merodear los alrededores de la casa; buscaba las heridas de la tierra y los cimientos de las casonas. Luego de evaluarlos, se marchó a prestar ayuda en el barrio. El resto de nosotros, casi de forma inconsciente, nos fuimos acercando; tratábamos de encontrar un poco de seguridad en el consuelo de la compañía. Gastón inició una conversación que no escuché; su voz fingía alegría y regocijo… estábamos a salvo, pero yo no pude escucharlo. Bajé ligeramente la mirada hasta toparme con los ojos suplicantes de Octavio. Sin decir una palabra, él me hablaba incluso con más insistencia y fuerza que la propia voz de mi tío. Sus ojos estaban muy abiertos, su labio inferior temblaba ligeramente y se notaba que estaba haciendo un esfuerzo por formular su pregunta.

—Nicky, ¿por qué está temblando?

Su voz apenas era un ruidito fácilmente ignorado por los adultos, pero no por mí. Como siempre, Octavio me formulaba una pregunta que muy difícilmente podía responder. A pesar de ello, mi ingenio prevalecía y se esforzaba por dejarlo conforme.

—Porque tiene miedo —dije casi sin pensarlo —. La tierra tiene miedo.

Su semblante cambió: abrió ligeramente la boca, como inhalando un suspiro. Sus párpados se elevaron para mostrar unos ojos brillosos. Su cara adoptó la morisqueta alegre de la sorpresa, como si la respuesta hubiese estado siempre allí sin que se diera cuenta. Ahora todo le parecía muy lógico, pero súbitamente algo lo volvió a atormentar.

—¿M-miedo…? ¿A qué?

Desconozco si mi rostro me delataba o si mi imaginación era tan fuerte como para no darme cuenta de lo que estaba diciendo en aquel momento. Nunca importó demasiado, Octavio necesitaba una respuesta y a mí jamás se me pasó por la mente dejar de responderle.

—A la gente —dije mientras sentía su cuerpo apretujado contra mi pecho—. Le tiene miedo a la gente.

4

Paula Jaraquemada 115 era la calle donde vivíamos.

En aquel tiempo, La Reina era parte de la periferia de Santiago, por eso carecía de muchos servicios básicos y, en general, se debatía entre lo urbano y lo rural con sus grandes terrenos repletos de casas y niños, familias, sueños y, curiosamente, hogar de poetas e intelectuales. Por esas calles transitó la familia de Nicanor Parra; el matrimonio de Pablo Neruda y «La Hormiguita», Delia Carril; mi padre Enrique Lafourcade y algunos otros poetas de la época. Aunque aquella zona no tenía demasiados atractivos y decididamente no era una muy cotizada, sus calles eran agradables, crecían a un ritmo ininterrumpido y se extendían sin inconvenientes a lo largo y ancho de la Av. Larraín.

Para mí, aquella casa tenía un encanto particular, una atracción que obligaba, a quienes la conocieron, a regresar una y otra vez hasta reencontrarse con ese pedazo de sí mismos que un día dejaron olvidado sin saberlo. Esto les sucedió a muchas personas, pero solo con el tiempo lograron descubrirlo. Aun así, ya desde los seis años me sentía invadida por la energía mística de aquella casona. La 115 no era un hogar que pasara desapercibido para nadie a pesar de no ser, objetivamente, la gran cosa. Supongo que en la vida hay pequeños rincones que convertimos en nuestros refugios sin apenas darnos cuenta. Eso definitivamente lo descubrimos casi todas las personas que la conocimos: Paula Jaraquemada 115 fue tótem y amuleto en las penurias y una morada abierta de por vida para quienes llamaban a su puerta. Así, casi sin proponérselo, terminó representando un lugar de nuevos comienzos y un punto de apoyo para algunas vidas sumergidas en la decepción a lo largo del tiempo.

En mi caso, se transformó en un refugio que me abrazaba con afecto y sin demandas. Aunque viví allí solo dos años, ese tiempo representó un punto importante en el desarrollo de mi autoestima y lo que sería mi forma de percibir y entender la vida. Mi infancia se consolidó en esa casona española. En su seno conseguí la protección y la seguridad que inconscientemente me negaron mis padres con su temprana ausencia. Jamás me volví a sentir así de resguardada ni tan parte de un lugar como en aquel hogar de flores y colores, de aromas, animales y juegos, de rutinas y silencios.

No obstante, antes de ser parte de mi vida, incluso antes de ser el domicilio de mi padre y mis abuelos, por allá en los comienzos del siglo XIX, se instaló en la 115 una familia de alemanes que tenían muy claro lo que deseaban hacer en su tierra. Su vida fue intensa y productiva. En pocos años convirtieron el terreno baldío e infértil en un ambiente que mucho tiempo después Catalina Parra me describiría como «paraíso terrenal».

Era difícil no coincidir con ella. Los jardines habían sido trabajados con tanto mimo y cuidado que bien se podía decir que aquello era un pedacito del Edén. A lo largo del patio se extendía la naturaleza tan libremente como si se tratara de praderas, aunque, a diferencias de estas, hasta la última flor, árbol y huerto crecía bajo una estricta supervisión. Todo estaba delimitado milimétricamente para guardar una armonía y una sustentabilidad absoluta. Cada zona del terreno se destinaba a un propósito y con tan solo verla quedaba claro que detrás de aquello había una poderosa filosofía. Los alemanes sembraron su terca determinación hasta hacer de aquel suelo un espacio fértil y próspero para el cultivo. De la tierra brotaba todo lo que necesitaban para subsistir, ahí radicaba su éxito.

Ese concepto era bastante común, especialmente en los núcleos de migrantes europeos. La visión de la época consistía en construir hogares que permitieran un sustento cíclico, regido por el trabajo de los miembros de la familia y cuyos excedentes sirvieran para el intercambio o la venta. Nada se desperdiciaba. Gracias a esto, se evitaba la dependencia y las compras externas de muchos productos. Todo lo que se requería para comer y vivir crecía en los alrededores de la casa. Esta tradición perduró durante generaciones enteras y, en gran medida, fue un verdadero alivio para las personas que vivimos allí.

En este territorio multicolor, repleto de jardines en forma de huertos y arboladas era muy fácil encontrar granadas que estallaban en el paladar, ciruelas rojas y negras capaces de aflojar la sonrisa, y caquis, mandarinas y una generosa diversidad de naranjas repletas de un sabor y zumo exquisito que durante el invierno se chorreaba por la boca. Cerca del parrón se extendían hasta treinta y seis tipos distintos de uvas en sus viñedos, cada una más dulce que la anterior; además, otra gran variedad de frutos variopintos por su sabor y color se divisaban desde todos los lugares de la casa. Por ejemplo, los duraznos pelados y peludos se entremezclaban respetuosamente con las guindas, los nísperos y las higueras hasta formar una hermosa pintura al óleo. Luego, un poco más lejos, estaban entremezclados los almendros, olivos, paltas, frambuesas, papas de topinambur y tantos otros alimentos que no era capaz de nombrar.

En la época de mis abuelos, la mayoría de estas frutas terminaban cocinadas hasta convertirse en mermeladas. Solíamos hacerla fuera de casa, con un fuego rabioso que avivaban en el jardín. Sobre él colocaban grandes ollas de cobre y les arrojaban frutas picaditas, varios litros de agua y otras sustancias que durante la cocción levantaba un aroma dulzón que no se despegaba de la nariz. Conforme el fuego fusionaba el contenido del recipiente, la sustancia adquiría una forma espesa y un color intenso que nos hacía salivar con solo verlo. Una vez terminado el proceso, la mermelada se dejaba enfriar y luego se vertía en grandes tarros de vidrio de diferentes tamaños que iban a parar al comedor, a lo alto de las repisas de cristal que mi abuela resguardaba bajo llave.

Todos esos procesos de la rutina en la casona me fascinaban. Recuerdo que una de mis actividades favoritas era imitar a los adultos mientras cocinaban. Con regularidad, me las ingeniaba para conseguir latas vacías de Nescafé y las usaba como utensilio. Solía verterles un poco de agua y cuidadosamente las colocaba encima de un montículo pequeño de hojas calientes, encendidas por un débil fuego que casi nunca lograba controlar antes de que se apagara.

Más allá de los jardines, en lo que nosotros llamábamos «El Fondo», se encontraba un gallinero de dos pisos. El primero era un lugar amplio, bien resguardado para el invierno, pero confortable durante el verano. En su interior había un corral de gallinas tan ponedoras que en la fachada de la 115 teníamos un letrero que rezaba: «Se venden huevos y juncos».

La segunda planta servía de cobertizo. Allí se fueron apilando durante décadas los diferentes muebles, baúles y objetos que los habitantes y visitantes de la 115 dejaron atrás en sus mudanzas, como víctimas mudas del desinterés. Aquellos juguetes rotos de los adultos, olvidados por sus dueños —con intención—, se convirtieron en un botín digno de extravagantes aventuras. Era uno de los lugares favoritos de mi hermano: de aquellos viejos trastos siempre aparecían las más descabelladas sorpresas. No nos acercábamos regularmente hasta allí, pero formaba parte de nuestro itinerario. Nosotros cumplíamos fielmente con nuestro deber infantil y lo visitábamos con regularidad para desentrañar la polvorienta magia del pasado.

También había muchos rincones secretos a lo largo de la casa que fuimos descubriendo con el paso del tiempo. La mayoría de estos se encontraban en el exterior de la casona. Era natural, allí transcurría la mayor parte de nuestra niñez. De hecho, uno de los lugares más interesantes al que teníamos prohibido acceder era el garaje de buses. Este se encontraba al margen derecho del jardín y tenía una gran reja de metal que nos impedía el paso. A través de sus aberturas se veían apilados grandes montículos de neumáticos viejos; repuestos mecánicos engrasados con aceites de olor penetrante y carrocerías oxidadas de autobuses. Aquello conformaba un cuadro irregular de lo que era un pequeño e improvisado taller que se usaba a modo de garaje para los autobuses de mi abuelo.

De una u otra manera, todos estos espacios habían sido acondicionados y edificados por los alemanes, quizás sin saber lo útiles que serían para sus siguientes inquilinos. La suya debió de ser una vida intensa y provechosa que les permitió transformar una tierra triste lejos de su patria en un refugio habitable, un ecosistema funcional y vivo al cual después de un largo tiempo —y de forma similar a la nuestra—, lograron llamar hogar.

Mientras más lo pienso, con más fuerza me convenzo de ello. En aquel lugar había algo extraordinario que no se alcanzaba a poner en palabras. Su embrujo natural venía del cariño y el esmero de quienes dieron forma y sentido a cada uno de sus rincones. Los alemanes dejaron parte de su esencia como un legado mudo y anhelante de destinatario que nosotros recibimos orgullosos, aunque nunca tuvimos ocasión de agradecérselo.

Después de haber pasado una vida recordando mis pasos en esa casona, estoy convencida de que solo en un verdadero hogar se pueden experimentar tantas sensaciones sin la posibilidad de darle nombre o sin tan siquiera entender lo que se está sintiendo hasta muchos años después, cuando la memoria nos alcanza y el recuerdo del pasado habla con la suave y dulce voz de la melancolía. Por eso, sin importar el invariable avance del reloj, Paula Jaraquemada 115 jamás se borró del recuerdo de las personas; aquellos que la conocieron dejaron una pequeña parte de sí mismos entre sus paredes: algunos volvieron para recuperarla; otros murieron sin ella.

Y eso...

... eso es algo que la familia Parra comprobó.

5

Un día, al padre de la familia alemana se le hizo difícil levantarse de la cama. La suya se transformó rápidamente en una enfermedad cruel que le arrebató todas las fuerzas y le impidió seguir desempeñando sus labores cotidianas. Por este motivo, no encontraron mejor decisión que arrendar la casa y trasladar su vida hacia un lugar más pequeño y resguardado que no les exigiera tantos esfuerzos físicos. Así, a pesar de la resistencia a despedirse de su morada, hicieron las maletas y se marcharon a un pequeño departamento en el corazón de Santiago, dejando atrás las pistas de una vida que tantos otros descubriríamos con el paso del tiempo.

Al marcharse, los sustituyó una familia que ya por entonces poseía gran renombre y no había hecho más que iniciar su ascenso en los círculos intelectuales de Chile. Su apellido frecuentó los labios de la época y estuvo asociado a palabras como «artistas», «bohemios», «músicos» y, en algunos casos, «precarios».

El Clan de los Parra llegó a La Reina bien entrada la década de los cuarenta, posiblemente a mitad de ella, y nunca pudo marcharse de la zona. El matrimonio de Nicanor Parra y Ana Troncoso se instaló sin mayores dificultades en la 115 junto a sus tres hijos: Catalina, Alberto Nicanor y Francisca. La suya fue una mudanza reconfortante que les brindó un lugar estable durante siete largos años. En ese periodo de tiempo, se fundieron en ese hogar acogedor que garantizaba el espacio necesario para albergar a toda la familia.

Esto era fundamental.

Más que una familia, los Parra siempre fueron un verdadero clan. Aunque no eran muy diferente a muchas familias de la época, para algunos, su estilo de vida llegó a tener aires de gitanos. En su caso, les venía como consecuencia de un núcleo familiar numeroso que constantemente coqueteaba con las turbulencias de la precariedad y las penurias típicas de aquellas décadas. Esto empujó a la primera camada a dispersarse en varias zonas de Chile y a desarrollar un fuerte sentido del deber con su sangre: allí donde un Parra necesitaba cobijo, sin duda otro se lo encontraría.

Tal filosofía se transformaba muchas veces en una convivencia no planificada que iba más allá del tiempo. Las estadías podían prologarse hasta derivar en la parcelación de los terrenos, los cuales servían de refugio para los diferentes núcleos familiares que iban creciendo en su seno. Esto era algo que incluso se extendía a los matrimonios fallidos, llegando a convivir en un mismo espacio distintas exesposas.

En la 115 no hubo este tipo de distribuciones, pero sin duda fue un refugio para aquellos que lo necesitaban. El espacio era propicio para este fin. La casona acogió a diferentes miembros del clan y los abrigó en sus habitaciones durante los días grises. Entre ellos estuvo la siempre joven y apasionada Violeta Parra. En esa época, recién comenzaba lo que sería el gran despegue de una carrera que la llevaría a ocupar el puesto de las máximas exponentes de la música folclórica y la canción protesta de Latinoamérica.

Sin duda alguna, al igual que el resto de los Parra, Violeta debió de disfrutar de aquella estancia, la cual, decididamente, fue un tanto más larga que la primera vez que llegó a Santiago y Nicanor le ofreció amparo en su residencia anterior. Durante dos años, La Reina caló hondo en Violeta, pero no solo en ella, para los Parra aquellos fueron años de grandes comienzos, marcados por una prosperidad progresiva y la consolidación de sus carreras.

Al llegar, el terreno les resultó bastante grande a pesar de ser numerosos. Si los jardines de la casa eran espacios abiertos y vastos, el interior de la casona no lo era menos. Cuando se ingresaba en este enclave, desde la puerta principal, las personas se topaban con un improvisado corredor central de piedra lisa que desembocaba en un breve camino de tierra repleto de flores. Desde allí, se percibía la fachada frontal de las casonas: dos estructuras rígidas, españolas, erigidas con un marcado estilo colonial que limitaba su altura a una planta. Originalmente, los Parra vivieron en una sola y enorme casona. Sin embargo, un tiempo después, mi abuelo demolió la sección central con el fin de dividirla en dos y así cederle una parte a su hija recién casada.

De esta manera, quedaron separadas por el mismo amplio pasillo que antiguamente constituía otra habitación del hogar. La más pequeña de las casonas —y que en el futuro ocuparía mi tía Raquel— se encontraba a la izquierda; la de mayor tamaño —donde vivirían mis abuelos— estaba ubicada a la derecha. Al contemplarlas juntas desde la entrada, daba la sensación de estar observando una gran letra «U».

Ambas poseían estructuras regias, anchas y bordeadas por sendas terrazas que les permitía a sus inquilinos acceder al exterior desde casi cualquier posición de la casa. Además, al atravesar el pasillo que las separaba, aparecía el parrón como entrada natural al jardín y justo en el centro de este, emergía una palmera *Washingtonia robusta* coronada por unas alargadas hojas verdes y una falda formada por frondas muertas que servían de nido para una gran bandada de aves la mayor parte del año.

De espaldas al exterior, al penetrar en la casona, se descubría casi de inmediato que, aunque no guardaba mayores misterios en su seno, sí albergaban grandes y rudimentarias comodidades. Sus espacios eran simples, como la vida misma; despreciaban lo estrafalario y se aferraban a lo funcional como si cualquier otra cosa fuera incompatible. La casa tenía una distribución pragmática, apegada a una época de tradiciones sencillas y toscas donde cada ambiente poseía un propósito y no una estética. En el interior, el nombre de cada espacio anunciaba las actividades que allí se debían realizar y daba la sensación de que el orden y la distribución estuviesen preestablecidos —e inalterables— en el título de propiedad.

Al ingresar, el suelo era de madera clara y pulida; su color se adaptaba perfectamente a los suaves tonos de amarillo y blanco de las paredes. En todas las direcciones había grandes ventanales que permitían la entrada de la luz y el aroma de las hortensias, las glicinas y la tierra mojada. En el interior, cada paso resonaba y levantaba un suave rumor de pisadas, un sonido nítido que llegaba en pocos segundos a todos los rincones de la casa, especialmente al comedor y a la sala. Ambos eran espacios de encuentro. Aquella era una época familiar, un tiempo de apariencias, conversaciones incómodas y cenas en la mesa. Esto no significaba que las familias fueran más unidas o se llevaran mucho mejor, simplemente era la forma natural y preestablecida de actuar en el hogar.

De niña, lo único que me parecía relevante del comedor era su amplitud. Alrededor de la mesa se lograba atender a más de diez invitados sin estar apretados. En la cena, solíamos comer en silencio y muy concentrados. Había una ley tácita que nos impedía dejar comida en los platos. En realidad, había muchas leyes impronunciables que provenían de mi abuelo y todos las acatábamos casi sin saberlo. Ya cuando terminábamos de comer, se intercambiaban algunas palabras. Por lo general, las conversaciones giraban alrededor de algún hecho interesante del día, alguna solicitud económica de los hijos o preguntas directas acerca de la escuela o la universidad. Del resto, guardábamos silencio. Tampoco nos incomodaba mantenernos callados. La dinámica dependía del humor de cada día y lo aceptábamos sin reproches.

Por otra parte, había otros dos espacios importantes. Dentro de la casa, el salón era el lugar en donde mayor tiempo solíamos pasar, este era un recinto de treinta metros cuadrados decorado con sobriedad. Sus paredes beige se mezclaban con el color claro del suelo y contaba con un par de muebles de madera muy oscura y una mecedora donde solía refugiarse mi bisabuela mientras tejía. También había una radio sobre una repisa que era vehículo de aventuras a través de las radionovelas de la tarde y las noches. Algunos cuadritos vestían las paredes con imágenes heterogéneas de colores cobrizos y en el centro de la estancia, una maciza chimenea imponía una distribución que consistía en apiñar los muebles alrededor de ella. Todos sabíamos que aquel era un verdadero refugio durante el invierno y las lluvias otoñales y nadie quería estar demasiado lejos de su calor.

El otro lugar importante era el salón del piano. Para llegar hasta él, se solía usar la terraza cuya puerta frecuentemente estaba cerrada, pero se abría en ocasiones festivas. Era un espacio que emanaba arte y libertad. En su interior albergaba un piano de cola color negro que relucía cuando lo acariciaban los rayos del sol. Aquella adquisición fue el resultado de las súplicas de Gastón, gestionadas sabiamente por mi abuela hasta conseguir la financiación de su esposo. Mi tío amaba aquel instrumento con una locura infinita. A diario solía practicar por horas y horas mientras nosotros lo escuchábamos como su audiencia más fiel. Además del piano, también había cuadros al óleo y la luz ingresaba a la estancia por los ventanales, iluminando el interior con los suaves tonos del día y, a veces, de la noche.

En ese espacio, se solían celebrar diferentes festividades. En más de una ocasión, mi abuelo sacaba su acordeón y tocaba canciones alegres, acompañado siempre por pulmones y voces felices de seguir su melodía. Mientras cantaban y danzaban, también mecían los mismos vasos que en pocos segundos empinaban hasta vaciarlos. Aquel vino exquisito les embriagaba los labios, la garganta y los sentidos con su sabor veraniego que bien se podían describir como «*felicidad*».

Al salir de aquel espacio, cruzando a mano derecha, se llegaba directo a la habitación central. La casona estaba diseñada para que todo estuviese interconectado. Aquel cuarto tenía cuatro puertas que conducían, a su vez, hacia otras habitaciones con sus muchas otras puertas. De alguna forma, era el laberinto más divertido del mundo. Las salidas estaban en todas las direcciones, pero cada puerta conducía a otro lugar que nunca resultaba el fin del camino.

Decididamente aquella era una casa sencilla, común e incluso corriente. Vi muchas similares. Varias tenían mayores lujos, mejor mobiliario y decoraciones que resultaba un festival estético para los ojos. Sin embargo, la 115 era única en sí misma. Esto se debía a su gente y a la magia que lograban arrancarle a cada espacio con el simple y cotidiano ejercicio de vivir. Cada salón tenía un sonido propio, una atmósfera particular. Cada cuarto era la puerta hacia una aventura inesperada que conducía a la intimidad de sus huéspedes y a un mundo que cambiaba de formas y color, de mobiliario y fragancias, de dueños y rostros, pero nunca de posibilidades e historias.

Aquella era una casa con vida propia. Poseía una energía indescriptible que se internó en nosotros, pero también en los alemanes y, especialmente, en los Parra. Incluso hoy, cuando me encuentro tan distanciada de los recuerdos, todavía me conmueve haber crecido rodeada de rincones repletos de testimonios y anécdotas. Esos espacios resguardaron las risas y los gritos de Catalina y sus hermanos; allí, Nicanor encontró impulso en el apoyo de su familia e inspiración en medio del calor hogareño, incluso la propia Violeta, con sus cantos al folclore y a la esencia chilena, disfrutó de las noches en vela, cuando los suaves rayos de la luna regaban las flores del jardín con su luz mortecina, y también los días de verano, acompañada por ese dulce sabor de las frambuesas y los naranjos que distorsionaban el sentido de la vida hasta convertirla en algo diferente; algo que valía toda la pena del mundo vivir.

Decididamente para nosotros, los Lafourcade, fue una experiencia que trasciende las palabras. Sospecho que varios miembros del clan Parra también sintieron algo parecido. Su estadía los llenó de recuerdos y sensaciones gratificantes, las mismas que seguramente los impulsó a vincular su vida, de una u otra forma, a La Reina, llegando a ser el lecho de muerte de algunos y un recuerdo inquebrantable para otros.

Pero aquello… aquello sucedió mucho después.

6

Después de siete años, los Parra se mudaron de la 115. Atrás quedaron sus voces, vivencias y recuerdos. Al partir, en su equipaje se llevaron una amistad sólida con los Lafourcade, la cual quedó sellada con aquel apretón de manos entre don Enrique y Nicanor el día de la despedida. No pasaría mucho tiempo para que los miembros de ambas familias se reencontraran y colaboraran directa o indirectamente en diferentes ámbitos intelectuales de la época

Aquel día, la familia de don Enrique Lafourcade llegó al que sería el centro de su mundo hasta el final de sus días. Al igual que Roma, todos los caminos conducían a ella y ora felicidad, ora desasosiego, la 115 recibía a sus hijos como la madre más cándida de la tierra.

Como solía suceder, la casona se adaptaba a sus dueños y se alteraba de formas diversas según su ritmo de vida. Con mis abuelos la casa estableció una fuerte conexión: se renovaba y envejecía junto a ellos. Mientras se mostraron fuertes, vigorosos y enérgicos, también ella se mantuvo resplandeciente, colorida y cómoda. Sin embargo, cuando el tiempo asoló sus muros, maduró sus jardines y regó el polvo por sus salones, también hizo que sus rostros se arrugaran, sus ánimos se volvieran frágiles y sus voluntades decayeran, abandonándose cada vez más ante el cansancio y el peso del tiempo hasta que un día las llamas de sus vidas se consumieron.

No obstante, antes de que las arenas del tiempo iniciaran su descenso, antes de que la música del acordeón inundara sus salones y las risas el comedor; antes de ser el lugar donde morían las penas y comenzaban todas las aventuras; antes de ser el lugar donde todo comenzó, incluso los recuerdos, los Lafourcade tuvieron un pasado que los condujo hasta La Reina.

...

Don Enrique Lafourcade Miranda nació en el seno de un hogar solvente que no carecía de comodidades. Sin llegar a ser ostentoso, apreciaba lo humilde; sin padecer las penurias de la pobreza, valoraba el trabajo, especialmente el que se hacía en nombre del deber y la familia.

Hijo de Enrique Lafourcade Aceituno y Zulema Miranda Winslow, mi abuelo nació en Santiago y fue el mayor de tres hermanos muy distintos entre sí. Al inicio de su vida, gozó de una posición estable gracias a la buena salud económica de su familia, la cual alentaba a los jóvenes a obtener educación más allá del bachillerato. La universidad se revestía como un lugar idóneo para abrir las puertas de un futuro prometedor que, lastimosamente, nunca se abrió para él. El sueño hermoso de ir a la Facultad falleció sin haber nacido y compartió sepulcro con su padre, quien luego de una enfermedad veloz, se topó con una muerte temprana que marcó el deterioro de la economía del clan.

Desde entonces la vida de don Enrique dio un giro brusco.

Como todos los jóvenes de la época que debían crecer de golpe y enfrentarse a una responsabilidad para la que no estaban preparados, mi abuelo llevó la enfermedad de su padre con templanza y determinación. Sin vacilaciones, dedicó cada fibra de su ser al trabajo y a la construcción de un camino que le permitiera sentirse dueño de sus circunstancias y no víctima de ellas.

Don Enrique tenía diecinueve años cuando se hizo la figura fuerte del hogar. Desde ese día, su rostro adoptó la pesada máscara de las responsabilidades y no se desprendería de ella hasta sus últimos días de vida. Atrás quedó su infancia, sus sueños, la frágil seguridad de sentirse poseedor de un destino universitario y de una carrera ambiciosa y lucrativa. Atrás quedó el seno del hogar tal como lo conocía, la posibilidad de contar con alguien y recibir palabras de aliento. Atrás quedaron los días de risas y esfuerzos relativamente fáciles. Desde que tuvo que decidir el rumbo de su vida y la de los rostros mudos de sus hermanos y su madre, se desprendió de la palabra cansancio y utilizó todos los medios posibles para sacar a su familia adelante.

De esta forma, en poco tiempo se volvió un hombre preciso, de manos inquietas y mente ausente, fugada constantemente a todos los lugares en donde debía estar y en todas las cosas que necesitaba hacer y representar para sacar adelante sus planes. Así, en medio de su dolor y su gloria, en su determinación y sus pesares, entre el ser y la nada fue cuando *ella* lo conoció.

...

Ella era luz, la misma que escaseaba cuando la concibieron; *Ella* era un suspiro de sorpresa arrancado en medio de la oscuridad, un grito ahogado convertido en agresión, una fuerza desgarradora que la manchó para siempre, aunque no tuvo culpa; *ella* fue dolor y deshonra, un error, un vestigio de lo prohibido, un recuerdo doloroso que pronto se convirtió en un cuerpo abandonado, un lugar hacia donde nadie miraba y por quien nadie preguntaba; *ella* era sueños rotos, los mismos que escuchaba quebrarse mientras escribía en sus diarios; *ella* fue una obra de caridad, una responsabilidad impuesta, un pesar que rápidamente se convirtió en carga: *ella* era un ovillo de sueños, hecha de barro y sal por las manos del invasor; *ella* era toda esperanza, toda anhelos, toda tristeza…

Ella era Raquel.

Raquel Valdenegro Valdenegro fue concebida en Curacautín, pero nació en Santiago y resulta muy difícil saber algo más que eso. Su historia ha quedado oculta entre las líneas del tiempo y a su alrededor todos mantuvieron a resguardo la esencia de su pasado. Raquel fue hija bastarda, abandonada y nunca reconocida. Creció en la casa de sus tías, quienes la tomaron bajo su cuidado y responsabilidad. Eso y solo eso es lo único que podía agradecerle a su madre, quien apenas tuvo fuerzas suficientes, se marchó al sur para estar al lado de su esposo y sus hijos, su verdadera familia.

Aquel hogar profundamente ajeno le despertó a Raquel cientos de preguntas que nunca obtuvieron respuesta. En esa casa padeció la ausencia del cariño y sintió la pesada carga de la soledad. Su vida transcurrió entre paredes y rostros que la veían sin mirarla, que la escuchaban sin prestarle demasiada atención, que la observaban, preguntándose, cuánto tiempo iba a seguir allí.

Por esta razón, desde muy temprana edad, su rostro se fue cincelando con las heridas de la tristeza. Su mirada adquirió una sombra que la envolvía en un velo taciturno. Generalmente, vivía recluida hacia adentro, hacia ese mundo propio donde podía albergar esperanzas y reencontrarse consigo misma; ese en donde se consolaba entre el llanto y los susurros, abrazando sus verdades, pero siempre inconforme por la única incógnita que no podía responder y la obligaba a preguntarse noche tras noche con un fino hilo de voz desgarrada: «¿*Por qué?*».

«¿*Por qué?*». Seis letras que le robaban el aire y la recluían en su rabia y su dolor.

«¿*Por qué?*». Dos palabras que se enroscaban como serpientes y la mordían con dientes envenenados en el vientre, el corazón y la sien.

«¿*Por qué?*». Una pregunta que nadie tuvo el valor de responderle pero que, cuando *él* la vio, por primera vez en su vida dejó de preguntárselo.

...

A Raquel, sus tías le buscaban pretendientes.

Ella llevaba la pena en los ojos y la belleza en el semblante. Avanzaba firme, el vestido floreado y la vista al frente, sin rastro de debilidad: nadie debía descubrir la profundidad de su dolor. Él caminaba sin rumbo, cabizbajo, la mano en los bolsillos de un sobretodo negro que iba a juego con el traje. Al andar, meditaba, como tratando de robarle los secretos al presente.

Ninguno de los dos lo sabía, pero cada paso los acercaba a sus destinos.

Entonces, casi sin quererlo, sus miradas se cruzaron en una calle cualquiera en aquel barrio santiaguino donde nacieron sus sueños. Para ella, todos los días lucían igual; para él, la vida era una carga que necesitaba compartir. Se sabían perdidos y, tras una mirada, mágicamente encontrados. Se vieron un día, otro día y otro más hasta que se volvió toda la vida.

Se casaron.

Enrique tenía veintiún años; Raquel, dieciséis. Desde afuera no se entendía del todo que aquello sucediera. En apariencia, él nada ganaba con ese enlace matrimonial mientras que ella alcanzaba la libertad que siempre anheló. Toda su vida se consagraba en un suspiro. Él la empoderaba, la enaltecía y reivindicaba y a cambio ella no sabía muy bien qué ofrecerle. Nadie entendió jamás lo que llegó a significar para él aquella chica melancólica y cabizbaja, pero no importaba demasiado lo que pensaran los demás. Don Enrique se guardó todas sus palabras y emociones para ella, la única persona que llegó a penetrar en su mente y corazón.

El tiempo les dio la razón. No podían ser más afines. Las suyas eran dos vidas que avanzaban como una sola. Al tomarse de las manos, sus vidas fluían suavemente en una danza armoniosa que se transformó en bálsamo para las heridas y fuerza para ese futuro que construían en cada compás. Ella cubría todo lo que él no alcanzaba a controlar. Él le daba toda la estabilidad y la libertad que le permitía brillar y sentirse ella misma por primera vez. Muy pronto crearon un equipo sólido que sin palabras se entendía. El silencio fue su mejor cómplice y sus miradas adoptaron un lenguaje secreto, oculto e indescifrable para ojos extraños, pero tan íntimo y revelador para ellos que con un simple vistazo entendían todo lo que necesitaban saber.

Así, en medio de su embelesado frenesí, los enamorados construyeron su futuro. Era el año 1925, don Enrique trabajaba para la Administración Pública como Inspector de Impuestos Internos y lo trasladaron al sur de Chile para desempeñar sus funciones. Mientras él cumplía sus horarios, doña Raquel dirigía el hogar en una cotidianidad de ama de casa. La vida fluía entre idas y venidas, papeles y escobas, amor y fatiga. A un paso le seguía otro y otro más hasta que nació su primera hija.

Como todos los bebés, ella resultaba adorable. La pequeña se movía inquieta en los brazos de Raquel con sus ojos abiertos y su cuerpo frágil. Al verla, se debatía entre sus miedos y su profunda felicidad. Todo comenzaba en ese instante y el berrido que salía de los pequeños pulmones no era otro que el sonido de la vida misma. La niña llevó el nombre de su madre, como demandaba la tradición, pero siempre la conocerían por el apodo de *«Quety»*.

Poco tiempo después volvieron a mudarse. De la misma forma en la que llegaban a una provincia, se iban a otra; ese era su ritmo. El núcleo familiar se fue volviendo parte nómada, parte itinerante, sometido a los cambios y a las mudanzas propias de una vida regida por un único trabajo. Por este motivo, en diez años recorrieron un buen puñado de provincias de Chile, llevándose la esencia de todos los lugares que conocieron, disfrutando el aroma de tantos hogares distintos y aumentando el número de hijos en cada parada.

Llegaron a ser cinco niños alegres, con buenos pulmones para gritar y mentes filosas para soñar y hacerse un espacio en el mundo. Cinco niños muy diferentes, pero dotados de habilidades extraordinarias. Quety fue la mayor, pero a los pocos años nació el tercer Enrique Lafourcade, el más famoso de todos, el escritor, el que ya de niño era mordaz y certero, el que Chile conocería como *agitador cultural*, el padre de *Palomita Blanca*, el verdugo de *¿Cuánto vale el Show?*, y que mucho tiempo después yo lo llamaría *«papá»*.

Después de Enrique, la llegada del resto ocurrió en un suspiro. Eliana siguió a su hermano mayor como una niña alegre y parlanchina; luego vino Ximena con su rostro inocente y unos ojitos capaces de doblegar a cualquiera. Al final apareció Gastón, el menor de todos, pero el primero en reírse y en seguir a sus hermanos hasta las mismísimas entrañas de la tierra; el primero en maravillarse del sonido del acordeón y la música, el primero en soñar para sí mismo el camino del pentagrama.

Conforme la familia se fue ensanchando, la vida mutaba y se reiniciaba en medio de la fatigosa cotidianidad. Los niños iban al colegio; los adultos trabajaban. Las preocupaciones se acumulaban, el dinero no alcanzaba y así, muy de a poquito, sin que nadie se diera cuenta, algo iba cambiando. Algo imperceptible e inalterable.

Ocurre con frecuencia que cuando hay niños pequeños en la casa, el tiempo se vuelve muy relativo. Una mañana están gagueando y a la siguiente inician el colegio. Una tarde discuten con las lágrimas en los ojos y poco después regresan del colegio, flechados por el amor. Una noche comen todos alrededor de la mesa y a la siguiente, exactamente en el mismo lugar, anuncian una propuesta de matrimonio. Todos estos momentos constituyen el invariable fluir de la vida; sin embargo, la propia cotidianidad la va desvaneciendo mientras el reloj avanza de forma ininterrumpida, a un ritmo que no deja espacio para el descanso y que transforma la existencia en un instante efímero, un instante que al cerrar y abrir los ojos ya ha pasado.

Mis abuelos se esforzaban en nombre de sus hijos. Lamentablemente, conforme los niños crecían, se iba haciendo más perceptible el estruendoso sonido de las manecillas del reloj. *«Tic-tac»*, se despertaban dormidos y soñaban despiertos, demasiado conscientes de que los quehaceres y las rutinas no podían esperar. *«Tic-tac»*, los niños se iban al colegio cuando el sol siquiera había salido y volvían entrada la tarde, convertidos en adolescentes larguiruchos, picarescos y soñadores. *«Tic-tac»*, el reloj salía de su órbita, sonando con mayor fuerza en cada manecilla, llevándose a su paso los momentos, los recuerdos y la vida misma; transformando a los niños en adolescentes y a estos en adultos. *«Tic-tac»*, el tiempo no se detuvo nunca y casi sin advertirlo, los nietos comenzaron a llegar. Entonces se reiniciaba el ciclo, pero la energía no regresaba. La vida adquiría otros matices, pero, en esencia, era la misma.

La misma vida, repetida, en los cuerpos viejos de don Enrique y doña Raquel, pero no por ello menos dispuestos a cuidar de sus nietos. Los pequeños no tardarían en llegar, lo sabían; mucho menos después de que aquel apretón de manos con Nicanor sellara su estadía en la 115. Ese sería el último gran recinto e ingresaron en él con los recuerdos de una vida en el sur y la firme determinación de poner fin a las mudanzas.

Ese fue el último viaje, el definitivo, el fin de los cambios y del salto de provincias. Aquella era la casa que deseaban y quedó oficializado en el título de propiedad. Los Lafourcade llegaron a La Reina y aunque todos llevaban el cansancio de las décadas en el cuerpo, su energía se sintió renovada y lista para afrontar lo que vendría después.

de der. a izq. Ta, Octavio, Raquel, Dominique, Alicia, frente al microbús

7

—*Pucha, comare,* en el sur la cosa está fea

Iván era realmente particular al hablar.

Aunque nos llevaba apenas un par de años, mi primo iba a la escuela pública del barrio. Allí se juntaba con los niños más vivos y peleoneros de la zona y a fuerza de convivencia se iba apropiando de sus coloquialismos. Con el tiempo, esa forma tan particular de hablar se volvería una característica de él y la adoptaría como su arma. Le decían *El Gringo* por su piel pálida y sus cabellos dorados, y vaya que el Gringuito sabía conquistar con su verbo.

A veces mezclaba el humor con la humildad al conversar con los adultos, algo que lo hacía pasar como un niño muy intrépido y atrevido. En otras ocasiones, cuando hablaba con nosotros, tejía relatos asombrosos en primera persona, compuestos, en su mayoría, por anécdotas e historias que no había vivido pero que juraba conocer. *«Mire mija, atiéndame que yo le voy a contar lo que pasó para que aprenda».* Nosotros nos maravillábamos con sus descubrimientos y sus saberes. Jamás lo cuestionábamos, en realidad, no había espacio para ello. Al escucharlo quedábamos fascinados y con frecuencia le solicitábamos historias nuevas o alguna de aquellas ocurrencias que nos hacían reír hasta llorar por su manera tan particular de relatarlas.

Sin embargo, ese día no me reí.

Para mí, el Sur de Chile era todo lo que limitaba hacia esa dirección desde mi casa o, lo que era igual, desde Santiago. Era una forma muy reduccionista de pensar, pero encajaba con la mente de una niña de casi seis años. Con el tiempo entendería que cada lugar tiene su identidad y su valor y no se puede unificar bajo una sola palabra. Lamentablemente, muchos adultos y hombres de poder nunca cambiarían su mentalidad y se enfrascarían eternamente en ese pensamiento universal —tan presente en las grandes urbes latinoamericanas—que convierte a todo lo que se aleja de la capital en algo heterogéneo, distante, casi irrelevante y parte de un mundo muy distinto al que creen vivir en las metrópolis.

Ese tipo de pensamiento le ha hecho mucho daño al continente y a su gente. La distancia se transforma rápidamente en indiferencia y ante los ojos de muchos santiaguinos, todos los que quedaban por fuera de sus límites geográficos se volvían seres invisibles, de otro mundo, ciudadanos muy distintos a ellos y que, por norma, no merecían la menor atención.

El terremoto de Valdivia fue una catástrofe nunca antes vista, un dolor que unió a Chile, pero, de la misma forma, creó mayores brechas de clases y desigualdades latentes. Las principales zonas afectadas tardarían muchísimo tiempo en recuperarse después de aquello, y aunque hubo grandes momentos y esfuerzos que unieron a las poblaciones, las periferias cargaron con el peso de la devastación por mucho tiempo bajo un intenso y anónimo silencio.

En la capital, en cambio, después del terremoto, la vida tardó muy poco en volver a normalidad: reemplazaron los vidrios rotos, frisaron las paredes, pavimentaron las calles, recuperaron las comunicaciones y sustituyeron los objetos que quedaron inservibles. Mi familia estaba afectada por lo que había sucedido. No llevaban más que unos cuantos años en La Reina y todavía tenían en la memoria los viejos años en esas provincias que a esa hora se encontraban abiertas a la mitad.

Mis abuelos se aliviaban de haber tomado las decisiones que los llevaron a la seguridad de ese momento, pero constantemente los asaltaba el recuerdo de todos los rostros que conocieron y dejaron atrás, los barrios en los que crecieron sus hijos y cada uno de los lugares en donde estuvieron y que ahora no eran más que escombros y ruinas. Se les notaba el alivio en el rostro, pero faltó muy poco para que la catástrofe los alcanzara. Muy poco. Y ellos lo sabían.

En 1960 Octavio y yo no teníamos mucho tiempo de haber llegado a la casa de mis abuelos. Antes de aquello, nuestros padres llevaban una vida intelectual agitada y estimulante que los mantenía fuera de casa de forma bastante regular. Ellos eran animales sociales y les resultaba imposible detener lo que comenzaba a ser el inicio de sus carreras artísticas. Por eso trataban de cubrir el vacío a través del apoyo de asistentas, pero, muy a su pesar, nos cuidaban de mala gana. No recuerdo mis primeros años de vida, pero sé que estuvieron repletos de ausencias y mujeres que no nos daban de comer. Lo sé porque al llegar a La Reina, estábamos raquíticos y descuidados. Sufríamos de una mala alimentación y un más que visible abandono, herencia de aquella infancia temprana que quedó retratada en las viejas fotografías a blanco y negro que hoy atesoro.

Luego de un tiempo de ajetreos, cartas sin respuestas y peticiones olvidadas, mis padres lograron dar un salto en su vida profesional hacia los Estados Unidos. Por esa época, Enrique Lafourcade ya empezaba a ser un nombre que sonaba a promesa en los labios de algunas personas importantes. Esto le abrió las puertas para ser profesor invitado en la Universidad de Iowa, además de recibir una beca Fullbright. Mientras tanto, mi madre experimentaba en el mundo del arte y poseía un ramal de obras que le valieron de trampolín para acogerse bajo un programa de becas otorgado por la Organización de Estados Americanos. Con tales oportunidades en puerta, tomaron la única decisión posible: hicieron sus maletas, arreglaron sus papeles, se arremangaron las ilusiones y se despidieron de nosotros un día sin nombre, forma, ni color.

Aquella ausencia marcó el inicio de mi vida. Aunque esas decisiones eran comunes, no resultaban menos traumáticas. Los padres intentaban conseguir mejores oportunidades y los hijos quedaban resguardados por sus abuelos. Era natural. Sin embargo, la niñez no está preparada para procesar algunas cosas. Para un niño, la ausencia se convierte rápidamente en una experiencia dolorosa que no puede describir. No llora, porque no sabe dónde le duele. No se queja, porque no puede verbalizar lo que padece. No grita, porque no es capaz de entender sus propios sentimientos. Todo se transforma en heridas invisibles, contenidas y reprimidas que solo llegan a entender y exteriorizar con el paso del tiempo.

Por supuesto, mi hermano y yo éramos como esos niños. Nosotros no alcanzábamos a explicar lo que pensábamos ni lo que sentíamos, pero a veces, cuando nos mostraban las fotos de nuestros padres, las preguntas se aglutinaban en nuestras cabezas. ¿Dónde estaban? ¿Por qué nos dejaron atrás? Estas dudas surgían con mayor fuerza cuando observábamos a Viviana e Iván junto a sus padres. Siempre se mostraban sonrientes y felices en su núcleo familiar, ataviados de regalos y todo el afecto que nosotros no lográbamos disfrutar.

Tal vez por ese vacío que no entendíamos, daba la sensación de que estábamos prestados en la 115, como si aquel no fuese completamente nuestro sitio. Aunque allí disfrutábamos de protección y cariño, era inevitable experimentar cierto recelo cada vez que recordábamos que aquel no era nuestro hogar. En la casona todo estaba delimitado y funcionaba por encima de nosotros sin tomarnos demasiado en cuenta. Eso nos hacía sentir excluidos en ciertas ocasiones.

Sin embargo, tal vez por esa extraña sabiduría que poseen las abuelas, la mía sabía detectar cuándo nos sentíamos de esa manera. Creo fielmente que entendía nuestras miradas y las leía con tal perfección que nos borraba esos pensamientos a través de la acción y el movimiento. En esas oportunidades, nos tomaba de las manos y hacía que la ayudáramos en los quehaceres del jardín y el hogar. Naturalmente, la acompañábamos encantados. Disfrutábamos del trabajo y, afortunadamente, casi siempre conllevaba la recompensa de algún dulce en el almuerzo o un juguete de tela que ella misma confeccionaba.

Generalmente, las labores eran sencillas, pero demandaban energía, tiempo y atención. En una de aquellas ocasiones, comenzamos por limpiar los terrenos del jardín con rastrillos. Arañábamos la tierra, acumulábamos hojas y deshechos de la naturaleza y los apiñábamos en pequeños montículos. Así fuimos avanzando toda la mañana bajo los suaves rayos del sol hasta llegar a la terraza principal de la casona.

Allí, mi abuela reemplazó el rastrillo por la escoba y nos sirvió un poco de jugo de naranja. Al parecer ya la habíamos ayudado suficiente. Mientras lo bebíamos, comenzó a barrer con suavidad. Aquella era una labor que parecía relajarla, la escoba se mecía con movimientos suaves y firmes que dejaban el suelo brillante. En ese vaivén se mantuvo no más de unos minutos, pero luego ocurrió algo que se me quedó grabado a fuego en la memoria.

«Tengo una petaquita, para ir guardando,
las penas y pesares, que estoy pasando...».

Aquella voz surgía desde lo profundo del corazón. Era un canto súbito, espontáneo, desprovisto de temores y ataduras. Su timbre era ligero y cariñoso y en su entonación había cierto grado de melancolía y una pizca de ternura, como si le susurrara una canción de cuna al niño más afortunado del mundo. Mi abuela estaba cantando y yo no sabía que el ser humano tenía esa facultad. Resultaba extraordinario oírla, las emociones me subían por la garganta y por los ojos, me conmovía con locura y no quería dejar de escucharla.

«Pero algún día; pero algún día,
abro la petaquita, la hallo vacía».

En su canto, mi abuela se desprendía de sus penas, pero también soltaba sus alegrías. Cada estrofa terminaba en una sonrisa que no alcanzaba a ver por completo porque cantaba mirando hacia abajo, hacia la tierra que amontonaba con la escoba. Aquella canción se colaba por los pasillos de la casa, atravesaba paredes, cristales y ventanas. A pesar de no ser una voz muy fuerte, el silencio del ambiente favorecía la acústica y sus palabras se transformaban en un eco que llegaba más allá del salón; sus estrofas se pegaban a los objetos del hogar y se colaban por debajo de las puertas o, más bien, una puerta en concreto.

«Todas las niñas tienen, en el vestido,
un letrero que dice: quiero marido».

Justo cuando tomaba aire para continuar, el sonido del piano la detuvo. Las notas eran alegre y parecía ir dando saltitos en una marcha que se combinaba a la perfección con la entonación de sus palabras. Mi abuela sonrió, tomó un poco de aire y comenzó a cantar, esta vez siguiendo el ritmo del piano.

«Todas las niñas tienen, en el vestido,
un letrero que dice: quiero marido».

Mientras cantaba, dejó la escoba recostada sobre un muro, se sacudió el polvo de la ropa y con una sonrisa amable caminó hacia el salón del piano. Nosotros la acompañamos intrigados, era la primera vez que escuchábamos cantar a mi abuela y no imaginábamos cómo podía terminar aquello. Su voz se fue haciendo más grande en el interior de la casona, al igual que el sonido del piano, y al abrir la puerta, allí estaba Gastón. No se movió al escucharnos, al contrario, comenzó a mecerse de un lado para otro mientras tocaba y ajustaba su tempo a la voz de su madre.

«Dicen que le hace, pero no le hace,
lo que nunca he tenido, falta no me hace».

Nos acercamos hasta Gastón, al vernos llegar dibujó una sonrisa limpia. Sentado parecía estar danzando, realmente disfrutaba aquella canción de Violeta Parra y se le notaba en el lenguaje corporal. Mi abuela le puso una mano en el hombro, como si fuese una señal y un instante después, ambos mezclaron sus voces en una armonía preciosa.

«Pero algún día; pero algún día,
abro la petaquita, la hallo vacía».

La voz gruesa de mi tío la escuchaba en el fondo de mi cabeza mientras mi abuela entonaba con agudas y ligeras notas vocales aquella letra que le recordaba al campo, a la tierra, a los pueblos del sur y del norte, al folclore, la cultura y todos los aromas de Chile. Ambos cantaban con el corazón abierto, pintaban con los colores de las flores cada rincón de mi mundo. En ese instante la vida parecía muy diferente. Aquel sonido me hacía olvidar las dolencias del alma, los sentimientos que no alcanzaba a describir, las penas de las ausencias. Ellos eran mi familia y ese era mi hogar, no había duda.

Aunque nos sintiéramos prestados y el único vestigio de nuestros padres lo encontrábamos en unas viejas fotografías, la experiencia resultaba mucho menos traumática al contar con el calor y el afecto de aquellos rostros que guardaban un profundo interés por nosotros. Nos cuidaban como si fuésemos sus hijos, velaban por nosotros y se contentaban con vernos sanos y felices por los jardines y los dormitorios de la casona.

Indudablemente, las ausencias nos arañaban el pecho. En poco tiempo, Enrique Lafourcade y María Luisa Señoret pasaron a ser dos nombres referenciales, dos personas que debían tener un significado para nosotros, pero que, desdichadamente, no lo tenían. Aquellas eran dos vidas que se habían convertido en una sola para volar más allá de lo imaginable en una aventura en la que no estábamos incluidos, al menos de momento.

Sin embargo, días como aquellos no solo evitaban que guardáramos rencores hacia nuestros padres, sino que ayudaban a vincularnos con una familia que mantenía permanentemente sus brazos abiertos. Siempre tuvimos un puesto en la mesa, una cama para dormir y una figura adulta velando por nosotros. Era suficiente, más de lo que podíamos pedir y, a nuestra manera, lo agradecimos durante toda la vida.

El piano terminó con un arreglo precioso.

Y por un segundo, el silencio nos envolvió a todos, como si necesitáramos un instante para atesorar lo ocurrido. Nos quedamos así, callados, no hacían falta las palabras... Aquello era suficiente.

Gastón tocando el piano en la sala

8

Las personas que no conocen el valor de las rutinas han olvidado lo que significa ser un niño. Por supuesto que es muy fácil confundir la rutina con lo rutinario, pero no son lo mismo. Nunca lo han sido.

Cuando se es pequeño, las estructuras lo son todo: determinan el orden del hogar, construyen el ciclo de la vida y transmiten la estabilidad necesaria para el crecimiento. Por eso, a pesar de que a veces lo ignoramos — especialmente cuando se es adulto y la vida parece estancarse—, las rutinas brindan las posibilidades para que suceda lo extraordinario.

Desde niña fui muy particular. Necesitaba —y hasta demandaba— supervisión y orden, pero no siempre pude recibirlo. Aun así, me gustaba saber qué iba a ocurrir, qué se iba a hacer y qué podía esperar de cada día. Era la única forma en la que mi mente infantil podía sentirse resguardada y parte de un lugar seguro. ¡Y vaya que me sentí protegida y ligada al ritmo de vida de la 115! Cada mañana me levantaba sabiendo hacia dónde me dirigían mis pasos. Tenía la sensación de que mi vida fluía en una dirección que, lejos de limitarme y parecerme aburrida, me brindaba la posibilidad de vivir aventuras fantásticas, repletas de cambios y sorpresas.

La estabilidad me ayudaba a tener algo parecido a una organización, y aunque apenas tenía seis años, aquello me resultaba necesario. ¡Había demasiado por hacer! Y yo siempre estuve dispuesta a sacarle el mayor provecho a las horas del reloj. Organizaba la vida inconscientemente y, de esa manera, trasladaba ese equilibrio a mis primos y a mi hermano. Por eso, nuestros días estaban enmarcados en una larga rutina que se transmutaba constantemente en función de los estímulos y los deseos del momento. Sabíamos lo que debíamos hacer, pero el cómo ocurrían los hechos dependía enteramente de nuestra imaginación.

En la 115, la rutina lo abarcaba todo. Las mañanas siempre comenzaban igual: mi abuela se levantaba antes del amanecer y preparaba un delicioso desayuno que comía con su esposo en la habitación. La suya era una relación realmente íntima. Muy pocos detalles escapaban del dormitorio y casi ninguno llegaba hasta nosotros. Al terminar, mi abuelo se vestía con sus trajes oscuros y formales y se marchaba hasta su taller. Allí lo esperaban los conductores de buses para hacer el cambio de guardia, contar el dinero y reiniciar de nuevo el día.

Mi abuelo tenía dos autobuses de su propiedad al servicio de la línea *Plaza Egaña/Av. España*. Aquellas moles de metal brillante y cajuela ancha trabajaban casi sin descanso de sol a sol, llevando a tantos santiaguinos como podía hasta su destino. Cada mañana se cercioraban de que todo estuviese en orden antes de retomar la ruta. Verificaban los neumáticos, el motor e incluso el interior del autobús y solo entonces los despedía.

Aquellos conductores eran hombres muy diferentes entre sí. Todos provenían de lugares pintorescos. Algunos eran ágiles y jóvenes; otros se movían bajo el peso de los años y la serenidad de la vejez; sin embargo, unos y otros contaban con una sonrisa fácil y el humor vivo. En ocasiones fruncían el ceño cuando no entendían algo, pero eso no ocultaba sus ojos vivaces y el semblante respetuoso que adoptaban al hablar con mi abuelo. Cada uno poseía rasgos muy comunes, con sus pieles tostadas y sus caras repetidas, pero sobresalían por alguna particularidad física que se transformaba rápidamente en apodos.

No obstante, por más variados que podían llegar a ser, tras el volante se volvían idénticos: los conductores iban con su traje en punta, bien planchado e impecable. Al sentarse, un suspiro que sonaba a quejido se le escapaba de los labios, como si aceptaran su suerte, y entonces, con un ligero movimiento de muñeca, hacían rugir el motor y obligaban a las ruedas a moverse. El autobús repiqueteaba mientras avanzaba y ya cuando salía de la casona, no importaba cuál era el hombre que iba tras volante, todos, sin excepción, presionaban la bocina del autobús con fuerza y su ruido matutino iba sacudiendo al barrio entero con ese sonido que anunciaba el amanecer.

Con el tiempo, ese ruido se convirtió en algo muy similar al cantar del gallo o el musitar de las aves. Me despertaba con aquel estrépito de bocinas, pero lejos de asustarme, me recordaba la cercanía de mi hogar. Era común que yo me levantara antes que Octavio. Por lo general, me sentaba en la cama y observaba el mismo cuarto de mobiliario escaso y decoración sobria. A menos de tres pasos estaba la cama de mi hermano; cada mañana lo encontraba escondido debajo de las sábanas, con la boca abierta y el cuerpo rendido y torcido en posiciones extrañas. Era gracioso observarlo, siempre adoptaba posturas impensables, como si en lugar de huesos estuviese hecho de goma. Con el tiempo, me acostumbré a despertarlo antes de que llegara mi abuela. Él siempre se levantaba con la mirada perdida. Sus ojos se mantenían extraviados en la nada; tampoco emitía sonidos ni decía palabra alguna. Se quedaba así por un rato mientras yo lo observaba.

Para entonces, mi abuelo se había marchado a su trabajo como Inspector de Impuestos y mi abuela acudía a nuestro dormitorio. Al entrar nos dedicaba una mirada apremiante y nos hacía acompañarla hasta el baño. Allí nos aseaba con trapos mojados en agua; restregaba con fuerza la mugre de nuestros cuerpos y nos secaba con esmero. A veces, durante el invierno, el agua se calentaba a leña en un proceso largo y tedioso que venía casi siempre acompañado de un resfriado. En esos climas fríos, mi abuela me colocaba tantos vestidos como fueran necesarios para mantenerme caliente, y a Octavio lo cubría con camisas y abrigos, bermudas y pantaloncillos que le abultaban su delgado cuerpo.

Después de bañarnos, encontrábamos el camino hasta el comedor. Usualmente nos topábamos con Gastón y Eliana mientas se alistaban para salir a la universidad o a cualquier lugar que les demandara su tiempo e interés. Con frecuencia caminaban con una broma entre los labios y la mirada soñadora de los jóvenes universitarios. También nos cruzábamos con la bisabuela Ta, ataviada de sus ropajes largos y su rostro enigmático. Ella nos dedicaba palabras mudas y miradas cargadas de una ternura muy discreta. Siempre nos señalaba el desayuno, como si tratara de obligarnos a comer.

Sobre la mesa solíamos encontrar paltas maduras, mermeladas multicolores, frutas, jugos frescos y revoltillos de huevos. Para acompañarlo no podía faltar el pan fresco. En la 115 todos los días se compraban marraquetas —un pan crujiente y salado muy barato y popular que consumía la mayor parte de los chilenos—. Nosotros lo picábamos en dos y los rellenábamos de capas desbordantes de mermeladas. De pequeños, en muy pocas ocasiones conocimos la mantequilla, el queso o la leche. Aquellos eran alimentos que no se producían en la casa y, por lo tanto, ajenos. Nosotros no advertíamos estas y otras carencias porque se sustituían con diferentes opciones nutritivas que nos dejaban bastante satisfechos; sin embargo, cuando crecimos, no tardamos en descubrir todos los sabores que nunca habíamos probado.

Al terminar de comer, mi abuela Raquel nos empujaba fuera de la casa con la mirada. El interior era el lugar de los adultos, no el nuestro. Sin mediar palabra, escapábamos hacia el exterior; sabíamos que no debíamos volver hasta la tarde. Nuestro espacio estaba en aquellos jardines que Catalina Parra describía como paraíso terrenal. Por supuesto, a mí también me lo parecían, pero eso no lo desvinculaba de sus posibilidades para vivir grandes aventuras. En el jardín, todo parecía grande, vasto y amplio. El mundo se volvía inmenso y el cielo nos cubría en nuestra burbuja. Por doquier, los colores se entremezclaban hasta crear matices hermosos; los olores invadían el olfato en una fusión de aromas cítricos y dulces que a veces se reemplazaban por el de la tierra mojada y la madera fresca; los espacios ofrecían oportunidades sin límites para mentes tan bien afiladas e infantiles como las nuestras.

Aquellas eran áreas que nos congregaban día tras día. Acudíamos sin titubeos, a primeras horas de la mañana, Octavio y yo, siempre juntos, aliados inseparables en un mundo en el que yo debía crecer rápido para seguir siendo su guardián. Y es que mi hermano era un niño frágil, miedoso cuando le convenía y repleto de preguntas. En su naturaleza se mantenía el anhelo de protección. A mi lado estaba resguardado y de buena gana me seguía allá a donde me dirigía. A mí esto me causaba cierto orgullo. Por instinto sabía que era su guía y me gustaba ejercer influencia sobre él, aunque no siempre me hiciera caso.

Él era el más pequeño del grupo. Siempre nos perseguía con su carita inocente, su mirada juguetona y ese cabello castaño y revuelto que le confería cierto encanto. Me gustaba darle órdenes y, en ocasiones, seguirle el paso. De vez en cuando se le ocurrían expediciones arriesgadas hacia *El Fondo* y *El Taller*. Con frecuencia, derivaban en grandes dosis de adrenalina, temor y sorpresa. Él disfrutaba de la aventura, tenía una inclinación muy marcada por lo prohibido. Por alguna razón, todo lo que implicara riesgo o desafío le iba bastante bien. Sabía moverse con agilidad y nunca lo atrapaban, aunque, cuando eso sucedía, utilizaba su máscara, esa faceta de niño pequeño, vulnerable e inocente que solía convencer sin mucho esfuerzo y le permitía engañar casi a placer.

Y es que la personalidad de mi hermano se resumía en una sola frase: *«yo no fui».* Tres palabras que le ayudaban a pasar por niño bueno, incapaz de hacer algo malo, a pesar de que tenía muchísima iniciativa y una mente prodigiosa para materializar sus deseos temerarios contara o no con mi ayuda. Cuando hacía algo malo no había nadie que lo sacara de su máscara. Negaba todo y se escondía en aquellas tres palabras que usaba como escudo. *«Yo no fui».* Lo repetía tantas veces como hiciera falta y de alguna forma lograba salirse con la suya. *«Yo no fui».* Era su mantra, su filosofía, su arma. *«Yo no fui».* Lo esgrimía con gran habilidad y destreza, sin saber que a la larga aquella frase se adheriría a su personalidad.

Al margen de aquello, a Octavio le molestaba ser el menor, pero sabía llevarlo con cierta habilidad. Poseía una energía contagiosa, nunca se negaba a nada. Además, ningún obstáculo lo detenía y en su mirada se podía leer una especie de afirmación perpetua. De buena gana se arriesgaba a descubrir cada rincón de la casona; no esperaba por nadie y con el tiempo desarrolló una fuerte necesidad de estímulos y emociones que respondían a su curiosidad desbordante. Al igual que yo, disfrutaba de conocer y entender cómo funcionaba la vida, pero ambos lo hacíamos de maneras muy diferentes. Mientras yo utilizaba el análisis y la observación, él se valía del tacto y la experiencia en primera persona. Se esforzaba por obtener contacto con el mundo. Deseaba palpar, oler e incluso sentir cada elemento de la vida con el que se topaba; no deseaba entender cómo funcionaban las cosas, sino hacerlas funcionar bajo sus propias reglas. Esa necesidad lo llevó en más de una ocasión a tener grandes problemas. En muy poco tiempo, se transformó en un muñeco repleto de heridas e historias que me sobrepasaban. Sus aventuras se tornaban cada vez más osadas. La mayoría terminaban en llanto, pero algunas otras lo llevaron al hospital.

En una ocasión, entró a hurtadillas en el dormitorio de mis abuelos. La habitación era grande, cálida y bien distribuida. Por alguna razón, se sintió confiado y decidió hurgar por los rincones. Primero revisó el armario, pero las ropas no le dieron mucho juego; luego revolvió los cajones, pero los cuadernos y las hojas no lo cautivaron demasiado, entonces llegó a una mesita de noche, la abrió lentamente y encontró un pequeño frasco de color marrón. Aquello llamó su atención. La tapa era dura, pero con mucho esfuerzo logró desenroscarla. Las píldoras eran pequeñitas y su curiosidad pudo más que sus temores. La adrenalina le hacía latir con fuerza el corazón. Se llevó una pastilla a la boca: su sabor le resultó dulce y sin darse cuenta ya se la había tragado. Súbitamente, una idea le cruzó su mente, de pronto sintió que había descubierto algo muy valioso y debía aprovechar el momento, así que vació el frasco antes de que lo descubrieran. Sin saberlo, una veintena de pastillas que tomaba mi abuelo para sus problemas cardíacos bajaban desde su garganta hasta el estómago.

Tenía una sonrisa cuando lo encontré.

Las situaciones que más me incomodaron durante toda mi vida han sido precisamente aquellas en las que me he sentido desbordada. Octavio, en ocasiones, me desbordaba. Admitir frente a un adulto que algo malo había sucedido me generaba cierta ansiedad; me colocaba en una situación desagradable. La falta de control ante un hecho concreto me afectaba y, con regularidad, me generaba cierto temor. Este crecía exponencialmente al tratarse de mi abuela. Ella me tenía por sensata y prudente, esperaba que yo lograra controlar a Octavio. No me gustaba desilusionarla. Sin embargo, sabía lo que debía hacer. No escapaba de los hechos, los enfrentaba como mejor podía. Así que se lo conté, sin titubeos, sin temores, casi como una pequeña adulta, y su reacción fue inmediata. En pocos minutos se llevaron a Octavio hasta La Posta Central, un hospital de Santiago no muy distante en donde lo ingresaron por emergencias para hacerle un lavado de estómago.

Si aquello tuvo un efecto traumático en mi hermano, nunca lo demostró. Ni siquiera lucía arrepentido. Así era Octavio; las heridas y los golpes solo eran experiencias que lo hacían ir más allá en su comprensión del mundo. Jamás detuvo sus aventuras. Sin importar los fracasos y las cicatrices, ni los huesos rotos y los sueños aporreados, nada lo detuvo. Al contrario, siguió siendo tan escurridizo y problemático durante toda su vida.

En parte, yo lo agradecía. Con él, las mañanas iban a buen ritmo. Él complementaba mis días y su compañía me salvó de la soledad y el tedio. A pesar de que en ocasiones me generaba situaciones incómodas, junto a él fui formando mi carácter. A su lado construí mi manera de percibir el mundo y su presencia me hizo fuerte y decidida. De forma inconsciente, saberme la hermana mayor me hizo sacar lo mejor de mí. Ser su guardiana me enfrentaba a desafíos que aceptaba con gusto: le respondía cada duda que tenía, sanaba uno por uno sus miedos y le brindaba todo el afecto que sabía dar. Nunca fue un pesar para mí. Jamás lo sentí como una obligación ni una responsabilidad exigente. Lo hacía como algo genuino, natural. Nunca me pasó por la mente actuar de otra manera. Me alegraba tener la posibilidad de estar ahí para él pasara lo que pasara.

Él era mi hermano y yo me sentía agradecida por tenerlo.

9

Mientras Octavio y yo pululábamos toda la mañana por aquí y por allá, en el otro lado de la 115 la dinámica era diferente.

Mi tía Quety y su esposo Villalobos tenían un matrimonio que calificaban como moderno. Modernos eran los arreglos que le hicieron a su casa; modernas eran sus ropas traídas desde los Estados Unidos y otras confeccionadas, muchas veces, por mi propia tía con las telas y los hilos más hermosos de Chile; modernos los juguetes de sus hijos, moderno su baño, su mentalidad, su ingenio, ¡todo moderno! Así se veían ellos y así lo exteriorizaban. En realidad, lo eran, pero con frecuencia se mezclaba con cierta frivolidad vacía, aunque de aquello nosotros no entendíamos.

La casa de los Villalobos se vaciaba por las mañanas. Quety se quedaba cuidando del hogar y de su hija mientras su esposo se marchaba al trabajo e Iván al colegio. La pequeña *Vivi* era su orgullo. La protegía como una muñeca de porcelana: la bañaba con esmero, la ataviaba de ropas hermosas, le peinaba los rizos dorados, le acicalaba la carita y hacía que la mirara con aquellos ojos azules y la sonrisa ingenua de labios delgados antes de dejarla libre por la casa. Para su placer, la niña no tenía ni rastro de rebeldía. Siempre obedecía sin titubeos, se mostraba mansa y nunca le daba problemas... salvo cuando la dejaba salir al jardín. Para Quety, nosotros, los hijos de su hermano, no éramos una compañía muy grata. Aquello cambiaría con el tiempo, pero durante la infancia, le resultábamos excesivamente solitarios y a la deriva. En el fondo le recordábamos a un retrato muy exacto de dos huérfanos sin supervisión. Era normal que lo pensara, aunque se cuidaba de no emitir juicio ni revelar sus pensamientos: bajo ninguna circunstancia deseaba mostrar razones para generar alguna disputa familiar.

Para su desgracia, nosotros nos empecinábamos en buscar a Vivi todos los días. Aparecíamos siempre a la misma hora. Cerca del mediodía rondábamos las terrazas, pegábamos la cara en los vidrios y le hacíamos morisquetas para que saliera. Ella se impacientaba, nosotros éramos su tentación, su salida de esa vitrina en la que tanto le gustaba exhibirla su madre. Para Viviana, el exterior era un bocado de adrenalina, la oportunidad de ser verdaderamente una niña y no una muñeca. Esa era la paradoja de Vivi. Por más esfuerzos que dedicaba Quety para que su hija se quedara en casa, la niña no podía luchar contra la tentación de la libertad.

Su madre lo sabía, así que arbitrariamente creaba obstáculos para que su hija se retrasara. Por ejemplo, la hacía acompañarla mientras realizaban las tareas del hogar: tejían, cocinaban, escuchaban la radio y los discos más recientes; la llevaba a comprar por el barrio, saludar a las vecinas y a sus amigas, y a visitar tiendas; la hacía comer con ella, le obsequiaba dulces y como último recurso le regaba los juguetes por la sala, con la esperanza de que aquellas vasijas de porcelana, muñecas de marca y demás objetos distrajeran a la niña el tiempo suficiente para que olvidara sus deseos de compartir con sus primos. Todo resultaba infructuoso. Cuando ya no podía estirar más las horas y se le terminaban las excusas, caía derrotada ante los ojos de la niña y la dejaba salir.

Para entonces ya nosotros habíamos almorzado. La comida de mi abuela no era especialmente variada, pero sí deliciosa. Los almuerzos y las cenas se parecían mucho y se intercambiaban entre sí sin ningún orden. Lo que más se servía eran sopas, guisos y hervidos de todos los colores, aromas e ingredientes. Los más frecuentes eran *la carbonada* y *la cazuela*, ambas poseían un caldo humeante preparado con diversas verduras y condimentado por una exquisita variedad de especias. También incluía pedazos de pollo o carne acompañada de porotos, maíz, zapallo o arroz. De niña no tenía idea de todos los ingredientes que se escondían en cada plato, pero tenía muy claro que cuando bajaban por la garganta, abrazaban el estómago y calentaban todo el cuerpo. Nunca nos dejaban hambrientos. Nos llenaban lo suficiente para renovar nuestras energías. A veces también nos aletargaban, especialmente en el invierno, cuando el exterior era menos atractivo y una buena siesta bajo el calor de las mantas era más que apetecible.

Al terminar de comer, nos marchábamos a nuestro reino de juegos. Por esas horas, mi abuelo había llegado de su trabajo y tomaba la siesta junto a su esposa. Gastón también estaba en casa y recorría los espacios con su mente perdida entre la música que debía practicar en el piano y la que debía estudiar en sus libros y partituras. Muchas veces lo encontrábamos en esa indecisión mientras jugábamos en el jardín. Él solía caminar con la sonrisa incompleta, siempre a mitad de camino, como si dudara entre la alegría y la tristeza. Su semblante era atractivo, repleto de rasgos suaves, quijada marcada y pómulos finos. Solía tener un aire meditativo, cincelado por sus cejas pobladas, levemente fruncidas, y una mirada perdida que atravesaba a personas y a objetos por igual. Generalmente ni notaba nuestra presencia al pasarnos por al lado, pero nosotros no tardábamos en sacarlo de su mundo y arrastrarlo hasta el nuestro.

Gastón era uno de los nuestros. Lo sabíamos. Él encarnaba el papel de niño grande de forma magistral. Tenía una imaginación viva y el contacto con nosotros le hacía reencontrarse con las huellas de su niñez. Cuando nos acompañaba, su mirada se suavizaba, se le relajaba el cuerpo y su risa adquiría un sonido agradable y genuino que no se parecía en nada al que emitía de forma convencional. Nosotros nunca lo consideramos un adulto. De hecho, nos resultaba imposible verlo como tal, seguramente porque no desempeñaba ningún rol de autoridad, tenía pocas responsabilidades y se mostraba cercano, amigable, siempre dispuesto a ser parte de los juegos.

Mi tío tenía veinticinco años, iba al conservatorio todos los días y siempre estaba atareado con sus exámenes, sus prácticas y alguna clase de piano que le dictaba a un alumno nuevo. Generalmente, salía de casa cuando quería y regresaba a una hora más o menos moderada. Él poseía un encanto natural para despertar las sonrisas risueñas de las chicas y la amistad de los hombres. Vivía sin demasiadas ataduras y disfrutaba de una tranquilidad admirable que le permitía desligarse de cualquier compromiso, salvo el que contraía con sus amigos. Se desvivía por lo que amaba y el tiempo se le escurría entre los dedos sin que reparara en ello.

Todo esto era mi tío, un hombre que actuaba acorde a su edad, a su apellido y a lo que se esperaba de él y, sin embargo, debajo de la piel del adulto, habitaba un niño inocente y alegre que aparecía cuando nadie lo miraba.

Por lo general, Gastón hacía algo más que convivir con su soledad: la buscaba e incluso, a veces, la disfrutaba de una forma peligrosa. Muchas veces anhelaba no tener otra compañía que sus propios pensamientos. Aquello le ayudaba a abstraerse de la realidad y a concentrarse exclusivamente en las notas del piano que tenía frente a él, la madera que ya desde entonces tallaba como pasatiempo y las lecturas que debía realizar; sin embargo, este hábito se transformó en una forma de desvincularse de su entorno. Era su manera de evadir los problemas y esas responsabilidades propias de una adultez que se hacía cada vez más presente y menos grata. Mi tío se encerraba en sí mismo, en ese lugar donde podía seguir siendo un niño, no tenía que rendir explicaciones y su único deber era mantener las manos y la mente ocupada.

Así era Gastón, ni una cosa ni la otra sino ambas y, en ocasiones, en simultáneo. Su vida se entremezclaba en estas dos facetas que se iban intercambiando en función del momento. No podía desvincularse de ninguna de ellas. Lo normal hubiese sido que muriera el niño para darle paso al adulto, pero no sucedió. Se mantuvo en su dualidad perenne. Creció así, risueño y taciturno, siempre con aquel rostro que se volvía más y más maduro pero que, al tocar el piano o al jugar con sus sobrinos, parecía desarmarse hasta mostrar los finos rasgos del niño que nunca dejó de ser, del niño que nosotros conocimos mejor que nadie... del niño que fue nuestro amigo por encima de todo.

Durante aquellas tardes de mi infancia, Gastón siempre estuvo presente.

Viviana salía cuando el sol nos hacía sudar y el aire se volvía seco. Ella llegaba ataviada con ropas frescas de princesa y el rostro deseoso de diversión. Nosotros la guiábamos por el terreno. Avanzábamos envueltos en el velo de la imaginación, transformando un simple paseo en una gran expedición por un territorio maravilloso y excitante que sorprendía y asustaba por igual. Muchas veces nuestras aventuras nos desviaban hasta los huertos. En esas ocasiones nos volvíamos bandidos que se movían veloces entre hileras de frutas tan altas que nos cubrían y otras más pequeñas que tratábamos de no aplastar con nuestro andar. Cogíamos frambuesas, ciruelas y uvas, y las comíamos mientras planificábamos una nueva aventura.

A veces nos desviábamos hacia el ala derecha del jardín, donde había un pequeño estanque que usábamos como piscina cuando mi abuelo no criaba patos en ella. Aquel pozo formaba parte de los mayores temores de Viviana. Cada vez que nos acercábamos empezaba a titubear y a vociferar alguna excusa que impidiera la frase que no quería escuchar: «*¡Vamos a hacer tortas de barro!*». Aquello amenazaba sus límites, era su punto de no retorno. Solo la proposición hacía que recordara a su madre; sus miedos se despertaban uno por uno. Ella se esmeraba por persuadirnos para hacer cualquier otra cosa, pero cuando entendía que no triunfaría, se mordía el labio y con un puchero sellaba su sentencia: «*Bueno... pero yo los miro nada más*».

Era inútil. Nosotros nos lanzábamos al pozo; el agua nos refrescaba bajo el duro sol del verano y empezábamos a amasar la tierra hasta convertirla en barro. Octavio y yo reíamos a carcajadas, nos manchábamos la cara, las manos y la ropa. A ojos de Viviana, no podíamos resultar más felices ni representar una tentación más grande y obstinada.

Esa diversión, esa felicidad, esa alegría sin temores alrededor de algo tan simple como el barro y el agua hacía que Vivi se sumergiera en su paradoja. Las palabras de su madre retumbaban como un tambor en su mente: «*bom-bom-no-lo-hagas*», «*bom-bom-no-te-manches*», «*bom-bom-aléjate-de-allí*», aquello resonaba con fuerza, la hacía dudar, pero, poco a poco, nuestras risas ahogaban el sonido. Los parámetros de Quety se desarmaban frente a la diversión. Mi prima se acercaba involuntariamente al pozo, tocaba el agua, nos gritaba una palabra que no escuchábamos y volvía a morderse el labio. La niña se debatía y entonces tomaba la única decisión que la reencontraba con su niñez, la única decisión que le permitía salir de los moldes y ser libre por un momento, un instante que le sabía tan dulce como la fruta madura.

¡Se zambullía! Viviana se zambullía.

El agua le llegaba hasta el cuello. Ya no le importaba la ropa, las palabras, las advertencias ni los castigos. Armaba las tortas más grandes de barro, chapoteaba, jugaba y reía con todas las fuerzas que antes reprimía. Se movía enérgica, saboreaba el placer del momento y disfrutaba intensamente cada segundo hasta que salíamos del pozo. Entonces se ponía pálida, con los ojos brillosos, temerosa de las consecuencias que le esperaban al llegar a su casa, pero ya era tarde para lamentos.

En otras ocasiones, nos perdíamos por las faldas de la casa y caíamos embrujados por una melodía dulce y aletargada. Llegaba como un suspiro que traía la brisa, un lamento que se clavaba hondo y crecía hasta volverse esperanza. Era un canto hermoso que traspasaba el cuerpo y nos volvía mansos. Seguíamos el rumor de las armonías: cada paso era un acorde, cada corchea un sorbo de aire, cada pausa, un latido del corazón. Avanzábamos alegres, conscientes de lo que significaba el sonido del piano: «¡Gastón está tocando!». Corríamos sin descanso y llegábamos agitados hasta la terraza de la casa, esa misma que solo podíamos ver a través de sus grandes ventanales pero que, del otro lado, albergaba a Gastón frente al piano. Nosotros pegábamos el rostro en los cristales para verlo mejor. Sus dedos se movían al compás de las fugas de *Bach*. Le arrancaba sentimientos y emociones a ese instrumento de una forma conmovedora. Cada movimiento era pena y liberación, melancolía y soledad, culpa y redención. Sus manos bailaban en una danza hermosa que pintaba el mundo de los colores de la pasión. Al cerrar los ojos, las historias de amores y vidas pasadas afloraban, infinitas, como un libro abierto que se vivía en primera persona.

Gastón se perdía en las notas y nos empujaba hasta sus sentimientos. Todo lo que importaba era ese instante. Una nota, luego otra y una más. La realidad desaparecía y se reducía a su solitario concierto. ¿Tocaba para nosotros, sus fieles admiradores? Nunca se lo preguntamos, solo nos tirábamos en las baldosas frente al ventanal y escuchábamos con los ojos cerrados. La brisa arrastraba los aromas del jardín, la sombra del tejado y los árboles nos resguardaban y el mundo parecía más ameno, más tranquilo, más callado.

Con el tiempo, llegamos a entender cuándo una nota significaba un error; cuándo dudaba de sí mismo y aceleraba o disminuía el tempo de la melodía, e incluso cuándo se desesperaba y arrancaba notas disonantes que bien podían ser el ruido de sus propios gritos. Lo conocíamos. Él hablaba a través del lenguaje de su música. Nosotros no alcanzábamos a entenderlo por completo, pero allí estábamos todos los días, los fieles y primeros peregrinos de su arte.

Aquello podía durar por horas. La mayor parte del tiempo, nosotros disfrutábamos de la música mientras dejábamos que nuestra imaginación creara historias a juego con la melodía. Usábamos los juguetes de trapo que mi abuela nos tejía para distraernos. Eran muñecas, conejos y otra gran variedad de animalitos confeccionados con retazos de telas. Resultaban adorables con sus ojitos cosidos de botones y sus rostros compuestos de hilos de diferentes formas y colores. Todos los meses, mi abuelo conseguía alguna fábrica textil que le regalara una pequeña cajita de telas surtidas. Con aquello, mi abuela hacía magia: nos confeccionaba la ropa, cosía parches en las sábanas, tejía abrigos, guantes, bufandas y todavía le sobraba para aquellos juguetes que nos acompañaban día tras día.

Ya cuando el último rastro de la música cesaba y el cielo se teñía de colores de fuego, Gastón salía al jardín. Nosotros nos lanzábamos encima de él y revoloteábamos a su alrededor. Él solo alcanzaba a reírse. Para entonces Iván había llegado del colegio con sus historias gallardas. A veces se nos unía y todos juntos jugábamos a la *gallina ciega*, hacíamos carreras de sacos, nos íbamos a la acera frente de la casa y nos divertíamos lanzando la piedra y saltando bajo las reglas de *luche* o *rayuela*, e incluso corríamos por todos los rincones de la casona cuando jugábamos al *escondite*, haciendo que Gastón nos buscara mientras el sol caía en su pesado descenso y alargaba las sombras.

Lentamente, el atardecer se apagaba para dar paso a las luces nocturnas. Entonces aparecía la voz de mi abuela envuelta en un grito de alarma.

«¡Voy a soltar a Choco!».

Aquello nos ponía a todos en fuga. El sonido de las cadenas nos aceleraba el corazón y una velocidad frenética se apoderaba de nuestro cuerpo. Corríamos sin mirar atrás: sabíamos que nos perseguía Choco, un enorme gran danés de pelaje oscuro que servía de perro guardián y tenía la habilidad de aterrarme en un segundo. Su ladrido me sonaba rabioso y potente, como si hubiese devorado un cuervo graznador. Nunca nos atrapaba, pero siempre lo intentaba. Mi hermano y yo entrábamos de prisa al salón. Reíamos como tontos por nuestro éxito, casi aliviados de haber sobrevivido a otra noche. A pesar de la alegría, llevábamos el miedo pintado en la cara. Dábamos pasos breves mientras recuperábamos el aliento y nos adaptábamos al aire cálido del interior de la casona. Los olores nos llegaban de todas partes, al igual que el bullicio de la familia que nos anunciaba el camino exacto que debíamos seguir.

Dominique, Iván, Octavio, Viviana

10

Comer en familia era importante en 1960, constituía parte de la tradición de la época, la cual estaba cargada de simbolismos y protocolos. Afuera, la noche se esparcía homogénea por todo Chile: cubría las aceras y los campos, las calles, los parques y las casas, el norte y el sur. Las familias llegaban a millares hasta el calor de sus hogares y se reunían alrededor de mesas grandes y pequeñas; mesas toscas de madera y finas de cristal; mesas rebosantes y otras exiguas, con poca comida para muchas bocas; mesas repletas de madres, abuelas, hermanos, padres e hijos, todos apretujados, hombro con hombro, parlanchines o sombríos, molestos o alegres, felices, a la vez, cuando llegaba la comida y podían llevarse algo al estómago luego de un arduo día de trabajo.

Al igual que ellos, nosotros también nos reuníamos en el comedor. Los platos iban de aquí para allá, rebosantes, calientes, sabrosos. Mi abuela servía los alimentos con la ayuda de Eliana. Sus manos eran diligentes y veloces, se movían alrededor de nosotros con soltura y elegancia. Mientras tanto, mi abuelo observaba en silencio. Desde la cabecera del comedor, se dejaba atender e inspeccionaba a cada miembro de la familia con sus ojos profundos. En la mesa, la conversación empezaba luego de los tres primeros bocados. Los temas no eran muy variados, abordaban la vida de algún conocido o la historia interesante del día. Por lo general, mi abuelo mantenía un semblante serio; prefería escuchar y se podía adivinar su opinión con solo analizar las facciones de su cara y la mirada que dirigía al interlocutor. Eso incomodaba a cualquiera, mucho más a sus hijos, quienes rehuían de aquella mirada adusta y se esforzaban por cuidar bien sus palabras y comentarios en su presencia.

Por el contrario, cuando había invitados, el ambiente cambiaba drásticamente. Esto sucedía con frecuencia, los amigos de Gastón y Eliana visitaban la casa con regularidad. En esas ocasiones, mi abuelo se transformaba. Su seriedad se derretía para dar paso a la jovialidad, le nacía una voz interesada con un timbre agradable, y casi de manera inconsciente se sumergía en las conversaciones de los invitados. Aunque no lo demostraba abiertamente, disfrutaba de la compañía de esos jóvenes que llenaban su mesa. Durante esas veladas, mi abuelo aprovechaba el momento para conocer e indagar en la vida y la forma de pensar del círculo social de sus hijos. Se perdía en la charla, disfrutaba conociendo otros aspectos de un tema concreto, escuchando los puntos de vista y enfrascándose en discusiones acerca del mundo, la realidad y el rumbo actual de todas las cosas.

A su vez, mi abuela también se desvivía por aquellos momentos. Sin duda eran situaciones que disfrutaba con genuina pasión. Ella escuchaba atentamente, nunca interrumpía, pero luego preguntaba hasta hartarse; quería conocer de todo y de nada, su apetito era insaciable y estimulaba a sus interlocutores. En el fondo, deseaba ser parte del mundo intelectual de sus invitados. Valoraba en gran medida las opiniones que podían aportarles acerca de un tema concreto y de muchas formas distintas se nutría con las palabras que recibía. También se maravillaba de la juventud y la osadía, de los sueños y las promesas, de los amores, las historias y tantas otras fantasías y realidades que cada noche emanaban aquellas bocas veinteañeras rebosantes de optimismo, besadas por la dicha del momento y sueltas por el vino que apuraban entre bocado y bocado a lo largo de la cena.

El vino siempre ha sido algo más que una bebida en las mesas chilenas.

En Chile hay un poderoso e inconsciente culto a Dionisio que se celebra día tras día frente a la mesa, aunque nadie lo sepa. En mi familia se tenía la creencia de que, en lugar de agua, por nuestras venas corría vino. ¡Lo usábamos para todo! Lo bebíamos en cada comida sin importar si era de día o de noche. Nunca podía faltar. Necesitábamos vino, el mismo que yo acompañaba a comprar a mi abuelo a las botillerías de la Av. Larraín cada semana y se pagaba a granel. Ese que se extraía de los viñedos locales, se distribuía hasta cada poblado de Chile y se vertía en damajuanas de cinco y quince litros. Ese que caía a mares por las boquillas de los barriles y rellenaba botellas limpias, bonitas, multicolores, pequeñas, grandes, rotas y que terminaban todas cargadas al hombro hasta llegar a tantas familias de labios ansiosos y anhelantes por descubrir lo que aguardaba ese primer sorbo. Un primer trago que delataba el sabor de la cosecha y que era inalterable; porque el vino a granel siempre fue azar, siempre ruleta rusa. A veces arrojaba sabores amargos que arrugaban la cara y en otras oportunidades, su dulzura embobaba las facciones. No se podía escoger, simplemente era un asunto de la suerte.

Aun así, todos los vinos terminaban en el mismo lugar: en la mesa, en la lengua, en la garganta, bajando a cascadas, deslizándose por el pecho como serpientes en la hierba. Y en su descenso avivaba los sentidos, estimulaba las conversaciones, mejoraba el ánimo y cambiaba por completo el ambiente. Todo empezaba y terminaba en el vino. Vino tinto y blanco, mezclado con agua o frutilla para los niños, puro color sangre para los adultos. Vinos baratos, caros, en botellas de vidrios, a granel, con etiquetas, todos potentes, todos sabrosos, todos dispuestos a cumplir con el deber de acompañar a los chilenos en los días malos y en los días buenos hasta crear la ilusión de que la vida podía ser diferente allí donde hiciera falta, al menos un instante.

Ese mismo vino se estiraba hasta el final de la conversación, la cual menguaba conforme nos movíamos al salón. La transición era natural, sin conectores ni frases corteses que sirvieran de puente. Los platos iban a la cocina y la familia a la sala. Allí la conversación era más breve y corta. Incluso las mejores tertulias morían pronto para dar paso a un momento íntimo que no se podía interrumpir con palabras. Eliana y Gastón despedían a sus invitados, cuando estos decidían no quedarse a dormir, y al volver se atrincheraban en la periferia del salón, sentados en sofás alargados que bordeaban el centro del recinto. Allí leían algunos libros o simplemente seguían hablando discretamente entre susurros.

El resto de nosotros buscaba su propio espacio. No había un lugar fijo, pero cada quien se sentía cómodo en determinados rincones. La Ta se iba a su mecedora cerca de la chimenea, allí se sentaba con gran esfuerzo y luego del crujido de la madera, empezaba a mecerse plácidamente. Mi abuela la acompañaba en un sofá oscuro que tenía justo al lado. Antes de sentarse, bajaba de lo alto de la chimenea una caja oscura y la colocaba en el suelo. Desde allí, ambas se decidían por algunos de los abundantes hilos multicolores. Seleccionaba el que mejor se adaptara a sus piezas y, con movimientos sagaces, los convertían en hebras que terminaban alrededor de las puntas alargadas de sus agujas. Estas se movían como dedos metálicos conforme trabajaban en sus bordados, algo que hacían sin hablar, con suma calma y la vista fija en cada puntada. Poco a poco los movimientos de sus dedos iban hilando lo que, tras varias jornadas, serían suéteres, camisas, medias y tantas otras prendas que no tenían más molde ni patrón que el de su imaginación.

En el caso de Octavio y yo, nuestro lugar estaba en el suelo, sobre la alfombra, a las faldas de mi abuela. Ella siempre nos buscaba algo para hacer. Usualmente nos daba una olla con lentejas para sacarle las piedras y otra de arvejas para desgranarlas. Aquella era una manera de hacernos partícipes de las labores del hogar. Nos hacía sentir útiles. Veíamos aquello como una forma de integrarnos al trabajo, aunque fuese muy modesto.

En otras oportunidades, mi abuela nos daba una cesta de mimbre repleta de bolas de lana e hilo. Todas estaban enredadas, entremezcladas con nudos y amarres que nosotros deshacíamos con nuestras pequeñas manos. Mis dedos se movían veloces, palpando el origen de las tensiones, detectando el núcleo de los enredos y separando los colores hasta apilarlos en pequeños montículos que tarde o temprano terminaban en las agujas de la Ta y mi abuela.

Mientras nosotros iniciábamos nuestras tareas, mi abuelo se tomaba su tiempo para acercarse. Caminaba despacio hasta colocarse delante de la chimenea; allí toqueteaba la radio y el ambiente cambiaba súbitamente. Por alguna razón, recuerdo que el olor a leña y brasas se hacía más fuerte; las disonancias de la radio al sintonizar la emisora resonaban por la sala y todos levantábamos la cabeza a la vez. Las agujas cesaban su movimiento, mis manos se detenían e incluso los susurros de Gastón y Eliana se acallaban de golpe. Y entonces una voz aparecía y lo inundaba todo. Era una voz rasposa y teatral, provista de unos versos y una narrativa profunda.

«Como cuerdas de un gigantesco violonchelo raspadas por el arco del viento, temblaba en broncos trémolos la encordadura de la Esmeralda en la noche del 20 de mayo de 1879».

Aquella era la voz de Jorge Inostroza. Su timbre era potente, a veces con un dejo de pesadez y de dolor que rápidamente mutaba a arranques de energía y valentía conforme avanzaba en su relato. Su voz tenía la facultad de pegarse a las paredes, de clavarse en cada rincón y de transformar el salón en las aguas del Pacífico, esas mismas que mecían a la *Esmeralda* y donde iniciaba la narración de un nuevo capítulo de *Adiós al séptimo de línea*.

Escuchar a Jorge Inostroza cada noche era tan natural como respirar. El programa se transmitía por la Radio Corporación y contaba capítulo a capítulo la épica de la Guerra del Pacífico. Escucharla era fascinante. Durante cada escena, introducía una gran variedad de instrumentos y arpegios musicales que enfatizaban situaciones melancólicas, momentos de tensión o discusiones que pronto derivaban en grandes epopeyas. Estos sonidos aparecían a juego no solo con la voz de Inostroza, sino con la de todos los actores de radioteatro que se prestaban para dar vida a distintos personajes. Así, minuto a minuto, los pueblos de Bolivia, Perú y Chile quedaban mentados en aquella narración que iba revelando las batallas y los dolores, los héroes y los caídos, la historia con sus vaivenes y un poco de ficción a juego que al mezclarse conformaban un apasionado relato del ayer.

Cuando nos adaptábamos al sonido, volvíamos a nuestras labores. Escuchar no era un distractor, al contrario, potenciaba nuestras capacidades manuales. Aquello era incluso mejor durante el invierno, cuando el frío arañaba la piel y la calidez del salón era un refugio apetecible gracias al fuego de la chimenea. En esas ocasiones, todos nos manteníamos muy juntos, concentrados en nuestras tareas, pero siempre acompañados por esas voces que rememoraban las heridas, los triunfos y las vivencias del pasado.

En el caso de mi abuelo, él se quedaba sentado al otro lado del salón, escuchando con calma la radio y tratando de despejar la mente. Aquel era uno de los pocos momentos en los que podía respirar tranquilo. ¡Siempre había algo para reparar en la casa y el jardín! A excepción de la siesta de las tardes, no descansaba nunca. Junto a mi abuela, era el primero en levantarse y el último en irse a dormir. Su mente se mantenía en constante maquinación, pues el dinero nunca alcanzaba por más negocios en los que invertía su tiempo y energía. Por esta razón, cuando no se ocupaba de algo con sus manos, lo hacía con la voz y el pensamiento. En el fondo tenía una motivación mayor, un objetivo fijo del que no se despegaba y ese no era otro que proveer a su familia.

Solo eso importaba.

Durante aquellas noches familiares, era muy frecuente que en medio de sus meditaciones me llamara. Por alguna razón, le hacía feliz mi compañía. Solía sentarme en sus rodillas y me miraba con el semblante cambiado. Sus ojos se hacían pequeños, su cara redonda adoptaba una alegría risueña —como la de un niño—, e incluso sus labios traicionaban al don Enrique Lafourcade del día a día, permitiendo que apareciera aquella sonrisa que nunca mostraba. Eran detalles modestos, pero, para mí, sumamente significativos. Solo en esas ocasiones podía verlo tan natural y desprendido del peso de sus responsabilidades.

Precisamente a base de aquellos momentos construimos nuestros lazos afectivos. Manteníamos una complicidad que no le brindaba al resto de sus nietos. Al bajarme de sus rodillas, me ofrecía una silla a su costado. Frente a ambos había una mesita de madera donde colocaba diferentes juegos de mesa. Mi abuelo estaba decidido a enseñarme algo cada vez que me veía y yo me mostraba encantada con la idea.

En ese tiempo, avanzamos por varios tableros, algunos eran complicados y otros confusos, sin embargo, ninguno captó mi interés tan rápido como lo hizo el ajedrez. Desde que logré dominarlo, todas las noches nos posicionábamos en aquellos cuadrados blancos y negros. Yo era buena, pero solo para posicionar mis piezas. Aprendía rápido y con los conocimientos esenciales lograba crear mis estrategias; lamentablemente, no tenía el instinto asesino para llegar hasta el *mate*. Aunque no era nada sencillo, derrotar a mi abuelo no me generaba ningún placer. No deseaba ganar, eso no me generaba ningún incentivo; me bastaba con demostrar que podía hacer grandes cosas sin asestar el golpe decisivo. A mi manera, era buena en la ofensiva, pero anhelaba que mis ligeras pruebas de fuerzas resultaran suficiente para desalentar a mis contrincantes.

Octavio no parecía reparar en mi diversión, tampoco mostró mayor interés por lo que hacíamos. Él no estaba tan cómodo con mi abuelo, especialmente porque era el encargado de los castigos y estos lo alcanzaban con frecuencia. Mi hermano prefería estar junto a la Ta. Con ella se sentía bien y desde muy temprano se volvió una figura importante en su vida. Ella lo cuidaba, lo consentía con su afecto, le tejía regalos y hasta dormía a su lado en las tardes de invierno. Además, si necesitaba otra distracción, Gastón siempre estaba presto a recibirlo con una idea interesante o algún juego inesperado que lo hacía estallar de risa.

Con el tiempo, el ajedrez quedó relegado y sustituido por una nueva pasión: las matemáticas. Ya para entonces Octavio y yo asistíamos a una primaria atendida por dos mujeres del barrio que habían decidido ganar algo de dinero. Aceptaban a niños de todas las edades y los atendían en una pequeña casa de paredes claras e interior sofocante. No estaba muy lejos, se ubicaba justo en el cruce de la Av. Larraín con Paula Jaraquemada. Empezamos a ir varios días de la semana y a pesar de las extrañas condiciones de la institución, realizaban exámenes oficiales. A su manera, se esforzaban por educar a los alumnos en cada clase y evitaban tener problemas con la ley.

En esas aulas, Octavio comenzó a mostrar un ligero tartamudeo. Intuyo que entrar en contacto con otros niños fue el detonante de aquello, pero ni de lejos la causa. Nunca descubrimos cómo surgió, no obstante, con el tiempo, solo empeoraría. Este hecho le hizo sentirse más identificado con la Ta, quien padecía la misma discapacidad, pero mucho más desarrollada.

Bastaron un par de días para descubrir lo evidente: Octavio no se sentía cómodo en el aula. No podía concentrarse, se impacientaba al no entender lo que decían las maestras, era incapaz de comunicarse con los demás y el único antídoto que aplicaron fue aislarlo, dejándolo bajo el cuidado de la Srta. Laura, una de las hermanas de la maestra. Ella se lo llevaba afuera durante todas las clases y lo cuidaba con un cariño desbordado y sospechoso. La amabilidad de Laura tenía algo que me generaba una extraña sensación de peligro. Sin embargo, era un peligro diferente, desprovisto de amenazas y riesgos, quizás por eso no le dediqué mayor atención. Aun así, aunque no pude detectarlo entonces, aquello no era más que una muestra de lo que sería Octavio en el futuro, un niño con una capacidad extraordinaria para seducir y despertar la sobreprotección de las mujeres, especialmente de las mayores.

En el aula me fue bastante bien. El ambiente tenía orden y yo no pedía más que eso para ser feliz. Mis momentos favoritos ocurrían durante las clases de matemáticas. Al compartir salón con niños de edades tan distintas, participaba en la resolución de problemas complejos que nadie lograba entender. Las maestras se mostraban sumamente impresionadas; desconocían, por supuesto, que todo ese conocimiento venía de mi abuelo y las noches en el salón. Gracias a él entendí desde la suma hasta la división sin tan siquiera haber aprendido a leer. Sus clases me entretenían, las esperaba con ansias durante toda la tarde. Cada vez que lograba dar con las respuestas correctas, sentía que lo hacía sentir orgulloso de mis capacidades. Eso era lo que más me gustaba, especialmente porque de todos sus hijos, ninguno se mostró jamás tan interesado en los números como lo hice yo.

Cuando se acercaba el final de las lecciones, ya sentía el cuerpo pesado. Incluso antes de terminar, me tragaba los bostezos para no delatarme, pero siempre había uno que me traicionaba y hacía que mi abuelo mirara el reloj y declarara que era hora de dormir.

Todos se levantaban en estampida. La palabra de mi abuelo era ley. Cada quien recogía aquello que estaba haciendo e iba saliendo del salón. A Octavio y a mí nos escoltaban hasta la habitación y tras unos pocos minutos de espera —que aprovechábamos para conversar de cualquier cosa—, las luces se apagaban y el silencio se postraba sobre cada rincón de la casa.

Yo me acomodaba entre las sábanas, mirando al techo fijamente mientras pensaba en todo lo que había hecho en el día. Cada pensamiento era una hebra que me llevaba a otra y a otra hasta que todas juntas formaban la férrea decisión de que al despertar reiniciaría mis rutinas. Mis ojos se empezaban a cerrar, el sueño se iba apoderando de mí lentamente y en esos valiosos segundos mi imaginación seguía construyendo el porvenir.

Cada noche repetía ese proceso, para mí, los días se sucedían unos detrás de otros, permanentemente iguales, apegados a una estructura eterna e interminable. Por alguna razón, no era capaz de entender el concepto del tiempo ni lo que este podía hacer en su suave avance. Creía que todo se mantendría inalterable por siempre. Noche tras noche, antes de quedar profundamente dormida, maquinaba lo que iba a ocurrir al día siguiente. El tiempo no existía en mi realidad.

Pero un día apareció y la estructura que regía mi universo se desmoronó.

11

Una mañana nos dijeron que debíamos tomar un avión.

Hacía frío; los guateros calientes —que se colocaban debajo de la cama a modo de calentador durante el invierno— yacían helados, como soldados firmes esperando a un enemigo que ya había ganado la batalla. Las palabras venían de mi abuelo, pero era su esposa quien parecía más afligida. Su rostro dejaba traslucir el dolor que les producía a ambos la noticia. Octavio, al principio, no entendía lo que estaba ocurriendo. Luego de una breve explicación, un profundo terror le deformó la cara. Gritó con desespero. En medio de su voz aguda y afligida no quedaba claro hacia qué se oponía. ¿Se negaba a montarse en el avión o a partir del hogar? ¿Se rehusaba a despedirse de la Ta, Gastón, Viviana y todos los que consideraba su familia o simplemente rechazaba el rumbo al que debíamos embarcarnos? Tal vez se negaba a todo al mismo tiempo sin saberlo, pero, a efectos de la conversación, las negativas no tenían espacio. Nos estaban comunicando una decisión tomada, aunque no por mis abuelos, al menos eso me quedaba claro.

Cuando estuvimos a solas, Octavio soltó la almohada que había utilizado como refugio de sus lamentos y se abalanzó sobre mí con fuerza, colocando las manos alrededor de mi cintura. Su rostro quedaba oculto en mi vientre y sus palabras ahogadas contra mi cuerpo. Yo le acariciaba los cabellos, introduciendo mis dedos entre ellos y estirándolos con suavidad. Lo dejé vaciarse de todos sus sentimientos y temores mientras yo lidiaba con los míos.

Hasta ese momento, todo a mi alrededor parecía lineal, inalterable, completamente ajeno a cualquier cambio. El tiempo estaba entre mis dedos: lo estiraba y jugaba con él a placer sin tan siquiera advertirlo. Sin embargo, aquello marcaba una ruptura, representaba lo inesperado, lo impredecible. Mi mundo seguiría allí, en aquella estructura que regía mi existencia y se sostenía de las rutinas y los rostros de la 115, pero ya yo no estaría para verlo.

Tenía apenas siete años, pero entre aquellas paredes nacieron mis primeros recuerdos. Nada me había preparado para un cambio tan inesperado y ningún adulto se detuvo a preguntar nuestra opinión. Tampoco importaba. Estábamos obligados a avanzar hacia un lugar desconocido a través de un camino repleto de incógnitas, de dudas, de temores, pero ¿de verdad todo terminaba allí?, ¿solo eso nos esperaba? ¡No! También vislumbraba oportunidades y sorpresas. Ante nosotros nacía la posibilidad de cambiar, de conocer lugares diferentes y de descubrir algo nuevo y extraordinario llamado California. No tenía ni la menor idea de qué significaba esa palabra, pero ansiaba descubrirlo. Entonces entendí que el viaje no era el fin, sino el comienzo del mundo que se escondía más allá de aquellas paredes.

Octavio no lo percibía de esa manera; debido a esto, sollozaba de forma inconsolable. Yo también estuve a punto de hacerlo al concebir por primera vez la idea de la despedida. Pensar en mi abuelo me oprimía el corazón, pero decidí concentrarme en lo que vendría después. Mi manera de encarar la adversidad no pasaría jamás por el lamento, eso fue algo que, aunque no verbalicé, prendó mi espíritu a partir de ese día. Desde entonces, me mantendría dispuesta a aceptar los hechos, a lidiar con cualquier circunstancia e incluso a enfrentar la adversidad con la mejor cara y la mente afilada. Estaba comenzando a desarrollarse mi intuición y esa poderosa certeza que me hacía entender que cuanto antes abrazara los cambios, antes encontraría la manera de dar los pasos necesarios para reconquistar la estructura y el orden de mi vida.

—Nicky, ¿y si el avión se cae?

Siempre usaba ese apodo cuando buscaba protección. Y en ese momento vaya que la necesitaba. Como era usual, no sabía engranar una respuesta adecuada. Dudaba. No podía permitirme callar, pero ¿cómo hacían los aviones para sostener su vuelo?, ¿qué evitaba que cayeran al fondo del mar, chocaran contra las montañas o explotaran al aterrizar? Todo era tan confuso y yo no tenía más que una y solo una referencia…

— ¡Los aviones no se caen nunca! —dije con un ánimo renovado.

— ¿N-nunca? —dijo él mientras se le pintaban los ojos de esperanza—. ¿De verdad?

Asentí.

No sé de qué tamaño fue mi engaño, pero lo pronuncié con esa extraña convicción que otorga la ignorancia y el desconocimiento. En 1961, subir a un avión no era nada frecuente. En muy pocas ocasiones las personas necesitaban tomar un vuelo y alrededor de aquellas enormes naves aéreas había más dudas que confianza. Además, su costo trascendía el alcance de varias carteras. Por eso, muchos preferían optar por los históricos y bien conocidos barcos, quienes siempre se mostraron dispuestos a hacer su trabajo con esmero. Estos zarpaban a diario y recorrían el mundo a través del inmenso mar, llevando a sus pasajeros hasta lugares y ciudades que yo no alcanzaba a pronunciar, aunque me moría por conocer.

Pero era un vuelo lo que debíamos tomar; no un barco.

Un avión, de grueso metal, empujado por motores y turbinas, destinado a atravesar las nubes, suspendido en el aire, mirando todo desde arriba, como diciendo *«yo gobierno desde aquí»*, aunque, al mismo tiempo, el cielo sentenciaba: *«y yo te puedo hacer caer»*. Esa posibilidad era lo que me sacudía el ánimo, mas, ¿qué sabía yo de los aviones? La verdad era que muy poca cosa. Aquel era un miedo injustificado. Mi tío Fernando era ingeniero de vuelo y constantemente viajaba desde Chile hasta Miami. Además, luego de concentrarme y pensar mucho, recordé que mis padres también habían tomado un vuelo... mis padres. ¡Claro! Ellos llegaron hasta los Estados Unidos en avión y lo hicieron sanos y salvos, ¿por qué en nuestro caso tendría que ser diferente? Volar se me antojaba mucho más aterrador que la imagen de un barco navegando hacia el ocaso sobre el mar azulado, pero no significaba que fuese más peligroso. Solo era diferente.

Los aviones como medios de transporte no llevaban mucho tiempo en circulación. En Latinoamérica, la mayoría de los países contaban a lo sumo con un par de aerolíneas y en Chile el primer vuelo comercial había ocurrido en 1929, a cuenta de la Línea Aérea Nacional, rebautizada, con el tiempo, como LAN Chile, la misma que utilizaría mucho después mi tío Fernando. Desde aquel momento, su principal uso giraría alrededor de vuelos locales, catalogados usualmente como una especie de transporte veloz a nivel regional. No fue sino hasta los años cincuenta cuando empezó a masificarse y a posicionarse en el imaginario colectivo como una verdadera alternativa para movilizar personas y paquetes de forma segura por los rincones del mundo. Para suerte de todos, pese al escepticismo inicial, los años favorecieron el avance de esta industria hasta transformar a las viejas moles de metal en naves compactas, cómodas y capaces de llegar hasta los cielos de cualquier país.

Aun así, en 1961 volar seguía asociado a grandes experiencias de aventura y riesgo. La mayoría de las aerolíneas locales destinaban sus vuelos a Latinoamérica y para alcanzar otros continentes se debía invertir varios días de vuelo y realizar escalas constantes a través de un puñado de aeropuertos. Y aunque pudiese parecer un martirio, aquello era un gran avance. El mundo comenzaba a lucir más cercano e interconectado. ¡Apenas en unas horas se podía llegar desde Chile a Perú e incluso más allá, muchísimo más allá! Los sueños de conocer otros países y culturas aparecían como una realidad tangible a la cual muchas personas podían acceder en poco tiempo. Aquello era prometedor, revolucionario y lleno de oportunidades; las mismas que permitirían recorrer a dos niños —de siete y cinco años— gran parte de Latinoamérica para llegar hasta California.

No hicimos las maletas de inmediato. La fecha de partida se postergó por un par de semanas. Durante esos días hubo un pulso constante entre mantener la rutina y entender los cambios que se cernían, inclementes, sobre todos. La felicidad parecía chocante allí donde nos encontraba. Desencajaba. Reíamos contra reloj y eso entristecía a los adultos. Aquel no fue un proceso traumático, pero, en definitiva, nosotros éramos la inocencia y la alegría de la casa. Vernos partir pesaba sobre el ánimo de todos y ninguno se atrevía a decir en voz alta lo que era casi tangible en el ambiente.

Día y noche todos llevaban el adiós incrustado en los labios y las miradas. Con frecuencia, aparecía en el rostro de mi abuela y la Ta mientras tejían la ropa que usaríamos en el viaje; llegaba durante el silencio postergado de mi abuelo cuando lo acompañaba a la botillería; surgía entre las bromas de Gastón y los abrazos de Eliana, e incluso le arrancaba lágrimas discretas a Viviana y una sonrisa agridulce a Iván… Definitivamente, la despedida estaba en todas partes, mientras más tratábamos de escapar, con más fuerza nos golpeaba.

Lo cubría todo en la 115; por eso decidimos evadirla hacia afuera.

Gastón y Eliana comenzaron a llevarnos al cine de la plaza Egaña, un lugar popular que se ubicaba a pocos minutos de Paula Jaraquemada. No era la primera vez que lo hacían; en el pasado habíamos visitado aquella zona. Recuerdo sus abundantes locales y sus tiendas coloridas. Siempre lucían abarrotadas y repletas de un bullicio proveniente de las cien gargantas de niños, adolescentes y adultos. Todos juntos formaban un inentendible sonido que se esparcía de forma homogénea por aquel lugar de encuentro. De aquello solo sobreviven fotografías, pero ellas son incapaces de mostrar con fidelidad el esplendor y la esencia de una plaza tan vivaz y risueña.

En la plaza Egaña era fácil distraerse. Esas semanas, fuimos toda la familia, en el pequeño cine del lugar transmitían algunas películas divertidas que sabían a gaseosa y palomitas. La experiencia era extraordinaria: la oscuridad, la gente, los actores interpretando papeles de ensueño…

Al salir, por todas partes había rostros jóvenes, aromas diversos y lugares que ni siquiera podía comenzar a memorizar. Todo tenía su propio ritmo: la plaza latía a su manera y eso se apreciaba enseguida. Sin duda, existían otras plazas en Chile, pero la Egaña se mantenía envuelta en un halo de energía contagiosa. Era muy fácil dejarse envolver por su ambiente. No importaba la hora del día o el momento del año, el tiempo allí duraba un suspiro y permitía que cualquier problema quedara relegado al olvido, al menos por un rato.

Por ese tiempo, también convivimos de forma prolongada con la familia, como si de pronto nuestra compañía fuese algo muy valioso. Gracias a eso, nuestra rutina no tenía descanso. Al despertar, ayudábamos a mi abuela a arreglar el jardín; Gastón practicaba un poco menos al piano para inventarse aventuras con nosotros; Viviana e Iván tenían un entusiasmo infinito por jugar hasta entrada la noche, e incluso mi tía Quety nos regaló algunas golosinas una de aquellas tardes de inicios de agosto. Cada gesto, cada palabra dicha o reprimida, cada detalle, por insignificante que pareciera, eran demostraciones de afecto y una manera muy disimulada de decir «adiós».

Todos preferían hacerlo de esta forma, a excepción de mi abuelo. Él adoptó una postura inquebrantable. Fingía que no ocurría nada y seguía compartiendo conmigo luego de la cena, como si al día siguiente n fuese a cambiar. Yo agradecía aquel gesto tan propio de nuestra relación y personalidades. Éramos cómplices en el silencio y ambos lo agradecíamos. La última noche, nuestra despedida fue muda, guiada solo por las miradas y los movimientos apasionantes en el ajedrez; los cálculos y el repaso de las tablas de multiplicar, y aquellas horas de radio junto a la chimenea que le permitieron disfrutar con total tranquilidad de los últimos momentos con su nieta.

Entonces llegó el día.

Esa mañana, llevaba el cabello sujeto por una cola de caballo y vestía con una falda negra y un suéter claro recién confeccionados por mi abuela y mi tía Quety. También calzaba unos zapatos de charol que me habían llevado a comprar específicamente para el viaje. A su vez, Octavio usaba un suéter color gris y un pantaloncillo oscuro. Su cabello iba peinado hacia atrás y su rostro estaba encogido en una morisqueta de desconcierto y miedo. Antes de salir de la casa, nos colocaron dos abrigos oscuros y gruesos cerrados con un par de botones en el pecho.

Subimos a los asientos traseros del Mercedes-Benz de mi abuelo. Era un auto de color azul marino, cuatro puertas, espacioso y grande. Mi abuela nos miraba mientras su esposo le decía algo en voz baja. El resto de la familia movía la mano en señal de despedida. Nosotros observábamos a través de la ventanilla, quizás sonriendo, sin saber muy bien lo que debíamos hacer, después de todo, ¿qué era la despedida sino decir «adiós» con las manos y «hola» con el corazón? ¿A quién se saluda? A nadie más que a la melancolía y al recuerdo de aquellos que dejamos atrás y al volver la vista seguramente ya nunca más serán iguales. Mi familia nunca volvería a tener esa edad, ni esa energía y mucho menos ese cariño. Tendrían otros. Serían diferentes, con sentimientos transformados en recuerdos de lo que hasta entonces fue nuestra relación. La próxima vez que se cruzaran nuestros caminos, todo habría cambiado irremediablemente.

A eso supo la despedida aquella mañana, a desesperanza, cambios, decisiones y recuerdos. Por suerte, mi abuela nos llenó los bolsillos de caramelos y su sabor nos ayudaba a combatir las emociones del momento. Los disfrutábamos lentamente. A cada segundo la tristeza era reemplazada por un gusto más dulce y reconfortante. Por extraño que parezca, los caramelos dejaban un sabor en la boca muy similar al de ese mismo hogar de recuerdos que en breve, dejaríamos atrás.

El auto avanzó con su rugido de motor. Su suave desplazamiento nos introdujo en un profundo trance. La 115 se fue quedando atrás, al igual que todos los rostros; le siguió Paula Jaraquemada con los recuerdos, la plaza Egaña y su juventud, la escuelita y sus maestras, la botillería con sus barriles, la Av. Larraín y sus casonas, y ya desde ese punto, a nuestros ojos todo le parecía desconocido, extraño, desigual. Los colores iban mutando, reemplazándose unos a otros de forma acelerada. Atravesamos lugares que para mí no tenían nombre, vimos autos de mil colores, árboles enormes con sus brazos de madera y dedos de hojas. La sensación de movimiento en el auto nos mantuvo absortos en todo momento. El mundo parecía seguir sin que nosotros tuviésemos que mover un dedo. La vida debía continuar, así que nos dejamos guiar en el más profundo de los silencios.

Nos dejamos guiar, nada más que eso.

No sé cuánto tiempo pasó hasta llegar a la aerolínea. Desde ese punto, todo fue una sucesión de eventos, rostros y lugares uniformes. Recuerdo que dentro del aeropuerto nos esperaba una azafata. Era un prototipo del esplendor y la belleza que se esperaba de una mujer en esa época, especialmente en aquella profesión. Era agraciada y llevaba el rostro cubierto por finas capas de maquillaje; su cabello de peluquería estaba bien recogido y poseía un intenso color dorado. Una sonrisa amable de labios pintados le adornaba el rostro, y el uniforme pulcro que terminaba en una falda que solo realzaba la belleza natural de una mujer de un poco más de veinticinco años.

Luego de una vaga presentación y los pasaportes bien resguardados, la mujer nos tomó de las manos. Siempre se mostró amable, especialmente con Octavio, quien extrañamente perdió un poco de su miedo. Mi abuelo dijo unas pocas palabras sin forma, me abrazó; luego le revolvió el cabello a Octavio. Esa fue su despedida. Le dimos la espalda y con nuestras pequeñas pisadas lo dejamos atrás.

Mi mente se vuelve confusa desde ese punto. A ratos aparece el aeropuerto reluciente con sus pasajeros de aquí para allá; luego el interior del avión, el cinturón de seguridad, las manos de Octavio, los pañales llenándose de orina, el movimiento del despegue y la sensación de vacío en el estómago cuando estuvimos en el aire. Entonces el tiempo se transformó en un vaivén de silencio y olvido, lleno de largas horas de sueño, descensos y abordajes de aviones. Aterrizamos en Perú solo para correr junto a la aeromoza a otro avión con destino a Ecuador. El ciclo se repetía y así siguió por Colombia, Panamá, Guatemala y, por último, México.

Allí nos esperaban.

Seguimos a la aeromoza por el aeropuerto. De todos, ese era el más grande que habíamos visitado. Las personas recorrían los espacios movidos por el miedo a llegar tarde a su destino. En todas partes había ruido de gente y turbinas. Me costaba escuchar hasta mis propios pensamientos. Atravesamos una senda confusa hasta que llegamos a una puerta de vidrio. Los pasajeros salían por ella para ser recibidos al otro lado por veintenas de carteles con nombres escritos a mano o brazos levantados que saludaban.

Las puertas se abrieron para nosotros.

Y entonces…

…choque de miradas. Sonrisas no correspondidas. Alegría confusa. Palabras irreconocibles. Rostros de confusión, duda e incertidumbre. Una pregunta temerosa, una respuesta efusiva y a un paso le siguió el otro.

Dominique y Octavio subiendo al avión

Capítulo 2

Un sueño chileno;

una vela para dos amantes

1

Para quienes lo conocieron, el escritor Enrique Lafourcade no necesitaba presentación. Aquel era un nombre mordaz que aparecía al final de las columnas dominicales como la firma de una sentencia de muerte. Su fama lo precedía allí a donde iba. Las suyas nunca eran palabras sueltas. Cada oración escocía y abría las heridas que se creían cerradas. No estaba en su naturaleza contenerse ni ceder ante censuras o presiones. Tenía un extraño don para leer las debilidades de cada hombre y plasmarlas con una pluma ácida y satírica en las páginas que les dedicaba. De aquello hizo un arte, y de su vida, una obra que giraba en torno a la trascendencia por medio de la creación intelectual.

Enrique quería perdurar y perduró.

Su carrera fue constante, obstinada, insomne, enfrascada en decir verdades incómodas, pocas veces solicitadas, divertidas de leer —para muchos—, aborrecidas por varios, y casi siempre revestida de una encantadora polémica.

Sin duda, fue un hombre enigmático, imposible de leer. Una persona peligrosa, desprovista de ideologías fijas. Un escritor sin cadenas, leal solo a su verbo. Su vida —mejor dicho, su forma de ver la vida— estaba más allá de susceptibilidades y maldiciones, más allá de ataduras personales y rencores, más allá, definitivamente, del bien y del mal.

Naturalmente, Enrique fue odiado —y con motivo—; sus víctimas no desdeñaron jamás la oportunidad de pagar con monedas caras su ingenio desmedido y ocasionalmente injusto: polemista, amante de la controversia, los excesos y el exhibicionismo, agitador cultural, difamador, homosexual de clóset, prejuicioso, temerario, genuflexo y homofóbico proscrito fueron algunas de las etiquetas que adornaban las réplicas de sus contendientes. Varias de ellas eran respuestas viscerales, reaccionarias, nacidas de un instante intenso que solo alimentaban las ansias de combate de Enrique, pero que, desde luego, provenían mayoritariamente del desconocimiento.

En contraposición, Lafourcade fue un apellido amado por una sociedad que disfrutaba de ver al poderoso, al político y al intelectual acorralado, preso de sus propias palabras y castigado sin piedad por un hombre camaleónico que a ratos se mostraba aguerrido, a ratos juguetón y, por siempre, sociable, amigo del vino y la gente, de los libros, las opiniones y las polémicas inteligentes. La palestra pública le adoraba y por más que pasó el tiempo, lo que le negaron las academias y los comités con sus premios, se lo otorgó la memoria eterna de esa misma audiencia que lo mantuvo durante toda su vida en la cumbre de su carrera.

Todo eso y más fue Enrique Lafourcade. Aquella era su vida pública, su cara sonriente, el rostro que se construyó a sí mismo desde que empezara a escribir a los trece años bajo la luz de las velas. Sin embargo, como su hija, conocí lo que había detrás de la figura y la máscara del mismo hombre que un día de juventud en el Parque Forestal decidió decirle a la sociedad chilena «*Nosotros estamos aquí*»; y esas tres palabras derivaron en la *Antología del nuevo cuento chileno* y el surgimiento de la *generación del cincuenta*.

Crecí bajo las alas de ese hombre y también de espaldas a sus deseos. Fui testigo de sus anhelos, sus pasiones y sus flaquezas. Partícipe de algunos de sus momentos de felicidad y de sus decisiones irrevocables. Tuvo aciertos y tropiezos, como todo lo humano, y ahora que revivo su recuerdo, no pienso en él como escritor ni columnista, tampoco como profesor ni intelectual. Solo puedo recordar al padre y al esposo de mi madre, al amigo y al niño, al hombre y a la persona en la que se convirtió.

Enrique Lafourcade. Ese nombre suena para mí sin títulos adicionales, sin adornos ni polémicas, con sus luces y sombras; solo un nombre y su historia.

Solo un hombre y el inicio de una vida.

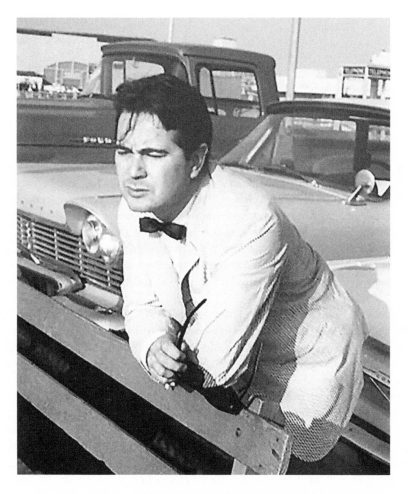

1961 - Enrique Lafourcade

2

Enrique tenía casi trece años cuando escribió sus primeras líneas artísticas en un papel envejecido. Aquella era una hoja suelta de los improvisados cuadernillos que usaba en sus clases. Por lo general, carecía de excedentes para improvisar. No tendría muchos intentos luego de escribir los primeros trazos, así que más le valía ser preciso con sus ideas. En su casa, no se le daba mucha importancia a aquellos papiros que tanto interés le despertaban y tan buen uso les habían prestado a todos esos grandes escritores que, luego de conocer sus historias narradas entre las páginas de los libros, se transformaron en sus íntimos amigos.

La verdad es que Enrique no estaba desprovisto solo de papel, también le faltaban libros. Esa sí era una carencia que le martillaba la mente. Por eso, cuando se topaba con un ejemplar, no lo juzgaba de inmediato; al contrario, lo leía con el esmero y el apetito del niño que desea conocer antes de tiempo los diferentes aspectos de una vida que está por experimentar. Así fue avanzando, leyendo de aquí y de allá, pero al no saciar su hambre desbordada, sus pasos lo llevaron hasta la biblioteca del Liceo Lastarria, su principal fuente de conocimiento. El catálogo del lugar no estaba nada mal, especialmente si se tenía en cuenta que el incendio de 1929 había diezmado la mayor parte de los ejemplares de la institución. En 1942, esta seguía siendo una razón más que justificada para no permitir que los pocos volúmenes salieran del liceo. Sin embargo, con esa extraordinaria capacidad para analizar a las personas y hacerlas ceder antes sus planes, Enrique siempre lograba persuadir sin mucho esfuerzo a los encargados para que le concedieran la posibilidad de llevarse un par de libros cada semana; eso sí, bajo la estricta y solemne promesa de cuidarlos.

Lamentablemente, a quien no le resultaba igual de sencillo de convencer era a su padre.

Aquel hombre no parecía demostrar ningún tipo de reconocimiento a la habilidad innata de su hijo para labrarse, por sus propios medios, el camino que le permitía alcanzar lo que deseaba. Al contrario, solo le colocaba trabas y obstáculos. Enrique tenía una mente en exceso activa que lo llevaba a trasnocharse con sus ojos de lechuza devorando cientos de páginas. En una época donde la electricidad era más un símbolo de progreso y estatus que un servicio público, el hijo mayor de los Lafourcade disparaba el consumo energético a cifras extraordinarias. Cada noche consumía un buen par de velas para mantener sus lecturas. Esas prácticas le acarreaban fuertes regaños y confrontaciones directas con su padre.

Ya desde entonces la relación entre ambos se tornó hostil. Ninguno lo sabía, pero las diferencias trascenderían más allá del tiempo. A Enrique, su padre le resultaba en exceso tacaño, pero sus conflictos iban mucho más allá de eso. En su soledad se veía desafiando y rebatiendo la mentalidad antigua y rígida de su padre. Despreciaba ese concepto que colocaba al hombre como una figura de absoluta autoridad a la cual se le debía rendir obediencia ciega y absoluta. Asimismo, odiaba ver a su madre en una posición de servidumbre y sumisión, siempre mansa, incapaz de tener independencia y reducida eternamente a la disposición y a las decisiones de su esposo. A pesar de ello, se guardaba sus opiniones mientras su madre, cómplice irremediable, le escabullía una vela en el bolsillo luego de las discusiones.

Esa misma vela alumbraba aquella noche. Debajo de su luz, el papel envejecido absorbía la tinta mientras un libro abierto descansaba sobre la mesa de la habitación. Las llamas proyectaban una danza desigual de sombras en las paredes y el ánimo de Enrique parecía más vivo que nunca. Estaba escribiendo, un trazo y otro y ya tenía un verso, luego una estrofa y, por último, un boceto. Aquello fue breve, precoz, insuficiente. Pero a la noche siguiente volvió a hacerlo, embelesado por una capacidad desconocida y decidido a sumergirse en ella hasta el final.

Esos fueron los primeros trazos de su errática poesía. La contempló por un tiempo. Meditabundo, con la mirada inquisitiva, inseguro de su creación, decidió mostrárselo a su madre; después de todo, los versos habían nacido de aquella vela.

En ese instante se creó un lazo sólido de complicidad. Doña Raquel Valdenegro de Lafourcade leyó con atención. Al terminar, tuvo la certeza que toda madre siente cuando su hijo le entrega algo que cree extraordinario.

—Esto es precioso, Enrique.

Con una sonrisa le devolvió los versos y lo alentó a seguir escribiendo. Después de un tiempo, Enrique decidió que la poesía no era lo suyo.

Todos los versos quedaron olvidados en un cajón.

3

Mientras más leía Enrique, más creía encontrarse.

Y entre libro y libro, convivía en ese hogar que lo vio crecer a pasos veloces. En la vida de su familia la música tenía un significado poderoso. No era producto del azar. El acordeón sonaba y a la par llegaba la risa y el festejo. Daba igual donde estuvieran, en un instante el aroma de la casa se tornaba dulce, el ambiente cálido y un rumor de familiares e instrumentos lo invadía todo. Esto ocurría cada cierto tiempo y con mayor frecuencia el 14 de Julio, el día de las grandes conmemoraciones francesas. Aunque no sobrevivían muchas de las costumbres de aquel legado, los Lafourcade se revestían de tradición y la *Marsellesa* resonaba con un leve dejo a hogar perdido que les hinchaba el pecho.

Enrique y sus hermanos disfrutaban de las celebraciones de los adultos. En esos momentos de festividad, lograban una verdadera convivencia fraternal. Al encontrarse, todos se despojaban de su mundo individual y de sus diferencias de edades para compartir el mismo espacio durante unas horas. Usualmente se les unían algunos amigos de la zona hasta conformar un grupo variopinto de niños vivaces y revoltosos con un espíritu aventurero que los llevaba a explorar a sus anchas los campos y los alrededores de la casa.

Para los hermanos, estos paseos siempre resultaban interesantes. No vivían demasiado tiempo en el mismo lugar, por lo que era común tener varios espacios para descubrir. Aquella era una familia acostumbrada a los cambios frecuentes y poco planificados. La estabilidad era un concepto abstracto que nunca se daba nada por sentado. El tiempo demostraría que, de todos, Enrique padecería con mayor fuerza los movidos días de mudanzas por el sur de Chile, convirtiéndolo en una persona adaptable, hambrienta de cambios y abierta a experiencias inesperadas que muchas veces modificarían drásticamente el rumbo de su vida sin que él reparara en ello.

Durante esos días, los niños veían nacer lo extraordinario casi por generación espontánea. El mundo se convertía en un gran patio de juegos y descubrimientos con las flores llenas de vida y aromas, los animales exuberantes de ruidos y comportamientos, y esos terrenos de gran relieve y abundantes lagos, cerros y barrancos, escenarios perfectos para desplegar una imaginación desbordada tan propia de los niños.

Enrique desarrolló un afecto especial por su hermana menor producto de la observación. Ximena era una niña encantadora, de personalidad envolvente que agradaba sin esfuerzo. A pesar de tener cuatro años menos, sabía hacerse con un espacio incluso entre los más grandes. De buena gana se atrevía a ir más allá de lo que se podía esperar de una niña de su edad. A ambos les unía un profundo odio hacia las gallinas, la admiración por los astros y una extraña sincronía que convertía a Enrique en el más interesado analista mientras ella se mostraba como un fascinante objeto de estudio.

También solía compartir con Gastón, su hermano menor, aunque la relación era algo diferente. Aquella nacía del ejemplo que todo niño en crecimiento le profesa a la figura de su hermano. A pesar de que Enrique no era el mayor —ese puesto lo ocupaba Quety—, solía ejercer cierta influencia y autoridad sobre el resto de los Lafourcade. Su posición de hombre y su singular personalidad lo convertía frecuentemente en líder. Ya desde entonces, era imposible que Gastón no se comparara pues le resultaba por muchas razones diferentes mejor de lo que podía aspirar a ser. Al inicio era imposible notarlo, con una diferencia de ocho años pasaba desapercibido; no obstante, conforme ambos fueron creciendo, a Gastón se le hacía cada vez más difícil no dudar de sí mismo y de la pequeña pero firme sombra que ya dibujaba el futuro escritor, como alguna vez había escuchado a su madre llamarlo. Las comparaciones no tardaron en llegar, ya no solo desde el interior, sino desde afuera. En todas partes Enrique demostraba ser un niño prometedor y ese sentimiento se fue enraizando en los más profundos complejos de Gastón.

Tal vez por suerte o para alivio del menor de los hermanos, Enrique no tardó en distanciarse del grupo, envuelto en una profunda soledad que lo fue engullendo durante la adolescencia hasta alejarlo de todos. En general, era muy fácil encontrarlo perdido en los mundos irreales de los libros o sumergido en medio de una cruenta batalla a la luz de las velas, llevando como única arma papel y tinta.

A ratos, Enrique era consciente de su distanciamiento, pero a pesar de sus esfuerzos por no mostrarse tan esquivo y reacio a las conversaciones y a la compañía de sus hermanos y amigos, nada surtía efecto. Estaba ensimismado en su silencio y en el esfuerzo desmedido de quien busca perfeccionar una habilidad. Sabía que solo de esa manera podría encontrar lo que su espíritu le exigía, pero, realmente, ¿qué estaba buscando?

Enrique no lo tenía tan claro, solo alcanzaba a tener algunas ideas y un puñado de referencias. Nada más.

Pero un día Ximena y Gastón lo encontraron escribiendo, todavía quedaban algunas horas de luz en el cielo. *«¿Qué escribes?»*, preguntaron a la vez. Enrique se quedó perplejo observando las hojas que tenía al frente y sus manos manchadas. Tras vacilar un instante, miró con el rostro meditativo y su respuesta fue inexacta y repleta de dudas.

Los niños no parecieron advertirlo y se marcharon rápidamente, pero él… él sí que había entendido sus dudas. Se echó hacia atrás y observó con atención el papel, lo atrajo hacia sí y empezó a leer de inicio a fin. *«¿De verdad esto es un cuento?»*, se preguntó, sabiendo que no iba a obtener respuesta.

Tenía dieciséis años.

Tardaría siete más en conseguir la certeza que estaba buscando.

4

Hay respuestas que solo se consiguen en la voz y en la experiencia de otras personas. Bajo esa idea, Enrique fue a la universidad. Por supuesto, no se esperaba otra cosa de él. Era su deber y antes de parecer un vago amante de los libros y la escritura, prefirió adoptar la imagen de un joven universitario. Además, lo hacía con agrado; en las aulas siempre vio algo de autodescubrimiento que le cautivaba. Por fortuna, su familia no le impuso una carrera ni estableció el camino que debía recorrer. Tenía libre albedrío y decidió utilizarlo para estudiar filosofía en el Instituto Pedagógico de la Universidad de Chile. Nadie opuso resistencia ni se le cuestionó. Empezaba una nueva etapa y las puertas que en el pasado se cerraran para el padre, ahora se abrían de par en par para el hijo. Y vaya que él estaba dispuesto a aprovechar su momento.

Enrique tenía sed de conocimiento, era un hecho; pero, más que eso, tenía intenciones de descubrir la bohemia santiagueña, la vida universitaria, los rostros de una juventud hambrienta que, creía, compartirían su misma necesidad de alzar la voz en nombre de lo que podían llegar a hacer. Quizás sus pensamientos no estaban tan bien ordenados, pero tenía claro que en lo profundo de sí mismo algo le demandaba utilizar ese talento que había estado construyendo desde aquellas noches bajo la luz de las velas.

Como no podía ser de otra forma, la mayoría de sus clases no lograban cautivarlo, al menos no con la misma fuerza que sus amigos. Por esa época conoció a Armando Cassigoli, Enrique Moletto, Claudio Giaconi, Jaime Laso y Mario Espinosa. Entre ellos formaban un grupo interesante que se iba labrando poco a poco —y cada uno a su manera— un futuro intelectual.

De todos, Cassigoli y Jorge *"Cuqui"* Palacios eran los más cercanos. El primero era su compañero de carrera; a diario lo veía llegar despreocupado a los salones, con su rostro serio y enmarcado por anteojos sobrios y redondos que no dejaban traslucir el humor vivo y afilado que poseía. Al segundo lo conocía desde mucho tiempo atrás. Enrique lo estimaba y con frecuencia lo llevaba a su hogar, ubicado, en ese entonces, en una parcela en Las Condes; allí, Palacios quedó profundamente enamorado de Ximena e inició un cortejo incansable hasta que la muerte se la llevó. Palacios era una persona íntegra, con una tendencia ya marcada por el comunismo y el fascismo, aunque todavía le faltaban algunos años para dar el salto al maoísmo. Tanto ellos, como otros nombres que llegarían poco después, poseían personalidades marcadas por el anarquismo, la irreverencia y las pasiones a pesar de ser apenas un puñado de jóvenes sonrosados con un saco de sueños, anhelos, algunos gramos de esperanza y una poderosa sed de gloria.

Después de un tiempo, la filosofía no terminó de calar en Enrique, así que la abandonó. A la par, en 1950, publicó *El libro de Kareen*, su primera obra. Todavía la sentía frágil cuando recibió las primeras críticas. Fueron positivas, en su mayoría: lo pusieron en el radar, al menos en uno pequeño. Su nombre se fue colando entre sus contemporáneos hasta convertirlo en una persona reconocible. Eso le dio impulso y conexiones. Lentamente empezó a relacionarse con otros jóvenes escritores y a crear una red importante de intelectuales que más tarde le serían de mucha utilidad.

Por ese tiempo, ya separado de los estudios, Enrique decidió adelantarse a las presiones que sentía en el hogar respecto a su futuro y consiguió su primer trabajo como secretario en la Escuela de Leyes de la Universidad de Chile. Allí los días pasaban deprisa, pero no exclusivamente por las labores propias de su cargo. Lo que generaba su entusiasmo era, entre varias cosas, el ambiente de la Escuela con sus jóvenes más interesados en la literatura de lo que se podía adivinar a simple vista; la cercanía con la Facultad de Artes y sus actividades y, por supuesto, *el Parque Forestal*.

Todo lo que tenía a su alrededor lo distraía. Su mente se mantenía ocupada divagando y organizando los eventos que quería convocar, las reuniones pendientes, los encuentros de escritores y tantas otras cosas que solo llegaban al terminar su jornada. Ese día debía mantener la mente sosegada, enfocada en su trabajo. Enderezó el cuerpo y frente a la máquina de escribir tecleó despacio. El ruido mecánico iba marcando el ritmo que la tinta fresca fijaba sobre la hoja blanca. *«Agosto, 1952»*, decía el encabezado. Luego de dos espaciados, se proponía a iniciar una lluvia de palabras, pero un griterío lo interrumpió. Venía desde afuera. Salió de la oficina; a su alrededor los estudiantes abandonaban las aulas. A Enrique le gustaba aquel bullicio de rostros y voces enérgicas, pero algo muy poco frecuente sucedió.

De pronto, una mirada, un caminar, un hechizo de mujer. La vio fijamente, como perdido y mágicamente reencontrado. A paso rápido avanzaba frente a él sin siquiera mirarlo, ¿o tal vez sí? Él no sabría decirlo: quedó impregnado de ella. Su mirada la siguió, esclavizada, penitente de aquellas pisadas hasta que ya apenas le veía la espalda; luego vino la ausencia y una pregunta sin respuesta:

«¿Quién será ella?».

5

Caminaba.

La mañana de aquel día estaba impregnada de un frío gélido y tonificante. Le gustaba, parecía un buen presagio. Volver a la Escuela de Leyes era como regresar a un campo de batalla, allí había alcanzado algunos de sus más grandes méritos. Sin embargo, conforme se adentraba en el interior de la Escuela, también lo hacía en lo profundo de sus recuerdos, y estos traían consigo el miedo y las dudas del primer día de clases. Todavía podía revivir el recuerdo de aquellos ojos de hombres divertidos que la cuestionaban dentro y fuera de las aulas y parecían gritar: *«¿será que está perdida?»*. También recordaba las bocas moviéndose entre susurros, amenazantes, profiriendo mofas y menosprecio hacia ella.

Sí. Había sido difícil. En realidad, nunca dejó de serlo.

Durante aquellos días, cada paso que daba en la universidad era un desafío al *statu quo* de su familia y a los prejuicios de la gente. Los hombres la veían como si fuera un espécimen interesante que no tardaría en fallar o desistir. Idiotas, pedantes, todos con egos inflados y una percepción demasiado elevada de sí mismos. Cada segundo que estuvo allí representó un logro personal, un desafío, una bofetada a todos esos que la menospreciaban al creerse con el derecho de decidir lo que debía ser su vida.

Para María Luisa Señoret no había sido fácil licenciarse como abogada. Una mujer, ¡abogada!, entre tantos hombres, desencajaba. Incluso en ese momento mientras avanzaba por la facultad, seis años después, como egresada, desencajaba. Lo sabía. Estaba escrito hasta en el último de los rostros, aunque en ellos no solo leía sorpresa, también había algo de testosterona burda y descaro maquillado de cortesía. Daba igual con quien se topara, todos parecían estar pensando lo mismo: *«¿Puedo acompañarla, señorita?,*

¿parece perdida, necesita ayuda?», *«¡Míreme, señorita, soy un hombre, ¿no le parezco deseable?!».* Probablemente la estuvieran confundiendo con alguna secretaria de despacho y no con una futura colega. Daba igual, María Luisa conocía sus méritos. Era una de las escasas mujeres que se había atrevido a intentar estudiar leyes y una de las pocas que lo había logrado.

¡Y eso que su apellido la ayudaba!

Los Señoret eran una familia burguesa de origen francés que llevaban desde el siglo XIX radicados en Chile y ejerciendo influencia en los más diferentes ámbitos políticos y económicos del país. Sus miembros se desenvolvieron como contralmirantes, cartógrafos, consejeros, inversionistas, comerciantes, asesores y senadores, siendo este último el caso de su padre, Octavio Señoret, electo en el cargo durante el año 1933, luego de haber ejercido la presidencia del Partido Radical de Chile.

Dentro del contexto propio de aquel seno familiar, la vida de los diferentes miembros estaba delimitada casi desde el nacimiento, especialmente si se trataba de una mujer.

María Luisa creció junto a tres hermanas de una belleza cegadora. Todas fueron moldeadas bajo los preceptos de lo que debía ser una dama, lo cual se resumía en ser una muñeca de vitrina, agradable a la vista, siempre callada, con los pensamientos ocultos y una inclinación natural por la docilidad y la sumisión. Pero aquello no le gustaba nada a María Luisa, principalmente porque desde pequeña había observado a su hermana mayor mientras se desenvolvía como secretaria de su padre. Aquello le parecía una farsa, una extraña y sutil manera de mostrar a su hermana a todos los que visitaban el despacho. Parecía, de muchas formas, un trabajo hueco que obligaba a modelar siempre con una sonrisa y a soportar las miradas y los comentarios más variados. Ese era el futuro que le tenía reservado su padre. Por este motivo, con toda la amabilidad que reunió, se negó a seguir con esa tradición absurda.

Fue una auténtica sorpresa para los Señoret cuando María Luisa no solo se empeñó en terminar la secundaria en el Liceo Experimental Manuel de Salas, sino que se matriculó en la Facultad de Derecho en la Universidad de Chile. No contaba con la bendición de todos, pero, al menos, no la detuvieron. Su voluntad se impuso y en 1946 egresó de la Facultad.

Mientras caminaba, en su mente se iban chocando todos esos pensamientos. Por más cánones que había destruido con sus acciones, no era suficiente para acallar los prejuicios. En el fondo —y solo en algunos pocos momentos—, no podía evitar preguntarse cómo hubiese sido todo de ser ella un hombre en lugar de una mujer. Sonrió. Sabía la respuesta, pero no importaba. En realidad, todo eso era historia del pasado.

Se prometió que iría a la Escuela de Bellas Artes al terminar con los asuntos que la habían llevado hasta allí. Esperaba no demorar. Por suerte, la Escuela no le quedaba muy lejos, solo tendría que atravesar *el Parque Forestal* y, sin duda alguna, recibiría una bienvenida mucho más cálida y amigable que aquella. ¿Qué hacía ahí? En honor a la verdad, no tenía demasiados asuntos para tratar en la Facultad, pero, por alguna razón, se había encaprichado por acudir, esperaba, quizás, que rememorar los recuerdos la ayudaran a sentirse feliz, o, cuanto menos, alegre, pero no había resultado así. Tal vez por eso, sin darse cuenta, se había equivocado de pasillo, estaba distraída pensando y mirando todos los viejos lugares en los que estuvo con un rostro más joven y peleonero.

Sin embargo, justo cuando intentaba recapitular sobre sus pasos, empezaron a salir los estudiantes de sus aulas, envueltos en el bullicio y la prisa propia del universitario. Al fin dio con el cruce que necesitaba y luego de hacerse paso entre tantos cuerpos, vio una puerta que se abría a poca distancia. Por ella emergió un joven; sin duda, no tendría más de veinte años. Era atractivo y parecía embelesado, como un decano idealista que sale de su oficina creyendo que todos los estudiantes le agradecen su trabajo. Su vista iba en noventa grados, primero a la derecha y luego, lentamente, a la izquierda, hacia ella: el golpe fue como un mazazo.

Sus miradas chocaron.

María Luisa advirtió unos ojos peligrosos, de ambición no consumada e idealismo contagioso. Seguía caminando, fingiendo no prestar demasiada atención a aquella mirada fija, profunda, embobada. Había algo en esos ojos verde pardo que no podía explicar, algo terrible y adictivo. Contrario a lo que percibía del resto de los hombres, aquella mirada parecía deslumbrada, intensa, cargada de interés. Por alguna razón se sentía halagada, se ruborizó. *«Mierda, ¡maldito veinteañero!»,* se lamentaba. ¿Cómo era posible que le generara eso a una mujer de treinta años y, además, casada?

Se alejó.

Cuando lo dejó atrás se permitió esbozar una sonrisa. *«¡Lo que hay que ver!»,* se recriminaba. Sonrojarse por un par de ojos bonitos era muy impropio de una mujer como ella. Creía que esas cosas ya no pasaban. En fin, ¿qué importaba? Era mejor dejar cuanto antes todo en una simple anécdota, porque, después de todo, hay cosas que una mujer descifra en un segundo. Y a María Luisa le bastó un instante para saber que aquella mirada era peligrosa, excitante, llena de sueños y promesas; una mirada de la que debía cuidarse, porque miradas como esas conducían, irremediablemente, a la perdición.

Enrique y Maria Luisa

6

La perdición tenía un nombre común: *«Enrique»*.

El nombre le llegó como bala perdida en medio de la multitud. La alcanzó en la Alameda, frente a las vitrinas de la Librería Universitaria, mientras ojeaba alguno de los ejemplares más recientes de la editorial. Chile experimentaba un amplio crecimiento literario y su catálogo no hacía más que expandirse con títulos novedosos que aquella librería colocaba al alcance de las mentes más jóvenes.

En ese momento, María Luisa ojeaba un pequeño rincón dedicado a la literatura francesa. Por alguna razón, siempre volvía a ella. No solo a sus versos y a su poesía, sino a sus libros de arte y de cultura. Su conexión con aquel país venía del pasado, cuando siendo pequeña había permanecido internada en el colegio Marolles, ubicado en Hurepoix.

De su temprana estadía en Francia solo podía recordar el nombre de aquel colegio, nada más. Cuando intentaba rememorar su niñez en el internado, todo se volvía agua estancada y turbulenta; su memoria se teñía de un gris azulado y era sacudida bruscamente por un mar tormentoso que desembocaba una y otra vez en el fallecimiento prematuro de su madre. Solo tenía diez años cuando ocurrió, pero por más que pasaba el tiempo, no dejaba de doler. Por eso, desde hacía mucho tiempo había ido desprendiéndose de aquellos recuerdos hasta dejarlos ocultos en algún rincón de la memoria. No debía volver la vista hacia atrás, estaba segura de ello.

Un grupo de universitarios recién llegados la hizo voltear casi por instinto. Sus voces se elevaron hasta quebrar el silencio del ambiente. Los jóvenes bromeaban entre ellos hasta que llegaron a los estantes de los escritores chilenos. Hurgaban entre títulos de portadas desteñidas, colores marchitos e imágenes abstractas. Parecía que no estaban buscando nada, pero de pronto, el más pequeño del grupo sacó un libro y todos se acercaron a él. Bajaron la voz. *«¡Desgraciados!»*. Después de todo el escándalo decidían guardar silencio cuando realmente le interesaba. Aquello solo había servido para despertar la curiosidad de María Luisa y no se iba a negar el capricho.

Como siempre, prefería las soluciones sutiles. En lugar de acercarse directamente y ver lo que despertaba tanto interés, decidió aproximarse lentamente, de la forma más natural posible. Mientras reducía la distancia entre ella y el grupo, las voces adquirían algo de nitidez, pero no la suficiente. Creyó escuchar al más alto de los jóvenes pronunciar un nombre: *«Enrique»*, y de inmediato otro soltó el apellido: *«¿Lafourcade?»*. Todos asintieron. El primero era un nombre típico de escritor, más bien común; sin embargo, el apellido, no lo conocía de nada. Eso le avivó la curiosidad.

María Luisa caminaba despacio, fingiendo interés en las cubiertas de los libros con los que se topaba. Cuando llegó a su objetivo, los jóvenes ya se habían trasladado a otra sección de la librería. Solo entonces y con mucha prudencia, como si temiera que alguien la descubriera, se permitió rebuscar entre los libros. Frente a ella aparecía una variedad de autores que le resultaba desconocida. ¿Tanto había cambiado Chile en el año que estivo en Europa? Sus dedos alargados y finos se movían ágiles, tratando de alcanzar su presa, aquel ejemplar inquietante y capaz de llamar la atención de los jóvenes. Entonces, lo encontró. Apenas y quedaba un par, seguramente no era una tirada muy grande. Al observarlo bien, María Luisa se encontró con un libro delgado y sobrio. Lo levantó hasta colocarlo muy cerca de su rostro y se mantuvo viéndolo fijamente, detallando los trazos que dibujaban el enigmático nombre del libro y su autor.

—¿Quieres que te lo compre, María Luisa? —Una voz gruesa y relampagueante emergió desde su espalda.

El libro se le resbaló de las manos. Sorprendida, se agachó a recogerlo, pero otra mano fue más ágil.

—Sí, pero dejé otros libros por allá.

Al incorporarse vio la mueca que se dibujaba en el rostro de su esposo. El abogado Armando Mallet Simonetti suspiró, como diciendo, *«si no hay alternativa»*. María Luisa extrajo el libro de las manos de su esposo. Le dio la espalda y se fue a buscar los que, en realidad, no había dejado atrás.

7

María Luisa se casó en 1943.

En lugar de ser su padre quien la entregara en el altar, lo hizo su tío, Nicanor Señoret. Tenía veintitrés años y ya era huérfana. Su padre había fallecido dos años antes de forma inesperada, similar a su madre, aunque, después de todo, ¿no era, la muerte, siempre inesperada? Aquella nueva ausencia la hirió hondamente. Su padre se había ido y ella no podía dejar de sentirse sola, vacía, temerosa. Al recibir la noticia solo pudo decir adiós a los consejos y a las largas horas de discusiones; adiós a la seguridad de saberse resguardada y querida; adiós al padre y a la madre, adiós, mil veces adiós. Le costaba sobrellevar una segunda pérdida justo cuando empezaba a dar sus primeros pasos en la vida, pero no podía hacer otra cosa que correr hacia adelante con los ojos cerrados y la esperanza empeñada en el futuro, su único antídoto para evadir el dolor y el miedo.

Inmediatamente después de enterrar a su padre, llegó su herencia. Al ser una mujer soltera, el marco legal establecía que su parte de lo heredado debía pasar a la administración de un tutor que se responsabilizara por ella. De estar casada —como algunas de sus hermanas—, habría pasado a su esposo, pero, como no era ese el caso, la responsabilidad de cuidar la bolsa y el futuro de María Luisa recayó en las manos de su tío Nicanor.

No había espacio para la oposición; tuvo que aceptarlo. Este no sería su primer choque con un sistema que le dejaba un sabor a injusticia en los labios. Luego de contraer matrimonio con el abogado, político y futuro Ministro de Educación, Armando Mallet, la tutela sobre ella se extendió ya no solo a su herencia, sino a cualquier ámbito de su vida. Como mujer debía contar con el permiso de su esposo para abrir una cuenta bancaria, transferir fondos e incluso firmar un contrato de trabajo. ¡Aquello era simplemente absurdo y repugnante! No podía dejar de pensar que todo estaba construido para que su género se mantuviera dentro de los moldes infranqueables de la sumisión.

Desde ese momento, María Luisa entendió que no tenía más independencia que la de su espíritu y sus ideas. El dinero era invariablemente masculino y escapaba de las manos de todas las mujeres a pesar de que lo usaban con frecuencia. Pero una cosa era el uso y otra la posesión. Aunque se pudiera gastar, detrás de aquello sobrevivía la idea inamovible de que el dinero jamás sería de una mujer, sino de su marido. Daba igual la clase social; la dominancia con la que se imponía este modelo volvía a todas las mujeres igual de dependientes y subordinadas al hombre con el que se casaban.

Ese hecho la marcó. En ese instante se convenció de que el sistema sería eternamente injusto y debía estar preparada para recibir sus golpes. Por más esfuerzos que hiciera, tarde o temprano aparecería de nuevo la vida que creía haber dejado atrás; el sistema de sumisión y control la alcanzaría siempre a pesar de haber estudiado para no estar sometida a arbitrariedades o a la merced de terceros. Estaba segura de que nunca sería un error luchar contra la imposición de una realidad, pero, en definitiva, era una lucha desigual en la que muy difícilmente se podía triunfar.

A pesar de todo esto, su matrimonio con Armando fue una experiencia provechosa para ambos, al menos al inicio. María Luisa no obtuvo resistencia por la forma en que dirigía su vida, así que no solo logró terminar sus estudios universitarios en la Facultad de Derecho, sino que tampoco encontró oposición cuando decidió sumergirse en el estudio de las Bellas Artes. La buena convivencia entre los intereses de ambos le brindó la posibilidad de explorar un poco del mundo artístico en Chile y un pedacito en Europa aproximadamente durante cinco años. En ese tiempo, además de cultivarse, también participó en algunas exposiciones pequeñas y mantuvo una vida artística muy activa dentro de diferentes círculos sociales y universitarios.

Por su parte, su esposo encontró en ella no solo una mujer inteligente, atractiva y enérgica, sino una gran aliada para su creciente carrera política y la demandante vida social que venía con ella. María Luisa era capaz y decidida, la viva imagen de la cortesía y la buena recepción. Los invitados frecuentaban su casa para grandes y pequeños asuntos mientras los licores embriagaban las palabras y las risas. Todos los días comenzaba una rutina, una agenda, un ciclo ininterrumpido en el cual estaban inmersos marido y mujer de sol a sol.

Desde joven, Armando Mallet había sido militante socialista. Mientras terminaba su carrera de abogado, fue abriéndose camino en diferentes puestos hasta ser nombrado Ministro de Educación Pública por el presidente González Videla en 1948. En ese punto, las visitas y las reuniones se hicieron más que frecuentes y demandantes, pero allí estaba la bella esposa del ministro para salvar el día con su afabilidad y un ingenio agudo, capaz de crear ambientes íntimos, seguros y confiables. ¡La digna hija del senador Señoret!, exclamaban en ocasiones, y María Luisa sonreía, aceptando un cumplido que creía la acercaba de alguna forma a su padre.

Aquellas rutinas siguieron inmutables durante todo el matrimonio. Progresivamente, la vida política pasó a dominar gran parte de la convivencia y la rutina. Era inevitable, el ascenso no se detenía. Luego de ejercer como ministro, Mallet se hizo con el puesto de Secretario General del Partido Socialista de Chile y creó junto a diferentes disidentes el Frente Nacional del Pueblo, una coalición que —junto al Partido Comunista— impulsaría la primera de las candidaturas de Salvador Allende en 1952.

Para esas elecciones se preparaba Mallet aquella noche de agosto. Faltaba poco más de un mes para la celebración de los comicios electorales y Armando no volvería a casa hasta bien entrada la medianoche. María Luisa lo sabía, la verdad es que ese era un hábito más bien común desde que su esposo dejara de ser ministro. Siempre debía reunirse con los miembros de determinado partido, conversar las próximas estrategias, debatir los siguientes pasos, en fin, juntas sumamente importantes que lo alejaban del seno familiar con bastante regularidad.

Precisamente por eso, María Luisa tenía regados en la cama matrimonial todos los libros que le había comprado su esposo. Algunos ni siquiera le resultaban tan interesantes, pero luego de ver el rostro de su marido, no se pudo resistir a darle motivos reales de enfado. Había al menos una veintena de ejemplares, la mayoría eran títulos franceses e ingleses. La habitación era cálida y, por suerte, bien iluminada gracias a unas cuantas lámparas correctamente distribuidas. Entre sus manos, un libro abierto la mantenía absorta, aunque no exactamente con su contenido.

Por alguna razón no podía dejar de pensar en su esposo y en sus solemnes reuniones en algún bar de Santiago o en cualquier casa o salón importante de la ciudad. Solemnes. Claro. Más bien, libertinas. No es que pudiera reprochárselo, especialmente luego de ausentarse un año mientras vivía el arte de Florencia; sin embargo, no ignoraba la tendencia de los círculos políticos por terminar sus juntas con visitas a prostíbulos y casas de placer. Desconocía si su esposo realmente acudía a esos lugares, pero aquello la encendía. Extraña mente la suya, lejos de ser invadida por una furia repleta de celos y humillación, ignoraba la suerte de su esposo y se concentraba en pensar en las mujeres que quizás lo estuviesen atendiendo. Podía verlas frente a ella, todas sudadas, apretadas, con ropas provocativas, saltando y exhibiéndose con sus voces risueñas, inocentes, pícaras. Las imaginaba seduciendo con miradas repletas de deseo, moviéndose gráciles con sus curvas en exceso lujuriosas, cargando el aire con el olor a almizcle de sus cuerpos de mujeres felices, desenvueltas, desinhibidas de todos los prejuicios carnales y de todas las preocupaciones sociales. Podían hacer lo que les apetecía con sus cuerpos, con sus bocas y senos; con sus voces, sus deseos y con cada rincón de su ser. ¿Por qué no paraba de imaginar aquello? Desde lo más profundo de su ser crecía un vivo ardor, una sed insaciable, un deseo intenso. No era la primera vez que se dejaba invadir por su imaginación, María Luisa no tenía precisamente un apetito modesto en cuanto al sexo. Era voraz, obsesa, una mujer anhelante de explorar su sexualidad hasta las últimas consecuencias pero que, con regularidad, no lograba alcanzar la satisfacción.

Al pensar en las mujeres no pudo más que sentir un creciente deseo. Desde su regreso de Florencia —hacía ya un par de meses—, no había mantenido encuentros sexuales con su esposo. Por eso, al imaginarlas satisfaciendo los apetitos de su esposo no podía más que envidiarlo y ver, en aquellas, una profunda felicidad. Sin embargo, una vez sosegada, se recriminó sus pensamientos. Las mujeres que veía liberadas entre risas y juegos, ahora se le aparecían sometidas nuevamente a una profesión que las esclavizaba a través del sexo. No eran libres, ni mucho menos dueñas de sus cuerpos, sino más bien un instrumento, un objeto de valor pagado por dinero de hombre. Y no solo eso, sino que aquellas pobres estaban destinadas a satisfacer a tantos como llegaran, sin importar sus condiciones ni sus intenciones: debían obedecer y servir a tantos hombres inclementes que las maltrataban, que no velaban por otra cosa que por su placer y luego las desechaban en medio de habitaciones de luces marchitas y sábanas mojadas. Había sido una necia. Esas mujeres no tenían libertad, sino una férrea esclavitud.

Se levantó y salió al balcón de su cuarto. El frío estaba suspendido en Santiago. No soplaba el viento, era una noche oscura sin luna. María Luisa entendía que su matrimonio no marchaba nada bien. Como pareja se habían llegado a entender, pero nada más. La relación afectiva era escuálida y la sexual, más bien escasa. Sabía su rol, cumplía con lo que su marido esperaba, pero sus necesidades de mujer, esas que se encendían y lo quemaban todo, le reprochaban constantemente la falta de atenciones. El matrimonio iba mal, pero tampoco comprendía si había una forma de repararlo.

Regresó al cuarto.

Necesitaba pensar en otras cosas, la mente era una prisión de la que debía escapar. Ojeó los libros tratando de buscar algo diferente, libre de cualquier expectativa. Entonces recordó a los jóvenes y al libro que le habían obligado a comprar con su bullicio. *«Enrique Lafourcade»,* dijo en voz alta mientras pasaba los dedos por el nombre. Se sentó al borde de la cama y empezó a leer, interesada, dispuesta a odiarlo y a destruirlo con su crítica ácida; María Luisa quería decepcionarse, que le proporcionaran una oportunidad para convertir su pensamiento en rabia, pero ese autor tampoco la satisfizo aquella noche. Comenzó a leer y siguió haciéndolo vivamente, inmersa en las palabras, concentrada en tratar de entender esas sensaciones raras e inesperadas que la cautivaban. Así se le fue el tiempo hasta que se abrieron las puertas de su habitación.

El sonido la aturdió, ya era medianoche y su esposo había llegado.

8

Enrique iba con retraso, lo sabía. Sus pasos se hundían en la tierra mojada que había dejado la breve e inesperada lluvia de aquella tarde de septiembre. Por algún capricho de la naturaleza, el atardecer parecía ir con un marcado letargo que arrastraba las nubes grisáceas hacia el oeste en una marcha pausada que oscurecía Santiago y alargaba la inevitable llegada de la noche. Enrique se movía veloz, encogido dentro del sobretodo negro, tratando de desviarse hacia un camino empedrado que lo llevara por un mejor rumbo hasta su destino.

Un suave soplo de brisa revolvía algunos arbustos sin molestar demasiado a castaños, olmos, robles, acacias y tantos otros árboles que se mantenían firmes, como eternos centinelas del Parque Forestal, con sus diferentes follajes de colores intensos y texturas uniformes. Aquel era un santuario natural que desaparecía a quienes entraban en él. Visitarlo significaba desconectarse de la realidad y entrar en un mundo mucho más sensible y puro, un ambiente sosegado, extrañamente cautivador y provisto de un aire limpio y renovado.

La rica extensión de terreno del Forestal se estiraba a lo largo y ancho de cuatro avenidas que parecían conectar, por una extraña casualidad, a la Facultad de Derecho con la Escuela de Bellas Artes de la Universidad de Chile. Por esta razón, no era inusual ver a grandes grupos de universitarios en los alrededores del parque releyendo autores olvidados y recién publicados; sometiendo a debate el rumbo del mundo y el papel del hombre en él; brindando en nombre de amores consumados y sumergiéndose en silencios contemplativos, quebrados solamente por el suave sonido de algún instrumento o una voz cargada de melancolía.

Esta era la atmósfera en la que se iba sumergiendo lentamente Enrique. Esa tarde debía recorrer casi en su totalidad el parque, se había quedado en la oficina mucho más de lo que demandaba su jornada laboral y ahora pagaría las consecuencias. No se sentía culpable, sus ansias por adelantar trabajo le comprarían algo de tiempo para escribir y volver con regularidad al Forestal, el cuartel de sus amigos, el abismo donde escritores y poetas se arrojaban envueltos en rebeldía, dudas existenciales y una indomable necesidad de decir en voz alta lo que pensaban mientras los árboles engullían sus palabras.

Ya llevaba un buen trecho recorrido. Había comenzado desde el ala derecha del terreno, la más próxima a la Facultad de Derecho y ahora se encontraba a mitad de camino, justo en el centro del Parque. Marchaba a paso rápido, con dirección a poniente, como siguiendo la calzada que las nubes iban marcando en el cielo.

Enrique resguardaba bajo su brazo derecho un buen bloque de hojas toscamente encuadernadas que amenazaban con soltarse y escapar de su yugo opresor en cualquier momento. Eran los trazos de la que sería su segunda novela, *Pena de muerte*. Se sentía entusiasta con esta nueva entrega. Tras realizar las últimas correcciones, deseaba que todo llegara a tiempo a la editorial; lastimosamente, la publicación se retrasaría hasta finales de año. No era lo que esperaba, pero trataba de restarle importancia, después de todo, esa espera le daría tiempo para seguir hilando desde las sombras su gran idea.

Si alguien le hubiese preguntado por ese gran proyecto que lo acosaba, Enrique no habría encontrado las palabras exactas para explicarlo. Era ambicioso, pero todavía resultaba borroso, prematuro, no más que un impulso inconsciente que parecía retornar desde los días olvidados de la infancia clamando respuestas. Eran las preguntas del niño las que llevaba entre los labios; ahora el adulto sería el encargado de resolverlas. Pero ¿por dónde podía comenzar? Su mayor obsesión seguía siendo descubrir su camino y el papel que su generación quería desempeñar en el futuro literario de Chile. Ese era un tema que lo empujaba recurrentemente a la reflexión.

Los últimos dos años se había dedicado a entrevistarse con escritores contemporáneos hasta arrancarles sus querencias más íntimas. Todos se sentían huérfanos en medio de una época cambiante, desligados de sus antecesores y su forma de retratar la realidad a través del criollismo. A su generación se la tildaba de existencialista y catastrófica. La crítica los juzgaba por poseer una debilidad natural por las penas y la desolación de los dolores mundanos. ¿Cómo podía ser de otra forma? La mayoría estaban embarazados de referencias extranjeras y de apreciaciones acerca del contexto del mundo; se sabían testigos de una época de cambios oscuros que hacían de los sueños no más que una ilusión. La realidad estaba rota, las grandes guerras y la maldad humana lo había cambiado todo para siempre; ahora, el rostro de la vida cotidiana se había convertido en algo nunca antes visto, algo que debía ser narrado de una forma drásticamente diferente.

Por todo eso, Enrique y tantos otros se sentían casi obligados a convertirse en rebeldes clandestinos, renegados del *establishment*, víctimas de un profundo deseo de cambio que los hacía sentir cada vez más necesitados de una voz capaz de elevarse hasta formar un grito inequívoco que comunicara con rotundidad: *«¡He aquí una nueva forma de ver la vida!»*.

Pero aquella no debía ser una sola voz. Al contrario, el grito debía ser de una generación entera: cientos de gargantas clamando con la fuerza de sus pulmones un mensaje común, una idea conjunta. Tal vez por esos pensamientos, Enrique se sentía tan vinculado al Forestal. En ese espacio se estaba orquestando algo extraordinario y él era parte de ello. Entre esos parajes naturales se encontraban las voces que tanto estaba buscando, tenía una corazonada.

El mismo *no-sé-qué* que lo llevaba todos los días hasta el Parque Forestal le hacía albergar una extraña certeza que pronunciaba en voz baja todas las noches, casi para sí mismo, cuando caminaba por Santiago bajo la mirada de la luna, enrumbado hacia a su hogar: *«Haremos que ocurra algo importante»*.

Los pasos de Enrique ya resonaban sobre el sendero empedrado. Por fin, a lo lejos, se distinguían las figuras que estaba buscando. Se lamentó, ya todo había comenzado. Conforme se acercaba, las bancas alargadas alrededor de la estatua de Rubén Darío cobraban forma, al igual que el grupo de las personas que las ocupaban. Todos miraban con atención hacia adelante; nadie se percató de su llegada. Nadie. Excepto una persona.

…

María Luisa estaba ensimismada.

La estatua de Rubén Darío parecía suspendida en el agua, flotando con una pisada suave sobre la fuente de piedra. La luz del cielo lucía herida e iba dejando sus manchas sangrantes en la plenitud del ocaso, por encima de las nubes. De espaldas a la estatua, estaba un trío de músicos, atareados con sus violines de madera oscura y sus trajes ceñidos que se tensaban en los brazos y en los hombros con el vaivén de sus movimientos. La tonada que creaban era un contrapunto de tres voces aparentemente inconexas, pero con una íntima y armónica relación. Constantemente parecían rondarse, como envolviéndose en una danza violenta en la que cada nota obtenía una respuesta y, de inmediato, formulaba una nueva pregunta. Los violines se arañaban en su lucha, se mordían sin piedad y luego escapaban, dejando estelas de un sonido poderoso y pasional que hechizaba a los presentes.

Justo en ese instante, una sombra puso en guardia a María Luisa. A su derecha, su hermana mayor, Sibila Señoret, no parecía haber notado nada. La silueta del hombre se mezcló con la multitud y desapareció sin ser vista. El sonido de la *fuga* incrementó de golpe; a un violín le siguió otro hasta que el último pareció dar un último grito antes de precipitarse al vacío del silencio con una nota magistral. Inmediatamente después, el parque volvió a recuperar su sonido de fantasía e inquebrantable sosiego; un momento después, surgieron los aplausos y las voces humanas preñadas de apreciaciones y conversaciones que no tardarían en nacer. Treinta personas estaban apiñadas alrededor de los músicos, abstraídas del mundo y preparadas para deleitarse con lo que había comenzado en ese instante: una nueva velada nocturna en la improvisada bohemia santiagueña.

La noche cayó sobre todos.

Como si los dedos de un gigante hubiesen rasgado el cielo, las nubes deshechas cual jirones permitían que la luna llena arrojara sus rayos de plata sobre la copa de los árboles. La misma luz que bañaba al Forestal, acentuaba y ensombrecía las facciones de los jóvenes. El ambiente había cambiado. Lo que comenzó siendo una medialuna de silencio mientras los instrumentos bailaban, se había convertido en una guerrilla de voces dispersas, amontonadas sin mucho orden por todas partes y sumergidas en debates, monólogos y soliloquios.

El grupo más grande se encontraba justo al frente de la estatua. Estaba integrado mayoritariamente por hombres y en ese preciso momento una especie de cuadernillo iba pasando de mano en mano. Parecían divertidos, casi alegres. En el centro de aquel círculo emergía la figura de Enrique Lafourcade, bañada por las luces celestiales. Las miradas estaban sobre él. Tenía una sonrisa desenfadada y movía las manos al ritmo de sus labios, como si diera un discurso muy interesante. Junto a él se encontraba Jaime Laso, Enrique Molleto, Jorge Palacios, Mario Espinosa, Enrique Lihn, Jorge Edwards, Armando Cassigoli, José Manuel Vergara, Jorge Teillier y Claudio Giaconi, el esposo de su hermana. A María Luisa, Enrique le resultaba conocido, pero, naturalmente, no asociaba aquel rostro con ningún nombre, aunque eso estaba a punto de cambiar.

Casi como si los estuviese llamando con la mirada, Claudio se escabulló del grupo y dirigió sus pasos hacia ella, acompañado de aquel desconocido. En realidad, no eran los únicos, todos los hombres habían roto filas para replegarse por doquier. María Luisa desvió la vista casi por instinto. Por algún motivo, creía que su mirada la había delatado. Aquel par avanzaba en su dirección y no podía dejar de pensar que se veían atraídos por el sonido mudo de sus pensamientos. Se esforzó por volcar su atención en la charla que su hermana y tantos otros sostenían, pero no podía concentrarse: sentía los pasos de los hombres acercándose. El ruido de pisadas la acechaba y parecía cada vez más cerca. De pronto, la voz de Claudio rompió sus temores e inmediatamente después le siguió otra.

De inmediato, hubo un vuelco al corazón.

Claudio besó a su esposa y tras depositar un secreto en su oído, actuaron. Entre risas y júbilo los juntaron. Enrique habló primero; María Luisa sonrió. Se presentaron: él con el placer de robarle el nombre a la flor; ella envuelta en el frenesí de las casualidades improbables. El resto de las voces se apagaron para ambos. Desde ese punto ya no existían otros grupos ni intereses. Las palabras flotaban en el aire y el tiempo parecía haberse esfumado para siempre. Tuvieron una conexión instantánea y aunque no sabían la razón ni el porqué, les roía por dentro un ardor de emociones sin nombre que muy pocas veces habían conocido.

Entonces, Lafourcade propuso y Señoret consintió. Él dio un paso, ella otro. Y cuando el mundo pareció desaparecer, ambos se perdieron en el horizonte, como dos sombras lejanas, una al lado de la otra, en dirección a la aventura; en dirección a un pecado de amor.

9

Cuando María Luisa admitió para sus adentros que debía alejarse, ya era demasiado tarde. Aquella historia había comenzado y ella estaba sucumbiendo ante su propia perdición.

Se vieron con tanta frecuencia que dejar de hacerlo dolía. Reencontrarse se convirtió en una necesidad física: su ausencia prolongada le provocaba abstinencia. Cuando no podía verlo, sentía un picor por todo el cuerpo; perdía la capacidad de concentración, divagaba con una regularidad molesta y su mente volvía a los mismos lugares que había frecuentado con él. Era víctima de una adicción y lo sabía. A su lado, volvía a tener diecinueve años otra vez. Sin proponérselos, pintaba con mayor frecuencia, renacían las sensaciones, los aromas y, en general, la vida adquiría formas desconocidas y enigmáticas. A diario redescubrían juntos los colores, las ideas preconcebidas, incluso la manera de afrontar el porvenir.

María Luisa se sentía feliz, extrañamente feliz.

Por su parte, Enrique había sido invadido. Estaba perdido, conquistado, resuelto a sumergirse en lo más profundo de esos ojos azules e inteligentes que lo acechaban y esos labios proactivos y elocuentes que no dejaban de sorprenderlo. María Luisa poseía una gracia natural para aparecer por su mente incluso cuando no la esperaba. No podía hacer nada para evitarlo, absolutamente nada. Se rendía ante su presencia, era víctima de su amor brutal y arrollador y no quería que cambiara. Ahora escribía menos y aunque ella no era la única causa, sí la más dulce. Mientras más compartían, con mayor intensidad deseaba amarrarse a su cuerpo con lazos de plata. Anhelaba llamarla suya; temía perderla al amanecer. El amor y el pecado se confundían hasta formar una sola palabra que a veces salía entre risas y besos, entre gemidos y caricias. El amor y el pecado eran ellos, los dos, como uno solo, unidos por la casualidad y la voluntad, fundidos entre palabras, promesas y sueños.

A veces fingían que aparecer en los mismos lugares era producto del azar. Nada estaba más lejos de la realidad. Con frecuencia visitaban museos, comían en espacios discretos y recorrían los rincones ocultos de Santiago. Todo parecía nuevo y lo menos llamativo resultaba agradable por el simple hecho de vivirlo juntos. Esto se trasladaba muchas veces al Forestal, pues allí la mística universitaria era un licor que los embriagaba. Se sentían felices al estar rodeados de ideas renovadoras y debates intensos. En el rostro de la juventud, las palabras sonaban valientes y esa misma virtud parecía adherirse al amor que se estaba gestando entre aquellos amantes.

Ese mismo amor los hizo rondarse con mayor pasión. María Luisa Señoret y Enrique Lafourcade se encontraron más de una vez a la luz de las velas, envueltos entre sombras, pero también bajo el cielo claro de la mañana, con los ojos trasnochados y el olor a café en el aliento. Se alimentaban de encuentros y de promesas livianas. Renovaban los votos de su amor impronunciable cada vez que al besarse despertaba un fuego interno que les recorría todo el cuerpo. Estaban enamorados, aunque pretendían esconderlo bajo la inocencia de lo efímero. Para ellos, aquello solo debía ser un paseo por el lago, una visita al circo, una caminata por la pradera. Se aferraban a la fantasía de lo breve, pero cuando el tiempo parecía consumirse y el viaje llegaba a su fin, pagaban con gusto el precio de comenzar de nuevo con su idilio.

De hecho, hubo días en los que el mundo parecía salirse de su órbita con el único propósito de hacerlos vivir con intensidad un instante. Los paseos nocturnos siempre fueron los momentos favoritos de María Luisa; como mujer era atípico que pudiera pulular a sus anchas por las calles de la ciudad, a no ser que estuviera acompañada, pero al estar resguardada por Enrique se sentía vibrante y dichosa de experimentar algo nuevo y diferente. En varias ocasiones visitaron el parque de la *Quinta Normal* para impregnarse de sus sonidos y sus aromas noctámbulos. Entre los arbustos y los troncos de los árboles se escondían los amores secretos. Se movían envalentonados, cubiertos por ese manto de la oscuridad que convertía los cuerpos en sombras uniformes, anónimas, irreales. Enrique y María Luisa lo veían todo desde la calzada, avanzando distraídos, con cierto deseo de perderse en ese mundo y dejar atrás las cadenas y los temores. Sin embargo, en lugar de hacerlo, aquella noche Enrique le tomó la mano por primera vez. Fue un encuentro íntimo y cálido. Las manos dejaron de ser manos para convertirse en complicidad, en amor, en castigo; en placer. La vida dio un vuelco. Todo parecía haber adquirido nuevos matices y aunque el mundo seguía siendo exactamente igual, ellos, los mismos que los charcos de la lluvia reflejaban como un espejo, ya no eran los mismos.

Así, casi como si la vida les exigiera bautizar lo que callaban sus deseos, en una de sus visitas al *Paseo de la Pirámide,* sus nombres quedaron tallados en uno de los árboles de aquel paraje frondoso y de gran belleza. Enrique marcó dos corazones entrelazados que resguardaban sus iniciales y unas pocas palabras que sellaban para siempre su amor. Aquel árbol decía algo importante. Eran, apenas, un par de versos, pero iban revestidos de gran valor. Cada palabra había sido arrancada del pasado, de los días ya olvidados cuando Enrique escribió sus primeros poemas, los mismos que ahora resurgían del ayer y sentenciaban para siempre el más puro de sus amores.

Desde entonces, la vida se escapaba entre bocados de aire. Los días corrían, indetenibles; el tiempo se escurría entre los dedos y un día las náuseas llegaron, le siguieron los mareos, la pesadez y el temor. María Luisa se vio al espejo, se levantó la blusa, conocía su cuerpo. Su figura esbelta no delataba nada, pero ella lo sabía todo. Mientras se acariciaba el vientre lo supo y un susurro en voz baja lo decretó: *«Estoy embarazada».*

10

En 1954, Enrique Lafourcade fue padre en dos oportunidades consecutivas. Ambas llegaron de forma sorpresiva, aunque resultaba imposible afirmar que no se había esmerado por conseguirlas.

La primera fue el resultado de tantas horas de entrevistas y discusiones en el Forestal y en cada rincón de la ciudad donde encontraba un espacio para intimar con los rostros de su generación. Conversar le había ayudado a entender lo que debía hacer y en 1954 ya lo tenía muy claro. Sus maquinaciones inconscientes lo condujeron hasta ese punto, era el momento de elevar todas las voces en nombre de algo diferente.

Estaba listo para hacerlo.

Enrique había dedicado más de tres años de su vida en la consolidación de una idea y ahora por fin tenía la forma necesaria para insuflarle la vida. Deseaba construir un camino que los englobara a todos y por eso mismo, tras un esfuerzo meticuloso, seleccionó a un grupo de escritores que, a su parecer, resultaban no solo prometedores, sino representativos. Empezó a escribir aquella lista desde finales de 1953 y unos meses después, mientras la repasaba mentalmente, estaba seguro de su decisión. Cada uno de esos nombres era un paso hacia adelante, una muestra tangible de la esencia de lo que sería su época.

El momento de actuar llegó sin proponérselo. Todas las mañanas, aquel pedazo de papel parecía acusarlo, como si le exigiera una acción. Por eso, cuando la editorial Zig-Zag se mostró más que interesada en lo que se traía entre manos, Enrique no perdió ni un segundo y comenzó a escribir el prólogo de la obra. No le resultó difícil situarse en lo que debía plasmar, él mismo había sido el encargado de seleccionar cada uno de los cuentos; sin embargo, aquella antología era algo más íntimo que un conglomerado de escritores. Al enfrentarse a las palabras no podía evitar dejar de sentirse como el niño que se preguntaba frente a las velas *«¿Qué es un cuento?»*. La pregunta ascendía desde el pasado y a través de ella Enrique fue dejando que la tinta absorbiera las reflexiones acumuladas de todos esos años. De esta forma, noche tras noche fue volcando sus obsesiones, tratando de plasmar la esencia de una generación que estaba a punto de nacer para la sociedad chilena con su nombre y apellido.

La antología quedó firmada por veinticuatro cuentistas, seis de ellos, mujeres. Margarita Aguirre, María Elena Gertner, Yolanda Gutiérrez, Pilar Larraín, Gloria Montaldo y María Eugenia Sanhueza quedaron a la par con autores como Jorge Edwards, José Donoso, Guillermo Blanco, Enrique Lihn y tantos otros nombres que apenas comenzaban su ascenso por el mundo de la literatura y que estuvieron más que dispuestos a sumar sus voces a las ideas del joven Lafourcade.

De esta manera, casi sin turbaciones ni grandes obstáculos, nació la *Antología del nuevo cuento chileno*, una obra que marcó el comienzo de un verdadero cambio. Todos los involucrados se vieron, súbitamente, inmersos en un proyecto que trascendía por mucho la simple idea de un libro. Más que cuentos, la antología recogía las voces de un grupo de escritores que concebían la realidad de una forma diferente. Y aunque al momento de su publicación no obtuvo mayores detractores, pronto se encontrarían librando mil batallas en cientos de frentes diferentes.

Al margen de las guerras del futuro, cuando Enrique tuvo el libro en sus manos, experimentó una sensación de satisfacción absoluta. Eran emociones intensas que llegarían a rivalizar incluso con las de sostener a sus propios hijos entre los brazos. Y es que para Enrique Lafourcade la vida estaba sujeta a la trascendencia a través de la obra, por eso no podía privarse de ese frenesí que le mordía el cuerpo al contemplar su trabajo. Estaba ante uno de los momentos más importantes de su vida y lo sabía: entre las trescientas treinta y cinco páginas de aquel libro se encontraba el mayor aporte de su corta carrera. Lo fundamental de la antología no residía en el esfuerzo de aquellos que se habían dedicado a gestarla, sino en el triunfo de haber articulado a un grupo aparentemente homogéneo de jóvenes escritores y hacerlos contraer una causa común. *El nuevo cuento chileno* apenas era una excusa para alzar las banderas de un cambio. Daba igual los autores que habían quedado por fuera, esas páginas hablaban en nombre de todos ellos y eso se volvió una realidad cuando las individualidades se desdibujaron para convertirse en un mismo título, en una misma frase que los convocaba a todos, famosos y nóveles, hombres y mujeres, un mismo emblema, un mismo sello que en poco tiempo los bautizaría a lo largo de Chile como *la generación del cincuenta*.

Simultáneamente, a mediados de año, exactamente el veinte de julio, Enrique se convirtió en padre por segunda vez. Contrario a los estímulos que experimentó con el lanzamiento de la antología, el cercano nacimiento de quien podía ser su primer hijo lo hizo sentir expectante. El suyo no era un papel protagónico y lo sabía. Las decisiones y el porvenir residían, más bien, en las manos de María Luisa y conforme el tiempo avanzaba, la espera lo consumía. No le quedaba más remedio que aguardar hasta descubrir si podría darle su apellido a la pequeña que estaba por nacer.

Para María Luisa, la decisión no estuvo siempre clara. Era indudable que su corazón le pertenecía a Lafourcade, pero abrazar definitivamente aquel amor significaba darle la espalda a la mayor parte de su vida hasta ese momento. Pero estaba enamorada y eso lo cambiaba todo. En poco tiempo sus dudas se desvanecieron. No iba a retroceder, no después de sentirse llena, dichosa y amada, pero ¡cuánto le pesaba saberse capaz de abandonarlo todo en nombre de sus propios sentimientos!, ¡cuánto iba a tener que pagar por seguir al hombre que amaba!

Desde que el descuido de las caricias prohibidas derivara en embarazo, su vientre plano fue creciendo, imparable, mes a mes, hasta convertirse en un óvalo perfecto, imposible de ocultar. Tampoco hizo mayor esfuerzo por esconderlo, estaba dispuesta a asumir las consecuencias de sus decisiones, aunque eso se tradujera en su propia desgracia. No se lo contó a su esposo de inmediato, tenía mucho en qué pensar, pero una tarde de febrero se decidió la suerte de su matrimonio.

Armando estaba dispuesto a ir más allá de lo que se podía esperar de él, ofreció reconocer a la niña que llevaba en el vientre y perdonarlo todo con tal de evitar la ruptura definitiva. María Luisa dudó por un instante, la posibilidad era generosa, pero la rechazó de inmediato. Le resultaba imposible ir en contra de sus propios sentimientos: para bien o para mal estaba amarrada a Enrique.

Entonces, en lugar de recibir la furia y el desprecio más absoluto, obtuvo la total colaboración de Mallet. En poco tiempo, lograron la nulidad matrimonial y tras casarse inmediatamente María Luisa y Enrique, Armando les consiguió a ambos un pasaporte diplomático y a él un puesto como asesor cultural ad honorem en la Embajada de Chile en España.

Los dados estaban sobre la mesa y María Luisa los arrojó esperando lo mejor. Sospechaba que su vida sería muy diferente desde ese momento. Enrique no tenía mucho dinero, provenía de otra clase social y, en general, sus vidas eran realmente diferentes. Sin embargo, aquello carecía de sentido cuando se sumergía en ese mundo intelectual y de gran belleza artística que parecía emerger por el simple tacto de su nuevo esposo. Él no poseía más que promesas y palabras, poemas, cuentos y un hambre voraz por consolidarse como el gran escritor de una época que parecía haber empezado justo con su enlace matrimonial. Eso era suficiente para ella. No quería más que disfrutar de una vida al lado de ese hombre y en 1954 se convirtió en una realidad.

La pareja se fue a España y allí nació su primera hija. La estadía fue satisfactoria pero no duradera, pues en menos de un año regresaron a Santiago, con María Luisa embarazada por segunda vez. Desde ese punto las turbulencias de la cotidianidad pasaron a ocupar el primer plano de sus vidas. Se instalaron en un pequeño departamento en la capital y desde allí intentaron compaginar el rol de padres con sus labores artísticas y sociales, pero era imposible. Ambos trabajaban la mayor parte del día, creían en un futuro mejor y su tiempo los arrastraba constantemente hacia el exterior.

A fuerza de la compañía de diferentes empleadas fueron creciendo sus hijos. Había muy poco espacio para grandes meditaciones o sentimientos de culpa. La vida avanzaba veloz y, como temió María Luisa, no estaba resultando nada sencillo. Los lujos se vistieron de modestia y el dinero apenas alcanzaba para mantener su ritmo de vida. Aunque el amor se mantenía intacto y revestido de esperanzas, la fatiga y las necesidades crecían año tras año y para 1959, a Enrique se le hizo evidente que la solución para cumplir su sueño chileno se encontraba al Norte, en los Estados Unidos, y hacia allá orientó sus esfuerzos.

Al marcharse dejaron atrás a sus hijos, no había alternativa. Era una decisión difícil, pero debían garantizar el futuro de su familia. Se fueron, sin mirar atrás, convencidos de que era lo correcto. A partir de ese momento la vida sería diferente. Diferente…

¿Lo habían logrado?

Eso era lo que se preguntaba María Luisa aquella mañana en el aeropuerto de Ciudad de México. Luego de dos años en Los Ángeles, no sentía que su realidad fuese muy diferente. Sus ingresos eran significativamente superiores, pero ¡cuánto habían aumentado sus gastos! El balance era positivo y, sin embargo, tenía una extraña sensación que no podía arrancarse de la garganta mientras mantenía la mirada fija en la puerta de vidrio.

—Enrique, ¿crees que hicimos lo correcto en dejarlos en Chile?

El último recuerdo que tenía María Luisa de sus hijos parecía borroso. Sentía que se había perdido muchas cosas y aunque no le pesaba en el alma un remordimiento muy marcado, sentir que sus retoños volvían a estar junto a ella le hacía meditar acerca de sus decisiones.

—¡Claro que hicimos lo correcto! —le respondió Enrique con un tono de seguridad absoluta—. Despreocúpate, cariño, los niños no recuerdan nada a esta edad.

Las puertas se abrieron; Octavio y Dominique avanzaban acompañados por la azafata. Al verlos, las palabras de Enrique volvieron a martillarle la mente: *«Los niños no recuerdan nada a esa edad»*. Si aquello era verdad, ¿por qué los ojos de sus hijos gritaban lo contrario?

Capítulo 3

Brisas del norte

1

—¿Quién es esa señora? —La voz de Octavio estaba cargada de dudas.

—¡Es tu mamá! —respondió la azafata, tratando de maquillar su desconcierto.

Yo tampoco la reconocí a pesar de que en la 115 mi abuela se había esforzado por mostrarme suficientes fotos de mi madre. Seguía teniendo aquel rostro extranjero enmarcado por una cara alargada y pálida, una nariz griega y un porte aristócrata, con la barbilla alargada y los labios delgados. Sin embargo, algo había cambiado desde aquellas fotografías en blanco y negro. Parecía haber rejuvenecido unos cuatro o cinco años, pero me costaba detectar las razones. Lo que me resultó más evidente fue que lejos de sus ropajes oscuros y sobrios de los años cuarenta —marcados por la austeridad propia de finales de la Segunda Guerra Mundial—, ahora lucía prendas frescas y coloridas que se ceñían con mayor precisión a su cuerpo y revelaban por completo sus dimensiones. Mi madre lucía radiante, pero, al vernos, una sombra de culpa se apoderó de sus ojos azules. Los nuestros parecían juzgarlos, a ambos. Mi padre sonreía, distraído, sin enterarse de nada.

El encuentro fue extraño.

Se agacharon para abrazarnos, como si el gesto bastara para borrarlo todo. El contacto fue inesperadamente cálido. Aquel cariño aparecía demandando reciprocidad con sus formas del todo desconocidas y lejanas: nosotros no sabíamos qué hacer. ¿Cómo debíamos actuar ante el tacto de dos completos desconocidos? ¿Debíamos sentirnos reconfortados por el contacto de dos figuras que tenían nombre, pero no conllevaban recuerdos ni emociones para nosotros? Era absurdo, y, sin embargo, casi sin quererlo, fuimos desbordados por una extraña mezcla de sensaciones que se amontonaban en nuestro pequeño cerebro, como si siempre hubiesen estado allí, latiendo y esperando un instante para estallar y abrasarnos por dentro. Un vacío ignorado se llenó de golpe. Las ausencias desaparecieron para ser reemplazadas por dos rostros alegres que nos devolvían la mirada y parecían extrañamente familiares. Todo encajaba y por primera vez en nuestra corta vida nos concebimos como parte de una familia, una nuestra, chiquita, de a cuatro, con papá y mamá, sin equívocos ni dudas, solo papá y mamá, y Octavio y yo... juntos.

...

Nos montamos en un auto.

No en cualquiera, sino en el de mi padre. Durante todo el recorrido por el estacionamiento no paraba de hablar de él. Era un Chevy Corvair del 61, modelo Sport Coupé de dos puertas y un color muy claro que parecía un cielo pálido de nubes blancas. Tras dejar el equipaje en el maletero, nos introdujeron al vehículo. Desde los asientos traseros veíamos un mundo nuevo en trescientos sesenta grados. El auto flotaba sobre el asfalto y mi padre no disimulaba aquella sonrisa que trataba de esconder la totalidad de sus pensamientos.

A veces sorprendía a mi padre mirándome por el retrovisor con sus ojos verde pardo. En su caso no había cambiado en lo absoluto, seguía exhibiendo una juventud adornada por su barba de una semana, el cabello oscuro peinado hacia atrás con gel fijador y el ceño ligeramente fruncido que nunca iba a juego con la sonrisa. Parecía inmerso en un eterno debate entre permanecer alegre o sumergirse por completo en una profunda meditación. En aquel instante, la felicidad estaba ganando la batalla: sus facciones reflejaban paz y alegría. Detrás del volante se sentía pleno y por alguna extraña necesidad no paraba de hablar de las bondades de aquel modelo; hablaba y hablaba de su increíble automóvil hasta que Octavio lo interrumpió.

—¡El auto del abuelo es mucho más grande!

Su felicidad desapareció de golpe.

La comparación lo hirió. Enrique deseaba ser distinto a su padre en todos los aspectos, no se conformaba con diferenciarse un poco, quería algo radical. Sentirse de alguna manera inferior le afectaba y casi de inmediato su ánimo se vio lastimado. Mi madre intercedió para cambiar el tema, especialmente luego de que me sumara a la voz de mi hermano, sin saber las implicaciones de mis palabras, pero ya era tarde. Por más que pasara el tiempo, aquella escena nunca se borraría de la memoria de mi padre.

El Corvair seguía avanzando como una flecha por una de las tantas arterias viales que conectaban la caótica Ciudad de México. Parecía una nube veloz siendo impulsada —o más bien atraída— por las brisas del norte. En esa dirección nos conducía mi padre, con destino, creía yo, a California. Sin embargo, el camino resultaría menos lineal de lo que imaginaba.

En el auto no tenía demasiado para hacer, así que me dedicaba a mirar a mi madre. Mientras más la observaba, con mayor facilidad me familiarizaba con su rostro y su personalidad. Mis ojos infantiles parecían detallarla a la perfección: tenía su cuerpo levemente girado hacia nosotros desde el asiento de copiloto y nos hablaba con voz suave y pausada. Al igual que mi padre, estaba perdida en un soliloquio que daba por sentado nosotros entendíamos. Su semblante emanaba autoridad al hablar, aunque no podía dejar de percibir cierta inseguridad debajo de aquella muralla solemne.

Cuando nos montamos en el auto, no sabíamos hasta qué punto aquel espacio se convertiría en nuestro hogar. Aunque ese mismo día logramos hospedarnos en el Hotel Isabel, muy pronto no podríamos siquiera bajarnos del Corvair. En el hotel, mis padres afinaban sus planes, trazaban rutas, revisaban mapas y murmuraban y sonreían mientras dialogaban. Indudablemente, buscarnos en México no era cuestión del azar, tenían preparado un itinerario bien cuidado y por nada del mundo desaprovecharían la oportunidad de recorrer el país. Por esta razón, en lugar de seguir la marcha hacia al norte, viraron el rumbo al sureste, hacia Yucatán. En los días siguientes, el automóvil dejaría de ser una carroza de metal para transformarse en el guía de la aventura y la exploración que nos llevaría desde el corazón de México hasta sus rincones más distantes.

Nuestro viaje se inició por Veracruz, al menos eso dijo mi padre mientras lo señalaba en la distancia. No hacíamos paradas. Las vistas se amontonaban en la ventanilla como si avanzáramos a través de una galería de arte. El ambiente era natural, cambiante, extenso. Con frecuencia, detallábamos pequeños poblados que se elevaban a lo lejos con sus estructuras precarias cargadas de optimismo por el día y encendidas vagamente con sus luces marchitas durante la noche. El vehículo atravesaba a gran velocidad aquellas carreteras modernas que desde 1925 cubrieron la mayor parte de México y dieron paso a la llegada de los automóviles, aunque la falta de mantenimiento de algunas ya empezaba a ser notorio.

Por fortuna, no había espacio para el aburrimiento. Cuando no estábamos maravillándonos por ese mundo que a nuestros ojos parecía cada vez más ancho y bello, nos sumergíamos en las historias que narraban mis padres. Entre voces y paisajes fuimos dejando atrás Chapas, Tabasco y Campeche. Durante las noches dormíamos en los asientos traseros; estos poseían un artificio extraordinario que nos permitía reclinarlos hasta convertirlos en pequeñas camas verticales, donde soñábamos bajo el movimiento de un cielo estrellado que no alcanzábamos a ver. En general, el viaje fue ligero y sin mayores percances. Llegamos a Yucatán y nos adentramos a través de sus ramales de caminos largos hasta caer en Chichén Itzá.

El templo de Kukulkán caló hondo en nuestro interior. Aquel era un lugar con un indiscutible aire ceremonial que imponía devoción. Sus proporciones cegaban la vista y nos hacía sentir seres inferiores y diminutos. Nuestra sorpresa era absoluta; Octavio salió disparado con intención de palpar la piedra de los Templos, pero mi padre lo retuvo cargándolo en sus brazos.

Visitamos cada una de las estructuras mientras escuchábamos la voz de nuestro padre narrando historias de los mayas y sus tradiciones más sangrientas. Por su parte, mi madre se concentraba en contar el estilo arquitectónico del lugar y las influencias de diferentes culturas indígenas locales. A veces sus relatos se entremezclaban en un choque de voces. En esos momentos, solo alcanzaban a reírse mientras reconstruían los hechos, entre ambos. Estaban impregnados de un amor tierno, propio del matrimonio joven que ahora se veía complementado con la llegada de los hijos y formaban una postal preciosa, la misma que capturó la cámara cuando un turista presionó el botón y terminó en las manos de mi abuela, en Chile.

Regresamos a Ciudad de México a los pocos días.

En esta ocasión coincidimos con nuestro tío Octavio Señoret, el único hijo varón de la familia de mi madre. Durante su larga estadía por Italia fue productor y actor en diferentes películas desde inicios de 1948. Tuvo el papel estelar en *La muta di Portici* y apareció en *Persiane chiuse* y *Undici uomini e un pallone*. Su carrera había tenido un buen arranque, pero se estancó en 1953, cuando estuvo en *Condannatelo!*, su última película. Al marcharse de Italia, se instaló en México una temporada, y tras divorciarse, conoció a Rita Butterlin, hija del pintor mexicano Hans Otto Butterlin. Contrajeron matrimonio en poco tiempo y para 1961 estaba naciendo su segundo hijo, Marco.

Octavio Señoret con su hija Mónica y su mujer Rita

Aquel encuentro me permitió descubrir una realidad obvia, pero, hasta entonces, desapercibida: ¡tenía otra familia! Nunca había pensado en los Señoret como una posibilidad para acceder a otros rostros, otras vidas. La sorpresa me llenó de entusiasmo. Me mantuve alrededor de mi tío durante cada minuto de la velada. Lo escuchaba hablar, veía sus gestos, su forma de gesticular tan fina y elegante, su amabilidad instantánea y esa extraña manera de moverse por el espacio que me resultaba tan inusual a todo lo que había conocido. Octavio era, en una palabra, diferente. Diferente a las figuras masculinas de mi entorno; diferente a otros adultos y portador de tantas particularidades distintivas que bastó un encuentro para llenarme de expectativas y deseos de conocer a otros Señoret.

Cuando reiniciamos el recorrido, esta vez hacia el norte, el concepto que tenía de familia se había ensanchado y lo seguiría haciendo mucho más en poco tiempo.

Desde Ciudad de México, todo quedaba al norte y hacia allí nos dirigimos, siempre en dirección recta. Ocasionalmente nos desviábamos; mi padre se equivocó en algunas ocasiones y tomamos senderos no planificados. Sin embargo, en poco tiempo dejamos atrás un puñado de pequeñas ciudades hasta llegar a Guadalajara. Allí nos detuvimos para explorar sus misterios durante un día entero. Estuvimos, principalmente, con nuestra madre. Recorrimos la urbe a su lado mientras nos narraba con lujo de detalles la maravillosa arquitectura de las iglesias, las casas coloniales e incluso las distribuciones de las calles. Al atardecer, recorrimos la plaza de la ciudad y nos dejamos guiar por el tumulto de voces, personas y la música tradicional al ritmo de "La Adelita".

Ya cuando el cielo se había oscurecido, nos quedamos en una pequeña posada y a primeras horas del día regresamos al auto. Mi padre estaba algo decepcionado. En Guadalajara esperaba coincidir con algunos amigos documentalistas; le interesaba afinar detalles para darle vida a un guion, pero, para su despecho, no lograron finiquitarlo. El ánimo no le mejoró hasta que, luego de dejar Aguascalientes y Zacatecas atrás, empezamos a toparnos con otros vehículos que seguían la misma senda que nosotros. Eran, principalmente, parejas que se encontraban realizando un viaje similar al nuestro. A veces, durante las noches, nos refugiábamos a los bordes de los caminos, donde varios automóviles formaban una especie de campamento. Allí mis padres se desenvolvían con mucha gracia, especialmente mi madre, quien dominaba más de tres idiomas. La primera noche conocimos a una pareja francesa con un vestir muy elegante y a unos americanos de Arizona con una risa particularmente estridente. La noche fue divertida y, aunque nosotros nos dormimos en muy poco tiempo, ellos se mantuvieron despiertos hasta el amanecer.

Desde ese punto, conformamos una especie de caravana hacia el corazón de México. Seguíamos una alineación perfecta entre tres o cuatro automóviles que se turnaban las posiciones. El trayecto, en compañía, parecía mucho más agradable, aunque, conforme avanzábamos, algunos autos tocaban sus bocinas en forma de despedida cuando tomaban un desvío hacia Monterrey, Sinaloa o Nuevo León. Al final, solo quedamos la pareja de americanos y nosotros. Nuestra ruta nos dirigía a Chihuahua, pero tomábamos desviaciones que nos acercaban cada vez más a Sonora.

Lentamente, el clima fresco que entraba por las ventanillas se fue reduciendo hasta convertirse en aire caliente y sofocante. Los paisajes de valles y montes verdes con sus prados y poblados se volvieron soledad, llanuras empobrecidas y secas, un mar infinito de color amarillo, beige y dorado producto de la tierra quemada por el sol. La vegetación era escasa con algunos árboles de hojas tristes al borde de las llamas. La flora, al igual que la fauna, era toda hostil con sus cobras cascabel, sus escorpiones y abundantes cactus. El cielo sin nubes, azul, demasiado azul, repleto de zopilotes hambrientos que merodeaban desesperados. Hacia adelante, los caminos de tierra, la vía pavimentada, ambos infinitos, alargados, con dirección a ninguna parte.

El mundo se desvaneció al ritmo de los kilómetros. Entonces, solo quedamos nosotros y la carretera; nosotros, y el sol con sus rayos; nosotros y los americanos que venían detrás.

En una de nuestras últimas paradas, compramos bolsas de hielo que nos ayudaron a lidiar con los caminos. Las restregábamos por todo nuestro cuerpo con la esperanza de refrescarnos. Estábamos prácticamente desnudos, pero aun así el calor nos asfixiaba. El camino era aburrido, tedioso, sobrecargado. Incluso mis padres padecían las inclemencias del clima: la boca y los labios se les secaron, no hablaban; sudaban a mares, estaban de mal humor y parecía un auténtico milagro que el metal del automóvil no cediera ante el calor hasta fundirse con nosotros adentro.

Hacia todas las direcciones siempre se veía lo mismo, un paisaje repetitivo que luego de cierto tiempo era doloroso de ver y de padecer. La única variación llegó al atardecer, cuando el cielo decidió salir de su monotonía para pintarse de los intensos colores del fuego con estelas rojizas, amarillas y anaranjadas. Solo en la plenitud del ocaso agradecimos estar allí, en medio de la nada.

La noche nos arropó.

La oscuridad era espesa y fría. El mundo entero parecía haber sido engullido por un lobo feroz y nosotros viajábamos en su interior, tratando de escapar de su garganta. La luna apenas si alcanzaba a iluminar la lejanía de las montañas y las llanuras resecas que agradecían la piedad de no padecer más el castigo del sol. Los faros del Corvair se abrían paso a través de la penumbra del camino, como dos velas en medio de un bosque. Conforme avanzábamos, Octavio y yo fuimos cediendo ante un pesado aletargamiento. Nuestro cuerpo se fue quedando sin fuerzas, no podíamos siquiera mantener los párpados abiertos y entonces, sin advertencia, nos dormimos. Fue un sueño profundo y sin imágenes. Pleno, tranquilo, como el de un niño mecido por los brazos de una madre. De pronto, como si una mano nos arrastrara de vuelta a la realidad: ruido, golpes de cristales, voces desconocidas, desespero: peligro.

Nos despertamos en una realidad drásticamente opuesta. Sentimos terror al instante. Nuestros padres gritaban; mi madre parecía desesperada, fuera de sí. Su rostro lucía deformado, sumergido en el miedo y el pánico. Mi padre estaba agresivo, gesticulaba y negaba con las manos y la cabeza. A nuestro alrededor, cerca de veinte personas nos alumbraban con lámparas de gas y linternas. Eran hombres gruesos y mujeres flacuchas, asaltantes de caminos. Sus ojos penetrantes nos inspeccionaban con sadismo. El camino había sido bloqueado con escombros a modo de barricada. Las voces pedían que bajáramos las ventanas, golpeaban los cristales con los nudillos y sonreían de forma sádica y efusiva. Mi padre se oponía con rotundidad, fingía no entenderlos y esgrimía un improvisado inglés con el afán de despistarlos. La tensión iba en aumento y los rostros comenzaron a tornarse hostiles. Faltaban un par de segundos para que surgiera la violencia.

Pero mi padre fue veloz.

Súbitamente, en un arranque de histeria, preso de dudas y temores, tomó la única decisión que creyó coherente: aceleró. El automóvil se lanzó hacia adelante como un caballo desbocado y rabioso. Destrozó los escombros, que saltaron por todas partes, y casi también se lleva por delante a un par de asaltantes. Mi padre aceleró y escuché por primera vez en aquel viaje el intenso rugido del motor. Aceleró, sin cuestionarse nada, en un salto de fe, esperando lo mejor; aceleró, y nos perdimos en el vacío de la nada que nos ofrecían aquellos caminos del desierto de Sonora.

Aceleró.

Y no volvimos a ver el auto de los americanos.

2

En 1961 el mundo estaba dividido. Una dualidad perenne se cernía sobre todas las naciones y las obligaba a decantarse entre el capitalismo o el comunismo. No había puntos medios. Los Estados Unidos y la Unión Soviética maniobraban sobre el tablero e iban pintando el globo terráqueo de rojo y azul conforme reforzaban sus posiciones. En aquellas fechas, cualquier duda era una mala señal y los países pasaban de ser aliados a enemigos en cuestión de segundos. Era un juego peligroso por la supremacía absoluta de una guerra silente que aparecía en los periódicos y en los noticiarios todos los días.

Y es que el clima de la Guerra Fría estaba promoviendo no solo una carrera desesperada por alcanzar el dominio geopolítico de los continentes, sino un desmedido desarrollo nuclear que ambos bloques juraban estar preparados para usar, en caso de ser necesario. Por ello, las sociedades —ya fragmentadas y con hondos padecimientos producto de las guerras anteriores— empezaban a temer el peor de los escenarios. La realidad no era alentadora y la humanidad entera parecía condenada a decidir entre dos opciones, una elección y la misma promesa para todos: la destrucción.

A pesar del cuadro apocalíptico que cubría el ancho mundo, Los Ángeles aparentaba estar al margen de todos los acontecimientos. Aquella era una ciudad limpia, inmaculada, que crecía bordeando la costa del Pacífico y se mantenía bajo el próspero gobierno del sol. Sus ciudadanos crecían de espaldas a las sombras de la destrucción y si padecían los temores propios de la época, no lo reflejaban ni un poco en sus sonrisas descaradas, sus espíritus libres y sus costumbres despreocupadas.

Llegamos a Los Ángeles una tarde de septiembre, cuando la fuerza del mismo sol que quemaba la tierra marchita de Sonora irradiaba su calor marino sobre los anchos paseos peatonales de Venice Beach. El Corvair se adentraba por la San Diego Freeway como si estuviese predestinado a ello; iba manchado de caminos y algunos golpes en el parachoques se mantenían como cicatrices de los asaltantes y nuestro recorrido hasta Tijuana para escapar de aquella pesadilla. En la vía, el tráfico no presentaba demasiados problemas y los neumáticos se deslizaban agradecidos por tener un poco de pavimento fresco después de haber dejado atrás los caminos de tierra y arena del desierto. A ambos lados se movían otros vehículos con las ventanas abajo. Algunos llevaban a jóvenes fiesteros con vestimentas playeras; otros a personas con ropas sofocantes sacadas de estudios de televisión; a todos nos unía el mismo camino, la misma senda por un pequeño pedacito del paraíso.

Mi padre conducía con estilo: timoneaba el volante con una sola mano, las ventanillas abajo, un brazo acodado hacia afuera con el cigarrillo encendido entre los dedos y un gesto despreocupado que terminaba en una sonrisa descarada cada vez que daba una calada y el humo se abría, hacia atrás, como una fina cortina a ambos lados de su rostro. La brisa marina y el salitre de la arena se adentraban al automóvil con aromas sanadores que nos ofrecían el breve sabor de lo desconocido. Quizás por todos los estímulos que llegaban al mismo tiempo, o tal vez por esa magia del mundo nuevo que se presenta ante unos ojos que nada conocían, la realidad dejó de existir un instante y fue reemplazada por un escenario de belleza irreal.

Ante mí aparecieron los colores dorados del horizonte, las palmeras gigantescas y coronadas con ramas verdosas y revueltas, las personas y su juventud impregnada en las caras y la belleza arrebatadora que lo cubría todo en aquella ciudad ardiente y bronceada que no podía ser real… y, sin embargo, lo era. Mi mundo estaba cambiando drásticamente y la información llegaba demasiado rápido para procesarla. Apenas alcanzaba a robarle bocanadas de aire a esa urbe que me hacía sentir viva, sobrepasada y llena de un extraño entusiasmo que me empujaba a creer que jamás dejaría de maravillarme por lo amplio y hermoso que podía resultar conocer un lugar nuevo.

Mi hermano y yo íbamos saltando impacientes en los asientos traseros. Teníamos a nuestro alcance mucho para ver, pero todo resultaba efímero. Lo que no alcanzábamos a detallar era reemplazado rápidamente por algo nuevo; no había espacios para lamentos. A pesar de ello, una imagen nos hipnotizó de tal manera que nuestra madre dejó escapar una pequeña carcajada. A lo lejos, el océano nos llamaba y nosotros lo atendíamos pegándonos a la ventanilla como si tratáramos de alcanzarlo. El mar se nos clavó en las pupilas; nunca lo habíamos visto y en la distancia lucía infinito y colosal. Para apreciarlo, tuvimos que utilizar nuestras manos para protegernos del sol. Sus rayos irradiaban con furia, estaban en todas partes, lo pintaban todo de dorado e incluso a las olas del Pacífico les arrancaba breves destellos de luz cegadora. Aun así, me resultaba imposible desprenderme de aquella imagen. Ahí estaba el cielo despejado, la arena caliente, el gentío por la playa y el mar... siempre el mar; quieto, azul, peligroso y seductor en partes iguales. Siempre el mar, llamándonos a una aventura hacia lo desconocido.

Después del Pacífico, nuestra atención se desviaba hacia los corredores peatonales. Eran tan anchos como los carriles de los autos y allí las personas manejaban bicicletas, montaban *skateboards*, caminaban bajo el sol y trotaban transpirados. Muchos hombres usaban bermudas coloridos y estampados, bloqueador en la punta de la nariz, lentes de sol y el torso desnudo con un hermoso bronceado. Por su parte, gracias a los tenues movimientos feministas —y por ser California la cuna de Hollywood—, las mujeres se mostraban mucho menos recatadas y lucían bañadores y bikinis multicolores que les brindaban mayor libertad a las formas y proporciones de sus cuerpos. También utilizaban gafas de sol, sombreros playeros, peinados hermosos y se movían con tal gracia y autonomía que cualquier mujer chilena hubiese envidiado.

El mundo al aire libre tenía gran valor para esas personas, realmente lo disfrutaban y se les notaba en su forma de interactuar con el entorno. Muchos deambulaban sin zapatos y con toallas debajo de los brazos, siempre listas para prestar socorro a la hora de adentrarse a la playa; otros se reunían en grandes grupos, a las faldas de los corredores, y generaban bullicios y tumultos alrededor de los salones de pesas a cielo abierto; incluso los policías patrullaban en bicicleta, con un uniforme en punta que reemplazaba los pantalones por *shorts*. Todos parecían felices de estar allí en ese instante, como si fuesen los mejores días de su vida, aunque no se preocuparan en pensar mucho en ello.

Dejamos el colosal Muelle de Santa Mónica atrás y con él se desvanecieron las últimas imágenes del eterno verano. Lo que vino a reemplazarlas fue un ambiente urbano de aceras, asfalto, callejones y edificios. Tomamos la avenida Wilshire Boulevard y a ambos lados de las calles las vistas eran ocupadas por grandes y pequeñas estructuras de cemento, ladrillos y otros tantos materiales. En todas las direcciones se veían carteles con letras que reconocíamos, pero formaban palabras que carecían por completo de significado. La maraña de locales y edificaciones desiguales en altura, colores y formas ya nos anunciaban que estábamos ingresando a la otra cara de Los Ángeles, una cara que no lucía menos atractiva, sino diferente a la que se percibía en la bahía.

Aquella era una urbe caótica, pero con una estética impecable. Daba la sensación de que todo estaba recién construido, y mientras más descubríamos sus calles y avenidas, con mayor fuerza sentíamos que nos adentrábamos a un lugar tan inmenso como el mismo mar que dejamos atrás.

Seguimos avanzando por el *boulevard*, viendo a las personas vestidas de todas las formas posibles y luego alcanzamos la esquina que conectaba con la Calle Centinela. Al cruzar, el asfalto se fue mezclando con el ligero verde de la naturaleza en las fachadas residenciales. Así, fuimos dejando viviendas atrás y en cierto momento, la velocidad bajó, la brisa dejó de entrar por la ventana, los colores se volvieron predominantemente claros y luego de haber tomado por primera vez el Mercedes-Benz de mi abuelo, saltar por gran parte de los aeropuertos de Latinoamérica y recorrer en automóvil miles de kilómetros en México, habíamos llegado hasta la zona residencial que sería nuestro hogar.

Por fin había terminado nuestro viaje.

3

12-12 Centinela Ave., esa era nuestra nueva dirección.

Sin duda no era muy diferente a las tantas zonas que se habían beneficiado del veloz crecimiento inmobiliario que venía experimentando California. En apenas dos décadas, la población del estado había pasado de un poco menos de siete millones hasta alcanzar casi dieciséis. A diario llegaban cientos de familias para incorporarse a las florecidas comunidades de cada ciudad. Los padres se sumaban a los sectores comerciales, industriales y productivos; los hijos desbordaban los colegios y las calles de los vecindarios; el ocio y el esparcimiento se beneficiaba del poder adquisitivo de los ciudadanos y, en general, el estilo de vida experimentaba una gran expansión gracias a los conos urbanos que surgían alrededor de los mismos espacios que antes habían sido terrenos baldíos y carentes de uso.

La Calle Centinela era un vecindario cualquiera, repleto de edificaciones relativamente modernas pintadas de un intenso color blanco y un gris cemento. La mayoría no sobrepasaba los tres pisos de altura y contaban con jardines interiores, estacionamiento y, en algunos casos, piscina. Nuestro edificio era el más claro de todos, en la fachada externa sobresalían grandes ventanales de madera, escaleras externas y múltiples accesos y pasillos. No era una construcción especialmente cara y arquitectónicamente no tenía demasiados detalles; sin embargo, transmitía confort y lucía como un espacio pulcro y ordenado. Nada estaba fuera de su lugar, salvo nosotros.

El primer choque cultural en los Estados Unidos llegó luego de bajar del automóvil. Mientras desempacábamos, una pareja de norteamericanos se acercó y ellos pronunciaron unas palabras que jamás había escuchado.

—*¿Do you need some help?*

Los miré sobresaltada sin entender ni una palabra, pero inmediatamente mi madre rechazó la oferta con un tono amable en esa extraña e indescifrable lengua. No comprendía demasiado lo que estaba sucediendo, pero unos minutos después, mientras atravesábamos los pasillos del edificio, otros residentes nos saludaron con un inglés fluido que para mí no tenía ningún sentido. Me sentí incómoda, ¿qué significaban esas frases que saltaban por doquier sin que yo pudiera siquiera entenderlas? Nadie se molestaba en explicármelo. Aun así, intenté sobreponerme y me prometí que aquello sería algo nuevo y divertido que descubriría en poco tiempo.

Nuestro departamento se encontraba en el segundo piso. El edificio no contaba con más de diez familias; de ellas, dos eran de origen latinoamericano y por una extraña coincidencia, ambas se encontraban en el mismo piso. Nos topamos con ellos mientras subíamos las escaleras. Eran una pareja mexicana con una sonrisa enorme y un español repleto de regionalismos. Fue un alivio escuchar algunas palabras que lograba entender. Esos vecinos se convertirían en las últimas conexiones con mi lengua nativa durante un tiempo.

Al dejarlos atrás, penetramos en el umbral de nuestra morada. La primera impresión fue desconcertante. No pude evitar compararla con la casona de mis abuelos. De los dos mil metros cuadrados de aquella, el departamento de mis padres apenas contaba con setenta. Se distribuía en dos habitaciones con un baño en medio de ambas, una cocina empotrada y un salón comedor. Nada más, nada menos.

Al entrar, un breve pasillo alargado de tres metros de ancho por cuatro de largo conectaba a mano izquierda con el living-comedor. El suelo estaba cubierto en su totalidad por una alfombra blanca y las paredes estaban pintadas de un limpio color crema. Los muebles generaban una especie de equilibrio visual en una sala que parecía un enorme lienzo. El mobiliario no era abundante, se componía de algunas butacas de madera y sofás con estampados floreados. Mi padre los había alquilado en un programa que tenía la Universidad de California para sus profesores y, aunque tenían algunas imperfecciones, cumplían su cometido, a pesar de transmitir una atmósfera algo inestable de formas, texturas y colores.

En realidad, esa distribución revelaba algo fundamental, algo que aprendí muy rápido y eso era el concepto de lo funcional. Aquella idea parecía desbordarse no solo en el departamento, sino en el entorno. No importaba sacrificar la estética siempre que se ganara en acceso, comodidad y facilidad. De resto, lo importante era usar la imaginación.

Por ejemplo, mi padre encontraba en la sala una oficina fantástica a pesar de su estrechez. Cuando llegaba de trabajar, allí leía por largas horas y escribía viendo las calles de una ciudad que le costaba reconocer como suya. Por otro lado, mi madre utilizaba las paredes de la casa para calmar sus anhelos por exponer sus obras. Con ellas, brindaba al departamento toda la estética que los muebles no permitían. En aquel lugar veía su galería personal y la utilizaba para exhibir sus cuadros repletos de colores pasionales y líneas fuertes; también guardaba espacio para todos los grabados que estaba aprendiendo a hacer en su máster. Con el tiempo, no hubo lugar donde no hubiese alguna obra de María Luisa Señoret y a mí me parecía realmente fantástico.

Asimismo, los cuartos también eran modestos, pero sumamente cómodos, sobre todo el de mis padres. Su distribución era un tanto improvisada, pero representaban un espacio de reposo fantástico para mi madre, quien seguía con su manía de desparramar un puñado de libros sobre la cama y devorarlos hasta entrada la noche. A veces, nos permitía meternos con ella debajo de las sábanas, aunque entonces perdía la concentración por nuestras caricias y abrazos. Ella no era especialmente afectuosa, pero se dejaba querer. En algunas ocasiones también se permitía demostrar un poco de su cariño.

Por último, estaba nuestro lugar, el rincón más pequeño de la casa y el único en el que nos sentíamos realmente a gusto. Se ubicaba en el corredor de la entrada, en aquel pasillo angosto donde apenas podían avanzar dos personas a la vez. Allí, mis padres colocaron un baúl ancho y sobre él una especie de caja extraña compuesta por una carcasa de madera, un botón de cambios y una pantalla de poco más de diez pulgadas. Después de algunos pocos días descubrí que aquello era un televisor, y lo que despertaba en nosotros trascendía a las palabras.

Al encenderlo por primera vez, quedamos deslumbrados e hipnotizados. Las imágenes a blanco y negro se reemplazaban unas a otras sin nuestra intervención. Los programas avanzaban sin detenerse y cada uno era mejor que el anterior. En poco tiempo se volvió una potente droga: nos lanzábamos al suelo y durábamos horas tirados en la alfombra, consumiendo pasivamente las caricaturas sin molestar a nadie.

A nuestros padres, aquello les resultaba maravilloso.

Desde nuestra llegada a los Estados Unidos, mis padres se esforzaron por conseguirnos una escuela. Lamentablemente, no lo lograron hasta después de varias semanas. Entonces, como solía sucederles a las parejas jóvenes que se ven inmersas en esas situaciones, decidieron que nuestra mejor compañía debía ser la televisión. Lógicamente, no podían interrumpir sus rutinas laborales y académicas, por lo que, durante las mañanas y gran parte de las tardes, Octavio y yo nos quedábamos a cargo de la casa, acompañados exclusivamente por el sonido y las imágenes de la pantalla. No nos molestaba, nos acostábamos sobre la alfombra y dejábamos que nuestra mente se perdiera en las aventuras de *Felix the cat*, *Superman*, *I Dream of Jeannie* y *Mr. Ed*. Algunos programas no tenían diálogos, en general todo se transmitía a través de acciones rápidas que se sobreentendían de inmediato y cuando una fugaz palabra en inglés aparecía, podíamos asociarla con alguna idea.

Así fuimos aprendiendo nuestras primeras palabras en aquel idioma.

A veces pasábamos tanto tiempo frente al televisor que nuestros padres volvían por la tarde y ni siquiera habíamos comido. Mi madre se escandalizaba y de inmediato se hizo cargo de ello. Su meta fue convertirnos en seres independientes y responsables, así que se dio a la tarea de enseñarnos a hacer todo solos: levantarnos, bañarnos, vestirnos e incluso cocinarnos, nada escapaba de nuestro dominio.

No le resultó demasiado difícil, después de todo, si había una diferencia drástica entre Chile y los Estados Unidos, esa era que en el sur las labores del hogar se convertían en asuntos lentos y engorrosos, mientras que en el norte todo resultaba práctico y en exceso sencillo. Para bien o para mal, lo industrial dejaba sus huellas por doquier. El agua caliente abundaba y salía de una regadera; la ropa se lavaba en grandes máquinas que solo pedían un par de monedas, y los alimentos venían preparados en prácticas bandejas de aluminio. De hecho, cada vez que teníamos hambre, nos bastaba con ir hasta la cocina para encontrar lo que necesitábamos. De la nevera obteníamos enormes garrafones de leche que bebíamos directamente del envase; del congelador, extraíamos bolsas de patatas fritas y envases de una rica variedad de comidas preparadas que llevábamos al horno eléctrico y en cuestión de segundos salían humeantes y con olores que nos hacían salivar. Todo era práctico, sencillo, funcional; el tiempo valía mucho y la industria norteamericana se esforzaba por convertir los quehaceres del hogar en tareas tan fáciles y rápidas de hacer que hasta dos niños de siete y cinco años podían lograrlo.

Ya con la comida en mano, aseados, vestidos y bien despiertos, llegábamos al corredor, y mientras devorábamos las porciones, el mundo se volvía blanco y negro. Nuestra imaginación se amarraba a las imágenes que aparecían en ese fino vidrio que separaba la realidad del universo de las caricaturas. Octavio y yo éramos felices, quizás yo más por la independencia adquirida en tan poco tiempo. Le daba mucho valor a la confianza que me depositaban mis padres y mi autoestima estaba reforzada por ese nuevo estilo de vida que me otorgaba responsabilidades y beneficios. Había orden y una gran parte de él respondía a mi control. La vida parecía estar cambiando para mejor, pero pronto llegarían nuevos desafíos.

4

Al dormir todo extranjero regresa a su hogar.

Solo a través de los sueños puede volver a esa realidad enteramente suya donde el tiempo se congeló. Lo que revive es el ayer, el pasado, el mundo que dejó atrás. De golpe mira para adentro, hacia sus añoranzas: ¡extraña lo que cree perdido! Y en el proceso de recuperarlo, visita con ojos idealizados los recuerdos de un lugar que ya no existe. Lentamente van brotando las imágenes, vuelven los rostros amables, las risas de los amigos, las rutinas olvidadas; renacen los aromas de la ciudad, los ruidos de las calles, el sabor de la comida local; aparece el recuerdo de la vida que pudo ser, las personas que quedaron atrás, el futuro que nunca llegó...

Al dormir todo migrante regresa a su hogar; pero al despertar, el mundo se le viene encima.

La realidad le sabe a poco. Vive ciego por su nostalgia y evalúa su entorno a través de una comparación irracional con la tierra que dejó atrás. Se niega a enfrentar los cambios, es incapaz de encarar sus idealizaciones y actúa como si el mundo le debiera algo. Sin darse cuenta, va construyendo su propio aislamiento. De ahí nace su disconformidad. No avanza un paso sin buscar en todas partes el país de sus sueños, las raíces de su origen, el único lugar que considera su verdadera morada. Se aferra a todos los artificios que encuentra con tal de engañarse a sí mismo y ante la frustración de no sentirse parte de nada, solo reacciona corriendo hacia atrás, a la fantasía, a lo irreal, al recuerdo.

Al dormir todo extranjero recuerda su hogar, pero un día, al despertar, decide que es momento de construir uno nuevo.

Entonces, su nostalgia se convierte en referencia y no en necesidad. La realidad parece abrírsele de golpe y con ella surgen oportunidades ignoradas; se rompen las zonas de confort, se exploran las expresiones culturales y casi sin darse cuenta, las sombras se disipan y logra considerarse uno más entre el gentío. Ahora camina confiado, creyendo que el suelo que pisa le pertenece; disfruta los aromas, las risas y esas lenguas extrañas que cada vez le resultan más familiares. Poco a poco su mundo se ensancha y los cambios traen consigo la posibilidad de ser feliz en una nueva realidad. Y aunque los recuerdos del ayer siguen íntegros, la decisión de construir algo diferente se impone.

Así muere el emigrante y nace el ciudadano.

...

Cuando llegué a los Estados Unidos no sabía lo que significa ser forastera en un país extraño. No tenía forma de saberlo, en Chile no conocía más que el mundo de mis abuelos en Paula Jaraquemada, y en Norteamérica, mientras estuve dentro de los bordes de la Calle Centinela, me mantuve exenta de discriminaciones y ambientes que me hicieran sentir fuera de lugar. Aun así, los cambios estaban en todas partes y sus consecuencias aparecían todos los días. Y aunque la televisión brindaba incentivos convincentes para evitarme la penosa tarea de pensar en ello, en el fondo deseaba enfrentarlos. No hay mayor temor que el que se aguarda y yo nunca fui una persona de postrarse ante la llegada del destino. Poseía iniciativa y cada día que pasaba lo entendía como una posibilidad de aprendizaje.

Por supuesto, este era un proceso inconsciente, pero constantemente me descubría tratando de entender aquellas palabras en inglés que tanto miedo me daban. Luchaba por mantener mis sentidos alerta ante lo desconocido. Mi mundo se estaba llenando de códigos que no alcanzaba a comprender, pero tampoco me iba a detener a esperar a que alguien me los explicara.

Luego de unas semanas, mis padres lograron inscribirnos en una escuela primaria. No era la que deseaban para nosotros y se reprochaban constantemente que el Estado nos asignara a una institución pública solo por no estar domiciliados al otro lado de la calle. La distribución y los cupos en las instituciones era un asunto engorroso, causante de grandes discusiones estériles. Mientras ellos se sumergían en esos temas, nosotros nos resignábamos lentamente: había llegado el momento de despedirnos de la televisión. No sabíamos qué nos esperaba ni con qué íbamos a sustituirla, pero la idea de interactuar con el exterior nos dejaba intranquilos, especialmente a mi hermano. Desde este punto, Octavio y yo empezamos a enfrentar la realidad de formas muy diferentes y mientras más convivíamos con el entorno, con mayor fuerza surgieron nuestras personalidades.

Durante los primeros días del mes, recorrimos diferentes tiendas en búsqueda de material escolar y ropa nueva. Duramos un día completo;

conseguimos cuadernos, lápices, colores y tantos otros objetos que me resultaban extraordinarios. Constantemente me imaginaba lo que haría con ellos y me alegraba la idea de poder utilizarlos con libertad. ¡Estaba ansiosa por aprender! Recordaba los días con mi abuelo y me llenaba de un entusiasmo que se batía en duelo con mis pequeñas inseguridades.

Ese mismo día, también paseamos en automóvil por la costa, mientras mis padres trataban de construir un horario que les permitiera renunciar a la menor cantidad de tiempo posible. Eso era lo más difícil. María Luisa estudiaba su Máster en el Otis Art Institute por las mañanas y muchas veces sus clases se extendían hasta la tarde. Al salir, con regularidad visitaba museos, exploraba galerías, socializaba con el mundo artístico de la ciudad o se marchaba a cualquier espacio tranquilo a realizar sus grabados y pinturas.

En el caso de Enrique, el tiempo no andaba mucho mejor. Daba clases por las tardes y siempre llegaba a su oficina antes del mediodía. Ahí pasaba un buen puñado de horas frente a su máquina de escribir, confeccionando cientos de cartas que iban a parar principalmente a Chile, pero también allá donde estuviesen los miembros de la generación del cincuenta. Se escribía con tantas personalidades que debía dedicarle un espacio de su agenda todos los días o corría el riesgo de perderse los mejores acontecimientos, intrigas y querellas literarias del sur; por no mencionar los proyectos de sus amigos. Cuando dejaba de teclear, con los dedos algo acalambrados, se marchaba a dictar sus clases en la Universidad de California en Los Ángeles (UCLA). Al salir de estas, muchas veces se rezagaba en ese ambiente universitario que tanto lo hechizaba.

Así las cosas, ninguno quería alterar sus rutinas. Bajo ningún concepto estaban preparados para perder la poca vida social que se podían permitir en un país que no era el suyo.

—Ya llegará la solución, linda. De momento, debemos preocuparnos por cambiarlos de colegio.

Con esas palabras llegó el primer día de clases.

Era cuatro de octubre, los rayos de un sol naranja entraban por los cristales de la sala, como bautizando el inicio de algo nuevo. Vestirnos siempre resultaba una prueba de velocidad, el tiempo nos jugaba en contra por alguna razón y muchas veces nos dejábamos algún calcetín sin colocar. En otras ocasiones, usábamos la misma ropa arrugada dos veces sin advertirlo o nos calzábamos zapatos diferentes en cada pie. Mi madre no se percataba de ello y en más de una ocasión le llamaron la atención. Ella se apenaba, pero no podía evitarlo, tenía conflictos propios que había arrastrado toda su vida sin saberlo. Su crianza había sido muy diferente; nunca se imaginó a sí misma vistiendo, cocinando y atendiendo a sus hijos. Estaba acostumbrada a que otros hicieran las tareas del hogar por ella y eso nos incluía a nosotros. Su vida entera transcurrió en un mundo de cristal donde se delegaban los quehaceres a otras personas y aunque estaba abierta a los cambios y sobrellevaba su nueva realidad con entereza, seguía teniendo grandes fallos en muchos aspectos.

A pesar de ello, se notaba que en su esfuerzo por educarnos y atendernos se escondía un afecto genuino que expresaba a través de modestos detalles. Por ejemplo, se involucraba en nuestra formación académica, nos preguntaba constantemente por las clases que cursábamos y nos relataba sus diferentes percepciones del arte, la historia y la religión. También se esmeraba por prepararnos recetas deliciosas para cenar y, a veces, nos hacía acompañarla hasta sus modistas para enseñarnos a combinar colores y texturas. De alguna manera, esos pequeños gestos hablaban con mucha fuerza.

Con el tiempo descubrí que mi madre expresaba su amor por dos vías concretas: la estética y los valores. La primera correspondía a nuestra formación respecto a cómo proyectarnos frente al resto de las personas. Eso involucraba desde cómo vestirnos hasta la manera en que debíamos comer en la mesa. Por otro lado, los valores respondían a la manera en la cual debíamos entender nuestra propia realidad. Generalmente nos enseñaba a evitar las pretensiones, los sentimientos falsos y las actitudes artificiales. Estas eran, apenas, algunas de las áreas que abordaba, pero a lo largo de mi infancia llegó a tocar cientos de temáticas realmente interesantes que de muchas maneras distintas moldearon la persona en la que me convertí.

Así, a pesar de que mi madre no estaba acostumbrada a dedicarse a otras personas, se esmeró en compartir con nosotros aquellos detalles que le resultaban fundamentales en la vida. Para ella, valíamos ese sacrificio, y aunque no podía cederle a otra persona esa responsabilidad, lo hacía por un verdadero interés. Deseaba cumplir el ideal de una buena madre, pero ni ella misma lograba comprender la magnitud de aquello. La ausencia de su figura materna a temprana edad la rondaba y le hacía dudar hasta de la última de sus acciones. Era consciente de que no pretendía ser un modelo a seguir, tampoco se vanagloriaba de ser excepcional; simplemente se contentaba con ser suficiente, con ser útil y darnos lo mejor de sí misma.

Para su sorpresa, responsabilizarse por nosotros en asuntos tan mundanos le abría una puerta a un amor que nunca recibió, pero que ahora podía entregar sin restricciones. De golpe, descubrió en sus dos pequeños hijos un par de espejos en donde sus acciones y enseñanzas se reflejaban a través de las nuestras. Así, con cada decisión acertada, nuestras vidas mejoraban y por primera vez en mucho tiempo se sintió capaz de influir positivamente en nuestra vida.

Ese hecho era sumamente curioso, su influencia me alcanzaba incluso en situaciones que ni ella misma alcanzaba a advertir. Cada mañana descubríamos que, por encima de todas las cosas, mi madre siempre demostró ser una mujer moderna y dispuesta a romper todos los estereotipos con los que se cruzara. Ella nos llevaba al colegio en el auto de mi padre, tenía licencia y sabía maniobrar el automóvil de formas extraordinarias. Al igual que su esposo, conducía con un cigarrillo entre los dedos que siempre dejaba manchado de labial en el filtro; también mantenía la ventanilla del copiloto abierta y por ella los hombres la miraban asombrados y divertidos. Mi madre no le prestaba atención nunca y se contentaba con lograr que aquellas miradas fugaces llegaran a los bares. Así, cuando estuviesen rodeados de otros hombres, parlotearían acerca de una mujer que conducía. Solo por mencionarla la harían real. Sin darse cuenta, normalizarían ese hecho. Entonces, con el tiempo, otros patanes descubrirían que existían muchas María Luisas Señoret por la vida.

La personalidad de mi madre me resultaba sumamente interesante y en poco tiempo se convirtió en una referencia de lo que podía llegar a ser una mujer. Esto relucía incluso con mayor fuerza cuando la comparaba con otras madres cada vez que nos dejaba en la puerta del colegio. En esos momentos, yo me sentía representada y orgullosa. Su presencia capturaba la atención de forma instantánea y frente al resto de mujeres, ninguna la alcanzaba. No era cuestión de competir ni de comparar, pero María Luisa poseía una capacidad extraordinaria para lo estético. Aquello le venía como herencia no solo de su madre, sino de la ardua convivencia con tres hermanas que sobresalían por cientos de atractivos. En medio de esa batalla de egos y belleza, María Luisa hizo de la ropa su arma. Sabía combinarla de maneras extraordinarias, no solo en colores y texturas, sino en costuras y estilos. Generalmente, no se ceñía a lo popular, más bien, frecuentaba su cartera de modistas y diseñadores para confeccionar sus propias creaciones, las cuales iban mezcladas con accesorios autóctonos de Chile, Perú, México y Argentina. Aquello era una pasión intensa para ella. Creía en el oculto arte de la estética al vestir bien y se tomaba con mucha dedicación la labor de secuestrar miradas.

Al verla relucir entre todas las madres, encontraba respuesta a lo que no alcancé a descifrar la primera vez que la vi en el aeropuerto de Ciudad de México. María Luisa Señoret lograba diferenciarse por muchas razones, pero la más poderosa de ellas estaba en su eterna rebeldía a los cánones del mundo de los hombres. Por eso usaba pantalones a pesar de ser mal visto; por eso había cortado su larga cabellera hasta alcanzar el estilo de Audrey Hepburn; por eso se esforzaba por lucir extraordinaria, ¡quería ser vista! Pero no con la intención de ser admirada o deseada, sino la necesidad de personificar la imagen de mujer libre e independiente. «¡Existimos!», lo gritaba en cada paso. No importaba dónde estuviera, fuese en los Estados Unidos, en Francia o en

Chile, siempre era fiel a sí misma; dueña de su cuerpo, de su rostro, de su pasión y sus artes.

En suma, María Luisa era una mujer asombrosa y también era mi madre.

Cuando llegamos al colegio aquella mañana, a un margen de la entrada había una roca rectangular y olvidada en medio del césped que llevaba grabadas sendas letras blancas sobre un fondo azul, estas anunciaban la existencia de la *Elementary School*. Desde la distancia ya se podía vislumbrar la magnitud de aquella escuela. La inmensidad del espacio fue encogiendo al Corvair y cuando llegó la hora de despedirnos, Octavio tenía un rostro marcado por una absoluta negación. En mi caso, un intenso miedo me subía por la garganta, congelaba mis manos a pesar del sol de verano, me hacía sentir el estómago revuelto y las dudas colisionaban insistentemente en mi cabeza. Temía bajar del automóvil, pero debía dar el ejemplo. Mi hermano me miraba, como esperando mi decisión. Mi madre ya se había despedido y esperaba impaciente el momento de pisar el acelerador.

Nos bajamos. Y el auto se fue, sin nosotros.

Tomé a Octavio de la mano y avancé hacia el interior. Cada paso hacía tambalear mis pensamientos. Primero un pie y luego otro. Y al avanzar, me cuestionaba. ¿Cómo serían mis compañeros de clase? Y daba otro paso. ¿Los profesores entenderían mi idioma? Y otro más. ¿Sería capaz de comunicarme con alguien? Y ya entonces me faltaba el aliento. Las emociones llegaban de golpe, una tras otras, felicidad, excitación, miedo, euforia, pánico, todo se mezclaba en mi interior y prometía desbordarme de un momento a otro. Pero entonces apareció esa capacidad de autocontrol impropia de una niña de siete años. Una voz en mi cabeza me obligó a mantenerme calmada y a seguir firme, mostrándome segura para Octavio y convenciéndome de seguir adelante, dispuesta a enfrentarme a lo desconocido, preparada para aprovechar la oportunidad de conocer un mundo nuevo. Tenía plena confianza en mí misma y sabía que de alguna manera solventaría las adversidades. Solo eso necesitaba.

Sin embargo, el interior del colegio me hizo cuestionar seriamente mi determinación. El primer impacto me transportó, curiosamente, el hogar que había dejado atrás, a Chile. Volví a las calles de la Av. Larraín en Paula Jaraquemada y a la primera impresión que tuve de la escuelita del barrio. Recordé el salón único que compartía con niños de edades dispersas; el aula improvisada y hasta cierto punto precaria, sus profesoras tranquilas y ocupadas al máximo… ¿Cómo podía ser ese recuerdo del ayer tan drásticamente opuesto a lo que estaba frente a mí?

La *Elementary School* sobrepasaba cualquier lugar que yo hubiese conocido. Sus proporciones eran impresionantes. Al ingresar daba la sensación de estar en medio de una enorme fábrica que, lejos de ensamblar objetos y maquinaria, producía niños. Los había a mares, por todas partes, en todos los rincones, de distintos colores, tamaños y formas. A diario asistían cerca de mil y esa mañana los formaron a todos alrededor de los espacios del colegio. Mi hermano y yo estábamos abrumados ante tantos rostros diferentes. Por instinto, nos encogimos como dos seres minúsculos, a la espera de lo que debía suceder. Entonces izaron la bandera, todo quedó en silencio, y súbitamente las voces se atropellaron en su intento de volverse sonido.

I pledge allegiance to the Flag of the
United States of America...

Las palabras se elevaban al cielo; cientos de gargantas pronunciaban una única entonación, una misma plegaria, un solo sentimiento. Centenares de pulmones y labios recitaban frases que no entendía, que no podía pronunciar, que ni siquiera alcanzaba a descifrar.

...and to the Republic for which it stands,
one nation under God,

No me atrevía a hacer ningún movimiento. Octavio estaba petrificado, temeroso y con un poderoso deseo de llorar. Las palabras seguían como un aguacero en aquel día donde el sol nacía con toda la furia de octubre. Nada podía detenerlos, eran un ejército perfectamente entrenado para cumplir su misión y nosotros solo podíamos esperar a que todo terminara.

...with liberty, and justice for all.

Las voces cesaron, pero ni así obtuvimos un segundo de paz. Los niños se fueron esparciendo por aquella fábrica educativa, hija de la revolución industrial, y en un abrir y cerrar de ojos las maestras me separaron de mi hermano. La extracción fue rápida, simple, indolora. Aquellas mujeres no imaginaban que estaban separando dos vidas que durante más de cinco años habían sido una misma. En un instante me sentí completamente sola, desprovista de toda atadura al mundo que conocía. Era incapaz de enfrentarme a la corriente. La verdad es que tampoco quería oponerme. Me dejé llevar dócilmente hasta el salón, sin mirar atrás. Atravesamos pasillos con paredes de ladrillo y otras con tonos grises y beige. Pasamos por campos deportivos con su césped y sus áreas verdes. Escuchamos el bullicio de risas y voces de los niños en los salones y al final entramos a nuestra aula.

A mitad de la mañana, todos mis temores estaban confirmados.

Las clases se dictaban en inglés. Nadie hablaba español y, por consecuencia, no podía comunicarme con mis compañeros. No tenía a mi hermano y en cambio, ocupaba un puesto en medio de una mesa alargada de madera junto a otros siete niños. El salón era espacioso, al menos cabíamos cerca de veintiocho alumnos desplegados en diferentes mesas, todas con dirección a la pizarra verde que las maestras iban pintando con tiza blanca. Mi único papel en aquel universo extraño en el que me encontraba era quedarme quieta, estática, invisible; todo lo contrario, a lo que demandaba mi personalidad enérgica y deseosa de participar y aprender. El ambiente me coaccionaba y por esa extraña conducta humana que tan bien descifra la sociología y la antropología, adopté el mecanismo de defensa que le resulta más útil a todo extranjero: la aceptación y la transformación.

¿No podía entender lo que decían las profesoras? Entonces imitaría la conducta y las acciones de mis compañeros. Si ellos coloreaban, yo también. Si se levantaban, les seguía. Si hablaban, movía los labios tratando de hacer los mismos sonidos. Me propuse pasar inadvertida a voluntad, como una meta consciente y poco a poco fue dándome resultados. Progresivamente fui aprendiendo, descorriendo el velo de aquel lenguaje tosco que pronto se transformó en inglés. Como si fuesen los viejos problemas matemáticos que resolvía junto a mi abuelo, las palabras empezaron a tener sentido; conecté imágenes con ideas, ideas con letras y luego empecé a pronunciar el idioma que antes temía. Me volví una con mi entorno, no esperaba nada ni pretendía darle algo más que mi energía absoluta para no existir. Quería adaptarme y me adapté. Permití que el conocimiento llegara por medio de las formas más misteriosas y con él recibí un pequeño bocado de la cultura norteamericana. Nadie tenía una sola queja de mí, ni siquiera conocían mi nombre, pero yo, en cambio, lo conocía todo. Ningún detalle pasaba desapercibido. Extraía la médula de mi ambiente y lo transformaba en mis mejores herramientas para fundirme con el resto de los niños.

Estaba logrando mis objetivos, pero Octavio… Octavio era otro caso.

En su interior, algo no terminaba de encajar. No hallaba razón alguna para aceptar las exigencias de un nuevo país. ¡Bastante le había costado aprender lo que ya sabía como para tener que adaptarse a una realidad que le cambiaba todas las preguntas! Justo por eso, su negación se fue transformando en abierta rebeldía y no tardó más que unas horas en demostrar que sería un niño difícil de subyugar.

Al no entender lo que decían sus maestras, se aburría. Con frecuencia deambulaba por el salón, cogía los objetos que encontraba a su paso y les daba usos variados y escandalosos que despertaban reprimendas y regaños, a los que se mantenía indiferente; después de todo, no los entendía.

Cuando sus maestras lo llamaban, pronunciaban su nombre latino esforzándose por acercarse al original, pero su pronunciación en inglés deformaba la «O» y la «A» hasta conformar un nombre que a oídos de mi hermano sonaba a «Ouastediou». Por supuesto, él no se identificaba con aquel nombre y cuando lo increpaban físicamente —porque era la única manera de que entendiera que se dirigían a él—, gritaba en el más perfecto español: *«OCTAVIO, OCTAVIO ¡Ese es mi nombre!»*

Hasta ese punto estaba disociado del lugar en el que se encontraba.

Aquellos problemas derivaron en un enorme desinterés. Mi hermano no prestaba atención, intentaba escaparse del aula y con bastante regularidad se sumergía en un llanto débil que mezclaba su miedo por sentirse completamente solo con una genuina frustración. Su dislexia diagnosticada por especialistas estadounidenses tampoco ayudaba, su tartamudeo se mantenía firme y le entorpecía cualquier aprendizaje. Además, era incapaz de entender o interactuar con su entorno y eso lo empujaba a actuar de formas incomprensibles. Jamás fue consciente de lo que hacía, tampoco podía darle freno a sus sentimientos. Lo desbordaban. Eran más fuertes que él y al ser un niño temeroso, acostumbrado a estar bajo la protección de su hermana mayor, lo único que entendía era que debía defenderse y aferrarse con todas sus fuerzas a la vaga identidad que rugía en su interior.

Así se fue labrando una serie de castigos que terminaban en la oficina de la directora, una mujer robusta, alta, con anteojos gruesos de marco negro y una expresión tan severa que despertaba el llanto de los niños sin siquiera abrir la boca. Con regularidad me llevaban hasta allá para consolarlo, conmigo se calmaba, volvía a sentirse protegido. Yo era su conexión con el hogar. Quizás en el hecho de separarnos estaba la raíz de su conducta, con total seguridad hubiese logrado controlarlo, pero, por el beneficio de su futuro, nadie contempló la posibilidad. Después de todo, Octavio no podía pasarse la vida dependiendo de alguien que lo protegiera.

Paradójicamente, los problemas de mi hermano eran fácilmente extrapolables a mis padres, específicamente a Enrique. Aunque había sido su idea dejar Chile para vivir su propio sueño americano y, a la par, nutrirse de literatura, relaciones y fondos económicos, padecía una actitud octaviana al relacionarse con su entorno. Claro, él era un adulto y sabía disimularlo mucho mejor que mi hermano; sin embargo, debajo de su gélida amabilidad, se escondía un anhelo, un desespero que, sospecho, ni él mismo entendía. No era consciente de sus heridas. Estaba enfermo de una necesidad que trascendía al verbo e incluso a su propia percepción de la realidad. Esto lo llevaba constantemente a entrar en conflictos con un país que lo hacía sentir —por momentos— desconectado y fuera de lugar.

Precisamente esas sensaciones sin nombre —que bien podrían llamarse los dolores del migrante— lo empujaban a buscar su hogar en todos los rincones. Se esforzaba por coincidir con rostros conocidos y regados en las diferentes universidades del estado. Así empezó a frecuentar a Fernando Alegría, Manuel Rojas, Othón Castillo, Walter Starkie y tantos otros colegas y escritores que lo mantenían conectado con el ambiente intelectual que creía tan lejanos. Al compartir con ellos, entre whisky, vino y cigarrillos, se congraciaba consigo mismo, pero, más que eso, también encontraba un espacio para expresar sus dolencias, como, por ejemplo, el repudio a la comida industrializada de Los Ángeles. Cada día se cerraba más a los platillos locales y, a la par, crecía su esmero por conseguir los alimentos que le permitieran traer los sabores del sur a su vida californiana. No le importaba recorrer cientos de kilómetros por la ciudad con tal de obtener un pan fresco o cualquier ingrediente que lo regresaran a Santiago una vez más.

Al verlo inmerso en sus viacrucis, cualquiera podría decir que simplemente tenía costumbres y tradiciones demasiado arraigadas, difíciles de cambiar para un adulto de treinta y cuatro años; sin embargo, estas trascendían lo mundano y se incorporaban en el propio ejercicio de su profesión. Enrique estaba disconforme con su vida como profesor. Le gustaba transmitir el conocimiento, tener influencia en sus alumnos, explicar con desbordada pasión e intenso cariño la literatura latinoamericana que con tanto fervor empezaba a consumirse en los Estados Unidos, pero cuando llegaba el momento de corregir exámenes y trabajos, todo se desmoronaba. Detestaba esa parte de la labor, escapaba de ella hasta el último minuto, aunque tarde o temprano aceptaba que debía enfrentarla. Él lidiaba como mejor podía con esas frustraciones. Con regularidad se repetía que lo más importante en aquel país era la constante búsqueda de una economía saludable. El dinero era fundamental, con él podía pagar la libertad necesaria para escribir sin más presiones ni ataduras que las de sus personajes e ideas. Lamentablemente, el tiempo también parecía evaporársele bajo el implacable sol de California, no tenía suficientes horas para volcarse en la escritura y eso a veces lo amargaba.

Al sumar las señales, se alcanzaba a ver una imagen borrosa que delataba un creciente padecimiento. Enrique estaba algo disconforme con su entorno y, además, sentía nostalgia por lo que creía haber dejado atrás. Aunque no era capaz de interiorizarlo, sus acciones hablaban con mayor fuerza que sus palabras. Nunca demostró abiertamente que tales sentimientos existieran, pero ahora, con los ojos que el tiempo me han obsequiado, puedo comprender que su actitud siempre estuvo amarrada a esos pesares.

No hubo un solo día desde su llegada a los Estados Unidos en el que no estuviese tratando de escaparse al sur. Por más bienes materiales que consiguiera, el norte no terminaba de calar en él como lo hacían los recuerdos de aquellos años en la Universidad de Chile, el Parque Forestal y la bohemia intelectual de la ciudad. Con frecuencia intentaba encapsular esos espacios por medio de las cartas. A través del papel y las palabras se dirigía a sus amigos e iba tejiendo hilos invisibles alrededor del porvenir no solo de sus colegas de la generación del cincuenta, sino también de los nuevos escritores que ingresaban a la escena literaria.

Enrique idealizaba el pasado y por eso mismo se involucraba más allá de lo que se esperaba de él. Con frecuencia adoptaba el papel de editor por correspondencia para sus más íntimos amigos y se vestía con el rol de curador para diferentes editoriales. Luchaba con toda su alma por estar al día con los acontecimientos en Santiago y trataba de relacionar entre sí a cada una de sus amistades. Desde la distancia construía caminos y lo hacía porque, en el fondo, no quería quedarse atrás. Aborrecía la idea de ser olvidado por aquellos en quienes depositaba, de alguna manera, su propio futuro. Además, por encima de todas las cosas, Enrique no toleraba sentirse desplazado, distante y lejano de la que consideraba una de sus más grandes creaciones: La *Antología del nuevo cuento chileno*. Los rostros que integraban la generación del cincuenta volvían recurrentemente hasta él, bañaban sus sueños y lo dotaban de la energía necesaria para seguir defendiendo el nombre que habían construido de todas esas voces mordaces y detractoras que llenaban los periódicos con tablones de críticas.

Por eso pasaba tantas horas frente a la máquina de escribir. A veces dedicaba la misma cantidad de horas a responder a sus amigos y contactos que las empleadas en sus novelas o, incluso, las que destinaba para dictar clases. Vivía como Apolo, lanzando sus flechas cargadas de sátira y elocuencia, hiriendo de lejos, desde la distancia, y no podía dejar de sentir que las brisas del norte desviaban sus cartas, extraviaban su correspondencia y retrasaban las noticias que día tras día se convertían en el único anhelo al entrar en su oficina.

Mi padre anhelaba su vida en el sur. Estiraba sus días convenciéndose de que cada semana era un ingreso adicional que le permitiría alcanzar sus metas. Se cegaba ante el mundo que tenía entre la tinta, el papel y su memoria. Con el recuerdo renacía y con el recuerdo construyó su propia prisión. Y al estar inmerso entre barrotes invisibles, dejó escapar las oportunidades que California le brindaba.

En ese mismo año y lugar, se encontraban algunas de las mentes más prodigiosas de la literatura de la época. UCLA, Berkeley, USC todas ellas constituían vehículos para acceder a una amplia cartera de escritores prodigiosos que en ese instante dictaban sus enseñanzas en los Estados Unidos. Enrique pudo haber creado vínculos sólidos con muchos de ellos, quizás, incluso, hubiese logrado construir una nueva red de intelectuales mucho más internacional, adaptada al nuevo contexto en el que se encontraba. Las oportunidades estaban allí. No eran mejores o peores, solo posibilidades que se desvanecieron con el tiempo sin que nadie las atendiera. Enrique poseía la inteligencia y la energía social como para capitalizar su entorno, pero por alguna razón decidió no hacerlo.

Al observarlo desde la distancia, no puedo dejar de maravillarme con todo lo que se ocultaba en sus acciones, todo lo que dejó de lado, todo lo que pudo ser y no fue por su irremediable amor a Chile y la inevitable querencia por su gente y su ciudad.

Enrique estaba enfermo de nostalgia y por más que durmió y soñó en aquellas tierras de sol, mar y sal, nunca se despertó con el deseo de convertir a California en su hogar.

5

—*You should consider taking him out of school.* —La voz de la directora siempre estuvo cargada de una falsa condescendencia—, *after all he is not six years old. And obviously not mature enough to adapt.*[1]

Con esas palabras y una sonrisa de despedida, terminó nuestra educación a manos de la *Elementary School.* Duramos solo tres semanas.

Para entonces, Los Ángeles vivía con fervor la llegada del *Halloween.* Por un momento, Octavio sintió que los colores, los disfraces y tantos otros elementos que adornaban vitrinas, escaparates, casas y edificios estaban ligados a su cumpleaños. Él estaba radiante, por fin era libre de la presión del colegio y ahora podía relajarse otra vez frente al televisor a ver Superman, su programa favorito, mientras mis padres luchaban por conseguir que una nueva institución nos aceptara.

Sin mucha espera llegó su cumpleaños, el treinta y uno de octubre. Mis padres decidieron sumergirse en las festividades locales y nos pintaron un mundo maravilloso en el que con solo disfrazarse se podía conseguir bolsas repletas de chocolates. Eso creó una gran impaciencia en nosotros. ¡Nos moríamos por descubrir que aquello era cierto! La promesa de poseer tantos dulces era sumamente tentadora.

Entonces llegó la noche de aquel martes. Octavio tenía un disfraz de superhéroe y yo estaba ataviada de una diadema y un vestido de colores pasteles que me daba aires de una pequeña princesa. Mis padres se preparaban para salir, la ventana de la sala estaba completamente abierta, la oscuridad de la noche teñía el cielo y entonces mi hermano tuvo una idea que consideró

---

[1] La edad de escolarización era a partir de los seis años y no tenían la obligación de escolarizarlo.

fantástica. Se subió al sofá y tomó posición para hacer su gran hazaña: se iba a lanzar por la ventana para tener su primer vuelo, como Superman.

La directora no estaba equivocada, a Octavio le costaba conectar con la realidad.

Por supuesto, aquella acción no era inesperada. La televisión mostraba un universo totalmente nuevo al que nunca habíamos tenido acceso. En cuestión de segundos, la experiencia se volvía inmersiva y emulaba de tal manera la realidad que incluso llegaba a reemplazarla. A nuestros ojos, no había ninguna razón para dudar de las imágenes que nos brindaba la pantalla. Aquello existía y, por extensión, debía de ser real. Así lo entendíamos ambos, por eso en la mente de mi hermano era absolutamente lógico que, al creerse portador del traje de su ídolo, tenía la capacidad para volar. Decidido a emular lo que con tanta pasión disfrutaba en la televisión, estaba preparado para hacer su gran salto hacia el vacío.

Por suerte mi madre lo detuvo.

Mi padre tuvo una larga charla con nosotros para explicarnos por qué la televisión era una realidad irreal y ficcionada. Octavio se llevó una gran decepción al enterarse, pero se recuperó luego de regresar con cientos de golosinas. Sin embargo, eso no ocultaba lo ocurrido. Mi hermano les empezaba a generar grandes dolores de cabeza a mis padres; pero yo tampoco estaba libre de problemas. Mi característica frialdad y excepcional capacidad para ser obediente y pasar desapercibida tampoco les resultaba favorable.

Pocos días después, durante la primera semana de noviembre, mi madre decidió llevarnos a un supermercado de la avenida, a unas pocas calles de nuestro departamento. Por todas partes ya se anunciaba la navidad con sus luces, guirnaldas y pinos decorados. El lugar era enorme, repleto de estantes, productos y marcas. Antes de ponerse en marcha con su carrito de compra, consideró que era una buena idea dejarnos en el pasillo de juguetes mientras se encargaba de completar su lista del mercado. ¡Craso error!

Nos tumbamos en un área de niños que, por alguna razón, estaba llena de juguetes en cajas que nadie se molestó en evitar que abriéramos. Nos sumergimos en el mundo de la imaginación construyendo historias y aventuras por lo que se sintió como una eternidad. De golpe, sin motivo ni explicación, deduje que había transcurrido mucho tiempo y debíamos buscar a nuestra madre. Cogí a Octavio de la mano y empezamos a buscar por todas partes. La tarea no era sencilla, los pasillos eran alargados y estaban repletos de adultos. Tras recorrer el supermercado entero, me di por vencida; no obstante, mi mente detectó la única respuesta que encajaba: ¡seguro se fue a casa! Con esa idea en la cabeza, salí con mi hermano a la calle, atravesé la avenida, me guie por los lugares que me resultaban familiares y llegué hasta nuestro departamento. Al tocar la puerta marrón del segundo piso, nadie abrió.

A esa hora, mi madre estaba al borde del llanto en el supermercado, llamando a la policía.

En mi familia todos teníamos algunas conductas y acciones que siempre hablaron más que las propias palabras. ¿Cómo podía ser que una niña de siete años decidiera que la única lógica era salir a la ciudad para volver a su casa? Mis razonamientos estaban cargados de un pragmatismo peligroso. Nunca dudaba de mis actos ni de mi intuición, seguía mi voluntad y no reparaba en las consecuencias. Lo peor de todo era que nadie me hubiese creído capaz de eso. Mis mecanismos para no llamar la atención mutaron en una habilidad excepcional para no revelar mis emociones. Así, conforme fui creciendo, me convertí en un enigma, alguien difícil de leer y, por supuesto, de predecir.

Los vecinos nos encontraron. Estuvimos en su departamento mientras regresaba mi madre con los agentes de seguridad.

Fue un día doloroso para ella.

...

En noviembre consiguieron que nos aceptaran en el UCLA Lab School. Se trataba de un colegio experimental realmente interesado en traer niños exóticos de diferentes culturas y países a sus aulas. Estaba ubicado dentro de la universidad de mi padre y se parecía más a la escuelita de Paula Jaraquemada que a la fábrica educativa en la que habíamos estado antes. La sensación era extraña, como si el espacio se hubiese encogido y todos los colores opacos adquirieran los tonos vivos de la primavera. Las aulas apenas ocupaban un lugar de llegada por las mañanas, no eran relevantes, puesto que la verdadera educación ocurría afuera, en los jardines y las áreas verdes de la escuela. Aprendíamos bajo el sol, mirando el vasto cielo azul, disfrutando del olor de la tierra y el césped mojado, refugiados en la sombra de los árboles.

El método educativo era drásticamente opuesto a cualquier escuela común. En lugar de asignaturas, nos enlistábamos en proyectos; los lápices y cuadernos quedaron relegados al olvido y fueron reemplazados por el tacto de nuestras manos. Las sesiones de aprendizaje se dictaban con pocos términos y muchas instrucciones, y al menos una vez cada dos semanas visitábamos los museos más variados de la ciudad. Por si eso fuera poco, teníamos la más absoluta libertad para suscribirnos en los proyectos que secuestraran nuestra atención. A los niños nos suministraban no solo una voz que era escuchada, sino que contábamos con una cartera de opciones muy variada, repleta de programas que se ajustaban más a nuestras curiosidades que a un contenido predefinido y estandarizado.

Sin duda, aquella metodología mutable rallaba de inusual. ¿Cómo podía un niño decidir o entender siquiera lo que estaba escogiendo? La mayoría apenas entendíamos lo que nos decían nuestras maestras. A pesar de ello, las elecciones resultaban acertadas. Cada proyecto se orientaba al desarrollo de distintas habilidades cognitivas y vivenciales. La distribución estimulaba la formación de las aptitudes innatas de todos los involucrados, quienes compartían una vaga idea de lo que deseaban y trabajaban en equipo para lograrlo. El aprendizaje se obtenía a través del contacto, la comunicación, la repetición y la imitación.

Particularmente, yo estaba más confundida por la cantidad de posibilidades que por una incapacidad real para entender las opciones. No obstante, luego de una detenida observación, me decanté por el proyecto de la cultura de los navajos. No recuerdo qué me empujó a esa decisión, pero nunca me arrepentí de ella.

A través de mi elección, me reconecté con esa herencia de mis abuelos alrededor del arduo trabajo en la tierra. Me encantaba usar mis manos, sentir mis dedos en movimiento y mi atención fija en una sola tarea hasta completarla. Mi mente volaba a otra parte mientras el tacto de mis palmas hablaba el lenguaje originario, el idioma primogénito, la palabra a través de la acción. Poco a poco fuimos aprendiendo a cultivar el tan preciado maíz y a transformarlo en harina y tortillas. Teñimos telas de colores chillones, cosimos ropa y manteles, y tejimos en telares algunas de las prendas más bonitas que había visto. Construimos los característicos *tipis* de los navajos con pieles gruesas y oscuras para luego meternos dentro, a modo de acampada, en una aventura imaginativa guiada por nuestras maestras. Así fuimos imitando y conociendo una cultura antiquísima que para mí no significaba nada, pero que, con el tiempo y el trabajo, la fui apreciando y entendiendo hasta hacerla mía.

En el caso de mi hermano, al llegar no hubo ninguna mejoría. Su corazón aventurero rugía incluso con mayor intensidad y sus violentos latidos lo llevaban a escalar árboles, encaramarse a los techos de los salones y a suscribirse al caos de la desobediencia. Sin embargo, la libertad de la educación experimental no discriminaba a nadie y aunque siempre rompía las normas, la escuela le permitió expresarse y descubrirse a sí mismo.

Así nació el proyecto de los triciclos y los paseos, fundado por Octavio Lafourcade. A diario paseaba por todos los jardines; conducía a buena velocidad y la brisa y el sol se esforzaban por alcanzarlo. En cuestión de semanas, otros niños se sumaron a su equipo y rápidamente consiguió admiradores. Todos se acercaban entusiasmados para entablar una amistad con él y eso se transformó en un incentivo. Por primera vez, mi hermano no era el menor del lugar, de hecho, ahora era un líder. Su voz generaba acciones, pero seguía enjaulado en su español, así que fue obligándose a aprender del inglés a pesar de las adversidades. Tenía una meta clara, deseaba comunicarse de una mejor manera con esos rostros que le hacían preguntas con miradas ilusionadas y un genuino interés.

Sorpresivamente, estábamos aprendiendo muchas cosas que no parecían tener ningún sentido práctico en nuestra vida, pero que demostraron ser exactamente lo que necesitábamos. La interacción en un ambiente menos exigente y más participativo nos brindó la confianza necesaria para equivocarnos y no sufrir por ello. Las metodologías que empleaban fomentaban la adquisición del conocimiento y eso nos obligaba a aprender inglés de forma sistemática. ¡Ahora queríamos comunicarnos y anhelábamos encontrar las maneras de hacerlo! Así comenzamos con nuestros primeros intentos, los cuales consistían en gestos y sonidos incomprensibles que lentamente se convirtieron en murmullos indescifrables, frases amorfas, fonética rudimentaria y, al final, oraciones correctamente estructuradas. ¡Podían entendernos y nosotros a ellos! Al fin el mundo aparecía con muchísimas menos barreras.

A pesar de ello, yo seguía inmersa en mi estrategia de pasar inadvertida. No quería llamar la atención y me contentaba con solo entender a mis compañeros. No deseaba ejercer una mayor participación en las rutinas de mi entorno. Sin embargo, aquello se me hizo realmente difícil, especialmente desde que el primer día de clases nos presentaran como los niños exóticos provenientes del sur. Por alguna razón desconocida, la mayoría de los alumnos mantenían un concepto muy particular de Suramérica y nos preguntaban regularmente si en Chile usábamos plumas en la cabeza. Claro, eso lo comprendí con el tiempo, cuando ya había dominado aquella lengua que se volvería, con el tiempo, una de mis mejores amigas.

Progresivamente, nuestra educación avanzó de forma extraña, misteriosa, experimental, pero con resultados positivos que nos permitieron ir desarrollando algunas habilidades.

Por supuesto, la escuela solo era una parte de nuestra formación. Su complemento radicaba en las enseñanzas que nos brindaban nuestros padres por medio de una todavía más atípica metodología de responsabilidades. Mi madre nos recogía por las tardes y nos dejaba en el Muelle de Santa Mónica. Al inicio se quedaba con nosotros, disfrutando de las vistas. El invierno se estaba acercando lentamente a Los Ángeles, pero era, si acaso, el más veraniego que viví en mi vida. Al rato llegaba nuestro padre, venía de dictar sus clases, sacaba su trompeta del maletero y aprovechaba la ausencia de quejas para soplarle algo de jazz a las olas del mar. Sin embargo, pronto decidieron que aquel sería un lugar perfecto para dejarnos sin cuidados. Me dejaban a cargo de mi hermano, a orillas del Pacífico y ellos se marchaban a seguir cumpliendo con sus labores y sus agendas.

Nosotros jugábamos en la arena y el mar. Aprendimos a observar nuestro entorno y a comprender el peligro, la buena disposición y demás elementos de la vida práctica. Constantemente veíamos a bañistas intentando tomar algo de sol, conversando con voces ruidosas, embelesados entre besos e incluso fumando lo que ilusamente creíamos eran cigarrillos. A veces nos acercábamos a los salones de pesas a cielo abierto que había en el muelle. Ahí observábamos a los hombres cargando el exhaustivo peso de sus cuerpos esculturales en diferentes competencias. Nunca hubo alguien que intentara molestarnos o acercársenos. Éramos dos niños en nuestros asuntos y todos parecían respetar nuestra adorable independencia.

En otras ocasiones, mis padres nos llevaban a sus cenas y planes de los fines de semana. Con frecuencia se reunían con Fernando Alegría, un íntimo amigo de mi padre a quien había conocido en los años cincuenta durante un día de bohemia por la capital. Era nueve años mayor que Enrique, pero se querían como hermanos. Cuando no estaban cerca, se enviaban cartas con generosa regularidad. Siempre compartían sus ambiciones, proyectos, trabajos literarios, necesidades, penas y hasta los deseos más íntimos y oscuros. También frecuentábamos al periodista ecuatoriano Othón Castillo y al amante del whisky Walter Starkie. Eran excelentes personas y sumamente amables con nosotros. Las conversaciones solían ser intensas y allí era cuando más aprendía. Como buena observadora, siempre me mantenía callada, invisible, permitiendo que los adultos hablaran y dejaran escapar al aire sus apreciaciones y análisis de autores como Oscar Wilde, Yeats, Pio Baroja, D'Annunzzio y tantas otras célebres figuras.

Por supuesto, los fines de semana siempre llegaba algún rostro desconocido que era bien recibido por mi sed de historias y conocimiento. Mis padres encarnaban con precisión el espíritu de la afabilidad. Les encantaba conversar con cualquier recién llegado a la ciudad, les extraían confidencias, noticias y risas con bastante regularidad, por eso las puertas siempre estaban abiertas.

No obstante, si una visita me educó más que ninguna otra durante mi estadía en California fue la de Susana Guevara Reimers. Aquella era una mujer extraordinaria. La conocimos a mediados de noviembre, cuando fuimos a visitar la Exposición de Pinturas de Niños Chilenos en el Museo de Pasadena. Esa exhibición había sido organizada por mi madre y patrocinada por el cónsul general de Chile, Enrique Chanut. En él participaban las obras de diferentes alumnos de la Escuela Experimental Artística de Santiago y representaba uno de los pequeños logros que María Luisa atesoraba con mayor fuerza. Amaba promover e incentivar el arte. Siempre se mantenía en constante movimiento para crear espacios y oportunidades donde exhibir el talento oculto que tanto abundaba en Chile.

Susana Guevara era la tía de mi madre y uno de los pocos puntos de apoyo emocional donde pudo sostenerse tras el fallecimiento de sus padres. Era lo más parecido a una madre que tuvo María Luisa en su vida y sin importar las circunstancias, el respaldo que recibía era absoluto e incondicional.

Ese día nos quedamos en su casa en Pasadena. Para mis padres no era la primera vez, pues cuando llegaron a los Estados Unidos se hospedaron en ella. Susana era una importante artista plástica y estaba casada con Floyd Mueller, un arquitecto y director artístico de cine. Ambos gozaban de una vida social en exceso activa. Susana daba clases, tenía su propio taller y vendía obras con bastante regularidad a precios modestamente lucrativos. Mientras tanto, su esposo participaba en los diferentes equipos de las producciones cinematográficas más recientes. Juntos formaban un matrimonio imponente y mi padre siempre se sentía ensombrecido e incómodo frente a ellos, especialmente por la energía que emanaba aquella mujer. Susana lo intimidaba como muy pocas personas lo hicieron en la vida y aunque él siempre lo disimulaba, se le notaba hasta en el lenguaje corporal.

Susana se convirtió en nuestra abuela materna y fue mi primer contacto con la rama femenina de los Señoret-Guevara. Me resultó imposible no compararla con Eliana y su discreción, Quety con su frivolidad y mi abuela Raquel ataviada con sus costumbres y raíces encadenadas al servicio y al deber. Susana era drásticamente diferente a todas las mujeres que había conocido, a excepción, quizás, de mi madre. De muchas maneras era una versión madura de ella. Susana gozaba de una seguridad absoluta que la hacía levitar por donde pasaba. Siempre se mostraba decidida, tenaz, abierta a reírse con fuerza y a hacer bromas crueles cuando se lo proponía. Además, era una mujer de envidiable independencia. Se labraba su fortuna, construía su propio camino con los medios que se había labrado y nunca temía a la hora de dar su opinión, la cual era, por supuesto, impecable, cargada de una precisión perfecta que sentenciaba muchas veces las conversaciones.

El simple hecho de conocerla dejó sembrada para siempre una idea poderosa. Al verla comprendí que mi madre no era un caso extraño e inusual, sino que las mujeres podíamos ser fuertes, intelectuales, poderosas y capaces de emitir palabras de peso que podían silenciar a cualquier persona, especialmente a un hombre. Susana y María Luisa representaban la identidad del mismo movimiento que crecía en California con tanta fuerza durante esa época. Encajaban a la perfección con las ideas del feminismo, pero no necesitaban de ello; no lo conocían y tampoco les hacía falta. Ellas no se decantaban ni bregaban en nombre de nada más que su propia libertad.

Después de aquello, el almanaque fue llenándose de tachaduras. El tiempo, que parecía avanzar despacio, a un ritmo suave y fluido, se salió de su órbita y replicó la misma intensidad con la que nosotros vivíamos nuestras rutinas. El mundo de la escuela nos absorbía, pero no teníamos descanso, siempre estábamos en constante movimiento. No existían las horas muertas, ni los momentos estáticos y relajantes. La vida corría y nosotros íbamos detrás de ella. No solo mi hermano y yo, sino también mis padres y sus amigos, la ciudad y el estado de California, el país e incluso Chile en su distancia. Aprendíamos a pasos veloces; mi madre seguía con sus estudios, sus exposiciones y su arte; mi padre con su próxima novela, sus cartas y el contrato que, luego de un año, se venció y lo llenó de dudas e incertidumbres, las mismas que extrañamente, le recordaron a Enrique sus años de nómada por el sur de Chile.

Con la llegada del fin de año escolar, surgió el momento de moverse a otra parte, a otro espacio, ahora dentro de los Estados Unidos. Por suerte, Enrique ya tenía una idea clara del siguiente paso. Sabía lo que debía hacer, estaba preparado. Aun así, si estaba tan seguro, ¿qué era eso que le provocaba un nudo en la garganta?, ¿por qué se sentía decaído mientras cargaba sus cajas repletas de cartas? Enrique Lafourcade entendía lo que venía a continuación, no había remedio y eso lo llenaba de una ligera, silenciosa y permanente desilusión.

Enrique practicando trompeta en la playa

Dominique y Octavio en Santa Mónica

6

Mientras hacíamos las maletas y desmontábamos nuestra esencia del departamento, los programas matutinos de radio enumeraban los cambios del mundo y hacia dónde estaban girando los múltiples aspectos bélicos, sociales y políticos. El locutor hablaba con una voz gruesa que a veces resultaba teatral y difícil de entender.

—*If you just tuned in, we will be running through last year's highlights for you.*

El sonido que entraba a la habitación provenía de la sala, donde mi padre tenía la radio encendida e iba apiñando los objetos que ya estaban correctamente empacados. Las palabras del presentador eran austeras y críticas. Desconocía en gran medida los asuntos que relataba, pero mientras escuchábamos, la casa se iba desmontando. Nuestra ropa, juguetes e incluso útiles escolares terminaban en el mismo saco de cuero que nos servía de maleta.

—*On the International front, last year closed with Fidel Castro consolidating his leadership in Cuba, after the botched invasion at the Bay of Pigs on the south coast of Cuba. And on the European front, the soviets finished building the Berlin wall in East Germany.*

Cuando terminamos, cargamos los sacos, eran relativamente livianos, no contábamos con demasiadas pertenencias y las colocamos en el suelo del salón. Allí, las ventanas estaban cerradas y la sala, totalmente vacía. La puerta estaba abierta, por ella dos hombres sacaban los muebles alquilados por mi padre.

—*And since we mention the Soviets, Yuri Gagarin was the first man in space, placing the Soviets ahead in the space race. The Soviets meanwhile resumed nuclear testing and President Kennedy responded by reluctantly reactivating American tests.*

Mi madre llegó a la sala, traía consigo el equivalente a todos nuestros equipajes juntos. Curiosamente, su rostro era inexpresivo, miraba sin ver, estaba perdida en su mente.

—*Another sad development was Vietnam, where the US increased its military presence ten-fold, from 1200 last year, to 12 000 this year.*

Mis padres no contrataron a ninguna compañía de mudanza, aquellas maletas eran todas nuestras posesiones y para el lugar al que íbamos solo necesitábamos lo que podíamos cargar.

—*So far the bad news, we will now focus on the positive developments, but first a commercial break...*

Mi padre apagó la radio y cargó tanto como pudo. Todos pusimos de nuestra parte y bajamos resoplando hasta el automóvil. El maletero iba apretado, al igual que nosotros en los asientos traseros. El Corvair se encendió en sincronía perfecta con el camión de los muebles. Ambos iniciaron movimiento al unísono, ellos al sur, hacia las avenidas y el corazón de la ciudad; nosotros al norte, lejos del bullicio, la gente y la vida acelerada de la urbe.

Entonces iniciamos nuestro recorrido hacia Davis, un pequeño pueblo de no más de diez mil habitantes.

...

El viaje fue breve, a cada kilómetro nos despedíamos de los edificios, las bahías y las multitudes urbanas para ascender por un entramado de prados y campos prósperos y despoblados donde se desarrollaba ampliamente la agricultura. A los lados de la carretera nos topábamos con todo tipo de plantaciones y animales de granja, especialmente caballos. El camino se mostraba solitario; en la vía solo nos acompañaban un par de automóviles que se dirigían, con total seguridad, a Sacramento, la capital del estado.

Al llegar a Davis, la diferencia fue absoluta. Todas las calles eran idénticas y estaban repletas de casas indistinguibles y de poca altura, todas blancas, con los mismos jardines y tejados. Aquel no era el enorme poblado que hubiese deseado mi padre, más bien era una gran comunidad que desde la distancia se convertía en una sola masa de madera y cemento a lo largo de unos pocos kilómetros. Por doquier, las personas se movilizaban en bicicleta, los automóviles escaseaban y más de la mitad de los habitantes eran estudiantes de la Universidad de California en Davis.

Ese núcleo educativo constituía la principal economía del condado y mi padre había firmado un contrato con ellos para dictar clases de literatura como profesor agregado. En el caso de mi madre, trasladó hasta esa sede su máster y estaba decidida a seguir formándose y mejorando sus creaciones. En teoría, Davis solo era una prolongación de la vida que teníamos en Los Ángeles, todo debía mantenerse exactamente igual, las condiciones no diferían en lo absoluto; sin embargo, la práctica demostraría lo contrario.

Llegamos a la nueva casa durante el mediodía, cuando los niños de la calle estaban recogidos y almorzando en sus hogares. Aquella era la vivienda de un profesor que había decidido irse en un año sabático al extranjero. Mientras se encontraba afuera, permitía que la Universidad la cediera a nuevos docentes para facilitar el reclutamiento y la adaptación de sus plantillas anuales. Al entrar, quedamos deslumbrados; el interior era realmente acogedor y holgado en metros cuadrados. El ambiente estaba perfectamente delimitado: había tres cuartos, dos baños y una amplia sala con pequeños corredores que conectaban con la cocina, la entrada, el patio y el jardín. También disponía de electrodomésticos actualizados y nuestra habitación traía incorporado un televisor enorme, además de los más variados juguetes. La casa incluso traía un gato pequeñito de pelaje gris y ojos de colores disparejos que debíamos alimentar con regularidad.

En muchos sentidos, esa casa superaba a la que dejamos atrás. Mis padres tenían mucho espacio para desarrollar cómodamente sus profesiones y organizar todos sus asuntos. Sin embargo, Enrique no se quitaba del rostro el ceño fruncido que traía desde que partimos de la Calle Centinela. Estaba embargado por una pena que le crispaba el ánimo. En cambio, mi madre sonreía abiertamente mientras exploraba el hogar e iba colocando sus cuadros y materiales de pintura en diferentes espacios. Al final de la tarde ya habíamos transformado cada rincón de la casa en un lugar con un aspecto propio, contaminado de nuestro espíritu.

Así comenzó nuestro segundo año en los Estados Unidos.

Foto de la tercera clase, en Davis - California

7

Después de algún tiempo de habernos acomodado, llegó a Davis mi hermana mayor, Marilú Mallet Señoret.

Marilú, como un reflejo de nuestra madre, había perdido su figura materna con menos de diez años de edad. Tras el divorcio, quedó bajo el cuidado de su padre. La historia se repetía, pero, esta vez, no a través de la muerte, sino por medio de la ausencia y el abandono. No debió resultarle nada fácil sobrellevarlo, especialmente cuando comprendió las condiciones en las que había ocurrido todo; sin embargo, logró desarrollarse como una adolescente aguerrida, atractiva e indomable.

Conforme fue creciendo, comenzó a interesarse cada vez más por el mundo político de su padre. Tenía una capacidad extraordinaria para absorber conocimientos y utilizarlos con destreza. Su vida en Santiago se mantuvo relativamente normal entre los diferentes círculos sociales, la escuela y su profunda amistad con Isabel Allende Bussi, la hija de Salvador, el íntimo amigo de su padre.

Lamentablemente, en 1957 llegó la segunda gran turbulencia de su vida. El abogado Armando Mallet Simonetti, falleció aquel año. El golpe fue potente, indescriptible. Después de eso, logró refugiarse en la casa de su abuela paterna, pero esta también falleció a inicios de los años sesenta. Así, el inevitable reencuentro entre madre e hija se hizo ineludible.

Marilú llegó recién graduada de la secundaria una tarde de marzo. Tenía diecisiete años y en su maleta traía el anhelo de estudiar arquitectura, además de una larga y merecida lista de resentimientos hacia nuestra madre. María Luisa lo sabía y, a su manera, haría lo posible para lograr sanar la mayor cantidad de heridas posibles.

Mi hermana mayor me resultaba sumamente atractiva. No era la primera vez que la veía, pero eso solo lo recordaba ella. Durante un corto tiempo estuvo viviendo con nosotros en la casa de mis abuelos, e incluso antes, durante los primeros años de mi vida, en algunas parcelas por Santiago. Naturalmente, Marilú compartía muchas características de mi madre. Era bastante alta para su edad, sus facciones eran un fiel reflejo de María Luisa y sabía hablar con gran precisión; además, había sido educada en un seno familiar impregnado de política, algo que la formó para mantener un porte señorial y un rostro que ocultaba permanentemente sus sentimientos.

Enrique no estaba muy contento con su presencia; no tenía algo en contra de su hijastra, pero todo lo que se relacionaba con el exesposo de María Luisa le despertaba un estallido irracional de celos. De aquella relación no sobrevivían ni las fotos, él mismo se había encargado de ello. No obstante, con Marilú no podía hacer otra cosa más que respirar y tolerar. Mi hermana tampoco le guardaba el menor afecto. Sin decirlo en voz alta, ambos mantenían un pacto mudo para ignorarse mutuamente siempre que fuera posible.

Durante esos días, Marilú se sumó a nuestras rutinas. Por las mañanas comenzó a irse en el auto con nuestros padres. Aunque ella no estaba muy conforme, la lograron inscribir en la Universidad de Davis en un programa de inglés que luego le permitiría iniciar una carrera. Por las tardes, al salir de clases, compartía su tiempo con mi madre. Para entonces, nosotros ya habíamos comenzado en la escuela West Davis y muchas cosas habían cambiado.

Una de ellas, quizás la más importante, era que nos íbamos solos al colegio. La escuela quedaba a una distancia muy corta y luego de que mi padre nos enseñara a manejar correctamente la bicicleta —especialmente a mí—, nos daban absoluta libertad para movilizarnos día a día.

Otro cambio significativo se encontraba en nuestros círculos sociales. En Davis contábamos con muchos amigos, en su mayoría eran los vecinos de calle, pero también los teníamos en la escuela. Octavio estaba perdidamente enamorado de una amiguita que había hecho. No vivía muy lejos de nosotros y cursaba su mismo nivel. Le decíamos Tana y tenía un cabello trenzado y negro que hipnotizaba a mi hermano. Por ella, Octavio había robado en algunos supermercados, quería hacerle regalos a su amiga y no entendía el concepto del dinero ni la obligación de pagar por los chocolates y los caramelos que cogía de las vitrinas.

Además de Tana, a diario compartíamos con otros niños; jugábamos en los jardines y en las calles, el mundo parecía un enorme terreno creado para los niños. No había restricciones y los espacios para explorar abundaban por doquier. Tampoco había peligros ni temores, solo diversión. Adicionalmente, nuestro inglés mejoró rápidamente y poseíamos la capacidad no solo de comunicarnos, sino también de compartir con nuestro entorno como si fuéramos nativos de aquella tierra.

En el caso de West Davis, la educación fue mucho más difícil y menos participativa. La escuela tenía un modelo estandarizado y nosotros estábamos realmente atrasados. Por primera vez cursamos materias como matemática, inglés, redacción y lectura. Tuvimos que hacer grandes esfuerzos para ponernos al día, principalmente porque las asignaturas estaban estructuradas y cada cierto tiempo teníamos pruebas. Súbitamente, todos los conocimientos que había adquirido con mi abuelo, los debía reaprender en otro idioma. Por su parte, Octavio se había vuelto menos revoltoso y más sumiso desde que conoció a la Tana y trataba de atender las clases que, por fin, ya podía comprender.

A grandes rasgos, West Davis nos exigía y nos presionaba constantemente, pero a esas alturas teníamos herramientas para defendernos. Aunque tardamos varios meses en alcanzar unas notas aceptables que no provocaran nuestra expulsión, el proceso era divertido y lo disfrutábamos enormemente.

De alguna manera, todos parecíamos medianamente felices, excepto mi padre. En su caso, la vida se había transformado en un martirio. Sus jornadas frente a la máquina de escribir se duplicaron; refunfuñaba con mayor frecuencia cada vez que llegaba el momento de corregir los *Blue Books* que entregaban los estudiantes, y regularmente comenzó a buscar oportunidades y excusas para escaparse de su entorno.

Por aquellos días, comenzó a pasar mucho tiempo frente al televisor, algo atípico en él. Le interesaba el boxeo, especialmente desde la aparición de Cassius Marcellus Clay en las olimpiadas de Roma en 1960. Pasaba largas jornadas viendo, analizando con ojos sagaces, evaluando, anotando en su libreta y murmurando para sí mismo palabras que solo él entendía. De aquella experiencia nacería el primer borrador de *Mano bendita*, una de sus célebres obras que abordaba —a través de una literatura que mi padre consideraba experimental— el mundo interno y la historia de dos boxeadores. Las librerías todavía tardarían treinta años en conocer aquellos trazos.

En 1962, mi padre se encontraba en la búsqueda de algo nuevo para publicar. Durante 1961, la editorial Zig-Zag le había publicado *El príncipe y las ovejas* y antes de ese, en 1959, *La fiesta del rey Acab*. Aquellas eran obras que ya consideraba firma de su pluma. No quedaba duda para entonces: Enrique Lafourcade ya no era una promesa, sino un hecho consumado. En el tiempo que se había ausentado de Chile, su figura alcanzó mayor impacto e influencia y, sin embargo, a pesar de que era más popular que nunca, estaba allí, oculto en un pueblo de cuento americano, perdido entre calles espejo y tierras fértiles y agrícolas.

Tal vez por eso, Enrique comenzó a impacientarse y todos los viernes era víctima de una profunda ansiedad que lo empujaba al escapismo. Huía de su rutina, de su casa, de su familia. Al inicio nos llevaba en sus viajes a San Francisco, Sacramento o San José, pero en muy poco tiempo empezó a fugarse por su cuenta a Berkeley, donde vivía Fernando Alegría.

Para entonces, el hechizo de amor, el halo de cariño, lujuria y pasión que envolvía a mis padres se desvanecía lentamente. Con Fernando —y tal vez sin él—, nacieron las primeras infidelidades de mi padre. Se fugaba con Alegría a comer lo que ellos denominaban los dos placeres de la carne: la comida y el placer. Desaparecía por días y María Luisa quedaba sumida en el llanto y en la rabia. Se quedaba en cama, envuelta entre sábanas, esperando el regreso de su esposo. Enrique siempre volvía y, por primera vez frente a nosotros, surgieron las discusiones, los gritos y los enfrentamientos.

Octavio y yo nos escondíamos en nuestro cuarto; tratábamos de no escuchar. Entonces las discusiones no eran frecuentes, pero aquellos días del calendario marcaron el inicio de dos velas que estaban por apagarse. Las llamas todavía lucían vivas e intensas, pero una leve brisa las tambaleaba y lo seguiría haciendo por mucho tiempo hasta apagarlas por completo.

A Enrique le pesaba sentirse relegado a un pequeño pueblo en medio de la nada. Podía lidiar con vivir en Los Ángeles, donde todos los fines de semana recibía visitas, conectaba con otros colegas y amigos de universidades cercanas y entablaba relaciones y proyectos, pero en Davis, los árboles lo reducían al olvido, a la inexistencia. Se sentía inmerso en el más absoluto de los vacíos, como si hubiese caído en una especie de abandono, retirado de los lugares en los que debía estar.

En Davis, hasta sus cartas parecían salir y llegar más tarde. Para Enrique, el mundo se había achicado justo cuando experimentaba el mayor esplendor de su consagración como escritor. Se sentía ligeramente frustrado y escondido de la gloria que le correspondía. Por eso, para lograr lidiar con sus pesares y tormentos, se decantaba por la misma decisión que haría reiterativamente en el futuro: escapaba. Mi padre escapaba para llenar sus vacíos existenciales; escapaba para atrapar y satisfacer sus apetitos, para ocultar sus padecimientos y quejas; escapaba sin detenerse a pensar las consecuencias ni escuchar los reproches...

Enrique escapaba.

Y entonces, cuando se venció el contrato de la Universidad en Davis, decidió que había llegado el momento de parar y regresar a su hogar. No se preocupó demasiado en consultarlo, tampoco en los lamentos de Marilú ni la próspera economía que comenzábamos a experimentar. Mi padre sabía lo que quería y no dudó en actuar. Además, todo le resultaba propicio: tenían dinero suficiente para empezar una nueva vida en Chile y María Luisa, anhelando recuperar el amor de su esposo, aceptó seguirlo, y lo haría no una, ni dos, ni tres veces, sino tantas como hicieran falta para mantener a Enrique junto a ella.

Era 1963 y nosotros volvíamos al sur.

Capítulo 4

Al volver, todos los colores parecen distintos

1

Hay cierta ruptura en despedirse de la tierra en donde se nace.

El viaje, que siempre ha sido un llamado a la aventura y al cambio, rápidamente se convierte en algo más profundo cuando llega el momento de enfrentarse a lo desconocido. Al partir, las nuevas realidades permiten que el horizonte y el pensamiento se expandan; el choque con otras culturas y la observación de distintos contextos, nos reconstruye, y casi de forma imperceptible, los márgenes que delimitaban nuestras fronteras desaparecen. El mundo ha cambiado por completo y nosotros con él. Sin embargo, no somos conscientes de ello sino hasta que regresamos sobre nuestros pasos a la ciudad en la que crecimos, al punto de partida.

Al volver, todo parece estar en el mismo lugar: las calles con sus locales, los rostros familiares, la urbe con su bullicio y esos códigos comunes que comparten sus habitantes y representan de forma inequívoca la identidad de una ciudad. Todo luce igual, pero a nuestros ojos resulta drásticamente diferente. Lo que recordamos ya no existe, es cosa del pasado, al igual que nosotros. Ya no somos los mismos y nunca más podremos volver a serlo.

Bajo el mismo cielo invernal que nos acompañó hasta el aeropuerto aquel agosto de 1961, volvimos a Chile. La pista de aterrizaje estaba despejada; algunos técnicos realizaban su trabajo de rutina y los pocos pasajeros avanzábamos en contra de los látigos del viento. El viaje había resultado tranquilo, teníamos la impresión de que nada podía salir mal si estábamos con nuestros padres. Su presencia nos fortalecía. Ellos caminaban a poca distancia de nosotros y entre ambos había un abismo que ocupaba Marilú. Todos íbamos a la par, en una misma dirección. En ese instante, sentía que nunca volvería a separarme de ellos.

A mi lado caminaba Octavio. Del niño que les temía a los aviones no parecía haber ni rastro, ahora lucía bastante seguro de sí mismo. Mi hermano tenía casi ocho años y avanzaba con una falsa seguridad que se esforzaba en mantener. Todavía llevaba el velo del desamor cubriéndole el rostro. La despedida con la Tata estaba fresca y tardaría en desembarazarse de su recuerdo.

En mi caso, ya tenía nueve años, y si alguien me hubiese acercado un espejo, seguramente no hubiese reconocido a la niña que se reflejaba en él. Al volver a Santiago, mi cuerpo había comenzado un lento crecimiento; el rostro empezaba a ser dominado por la belleza heredada de mi madre y esa mirada inquisitiva y profunda de mi padre. También mi ropa había cambiado, ahora era diferente, rica en bordados, colores y texturas. Mi madre se desvivía escogiéndola para mí; le gustaba hacerme lucir preciosa y yo se lo agradecía en silencio. Aunque no miraba todos esos cambios, de alguna manera los adivinaba. Tal vez por eso sentía una llama que me incendiaba por dentro. Marchaba por la pista sintiéndome enérgica, fuerte, capaz de hacer cualquier cosa. No le tenía miedo a nada… pero pronto descubriría lo equivocada que estaba por pensar así.

Mi padre avanzaba ligeramente por delante de nosotros. Caminaba a paso rápido, cargado de maletas, ¿era ese el peso del que se quería deshacer? Nunca lo supe, solo recuerdo que gracias a su prisa fuimos los primeros pasajeros en conseguir un taxi. En los asientos traseros nos apretujamos toda la familia mientras Enrique iba de copiloto, extrayéndole cualquier tipo de información al conductor. No quería perder ni un instante, necesitaba empaparse de la ciudad otra vez y por eso cualquier fuente de noticias ayudaba a saciar su sed. Aquella plática le hizo desviar su atención del pesar que le producía haber perdido su automóvil. El Corvair siempre le resultó un fiel amigo y ahora se sentía como si hubiese perdido una extremidad. Al salir del taxi —y dejarle una buena propina al conductor—, tomó nota mental: en un futuro no muy lejano debía comprarse un nuevo coche.

Nos bajamos en la esquina Agustinas con Ahumada, justo al frente del lujoso Hotel Crillón. Aquella era una edificación solemne que narraba una historia de progreso.

Transcurrían los años treinta y Santiago experimentaba una creciente economía que empujaba a los extranjeros a acercarse hasta la capital. Sin embargo, su visita no resultaba nada grata: no existía ningún lugar capaz de llamarse a sí mismo hotel. Esto generaba que muchos visitantes tuviesen que alojarse en posadas incómodas o, aún peor, en las casas de algún alma caritativa que estuviese dispuesta a recibirlos. La ciudad, por más atractivos que pudiese guardar, no era un destino nada agradable para visitar si eso suponía lidiar con aquella situación.

Justo en ese contexto fue cuando Adriana Cousiño Goyenechea y su familia vieron un potencial negocio. Su idea era adquirir un lugar clave que se transformara en referente no solo del país, sino de toda Suramérica. Más que ambición, anhelaban la máxima calidad y esa la encontrarían en la compra de una edificación de más de ocho mil metros cuadrados. La propietaria, Ana García Moreno de Larraín, selló el trato y unos meses más tarde, luego de mucho movimiento, esfuerzo y gran sentido del gusto y la decoración, nacería el primer gran hotel de Santiago.

En poco tiempo, el edificio de cinco pisos se revistió del más exquisito lujo. El mármol se regó por los salones. Las ventanas se revistieron con gruesos cortinajes a juego con las alfombras y las lámparas de cristal que guindaban de los techos. La recepción se fue llenando de pequeñas esculturas y un precioso mobiliario traído desde todos los rincones del mundo. Se habilitaron espacios para ceremonias, salas de té y un bar que en cuestión de meses alcanzó gran popularidad. Por todas partes el Crillón exhalaba esplendor y su ambiente de elegancia atrajo de inmediato la atención de políticos e intelectuales.

Para 1963, seguía siendo un gran espacio de encuentro. Aunque ahora tenía más competencia, mantenía su hegemonía y su fama continental. En la fachada, un par de botones se apresuraron a ayudarnos con el equipaje. Al ingresar, la recepción guardaba una estética que nada debía envidiarle a los hoteles europeos. Poco después de nuestra llegada, nos instalamos en una habitación doble en el cuarto piso. Marilú nos acompañó por un breve instante; luego decidió marcharse y visitar a sus amigos y a su novio. Mi hermana ya era mayor, con dieciocho años sabía cuidarse sola.

En nuestro caso, no teníamos tanta suerte como ella. Quedamos abandonados en la habitación durante todo el día, sin otra cosa para hacer que ver por la ventana. Mis padres estaban abajo, en los salones y el bar, disfrutando de una recepción de bienvenida organizada por todos sus amigos. Era un regreso por esplendoroso, lujoso y así lo celebraban mientras nosotros nos asfixiábamos por el tedio y el sinsentido de aquel día. Llamamos a la recepción en un par de ocasiones y disfrutamos de un montón de platillos deliciosos, pero cuando llegó la noche, estábamos hartos y comenzamos a lanzarles sobras a las personas que pasaban por la calle. Nos ganamos un buen regaño por eso.

Escoger el Crillón como lugar de llegada hablaba mucho de la mentalidad con la que volvían mis padres. Luego de dos años de trabajo, tenían suficientes ahorros para vivir cómodamente en Santiago; sin embargo, eso no bastaba. Era momento de los excesos y aquel apenas sería el primero. De hecho, a los pocos días fuimos a la calle Augusto Leguía, cerca del cerro San Luis y la Plaza Perú, una zona costosa en donde el precio de las viviendas ascendía a una buena cifra. Allí mis padres habían decidido comprar dos departamentos que, después de las obras, convirtieron en uno solo.

Por supuesto, el interior ofrecía todas las comodidades posibles. Era espacioso, moderno, con muebles propios y una distribución excepcional. Mi madre había volcado sus capacidades estéticas y cada rincón estaba repleto de arte, música y literatura, la esencia de nuestra familia. Marilú tenía un cuarto para ella sola y Octavio y yo volvíamos a compartir habitación. El departamento disponía de cuatro baños, un pequeño taller y una cómoda oficina. Todo parecía hecho a la medida, se notaba que detrás de aquello resplandecía una buena planificación, pero, a su vez, los últimos brochazos de una relación que dudaba de sí misma y su supervivencia.

Al llegar por primera vez a la calle Augusto Leguía, mis padres lucían realmente felices. Algo del hechizo de los enamorados los envolvía nuevamente. Caminaban abrazados, como si la unión de aquellos departamentos fuera más que eso y representara, también, la suya. El dinero y los excesos reanimaron las posibilidades del coqueteo y la seducción. La sombra de las discusiones había quedado momentáneamente en el olvido y mi madre gastaría hasta el último centavo para que aquella nueva bocanada de amor se mantuviese hasta volverse eterna.

Mi madre se engañaba, pero en ese momento su engaño se llamaba ilusión... ilusión y esperanza.

1963 Llegando de vuelta a Chile, aeropuerto Cerrillos

2

Desde nuestra llegada a Santiago, cuando cerraba los ojos, solo pensaba en una y solo una cosa: Paula Jaraquemada 115. A mi mente volvían los recuerdos de las casonas, la comida, los huertos y los jardines; las horas en la sala con el sonido de la radio, los aromas y los rostros... ¡Sobre todo los rostros! Eran tantos que se aglutinaban unos encima de otros: Gastón, Viviana, Iván, Eliana, mi abuela Raquel, ¡incluso mi tía Quety! Y por encima de todos ellos, mi abuelo, mi querido abuelo. ¡Cuánto lo extrañaba! Tenía tanto por contarle y tanto tiempo por recuperar. Sentía una pequeña pero progresiva impaciencia que me desesperaba y me brindaba el tiempo suficiente para dudar, ¿habría cambiado algo?, ¿estarían todos iguales? Me moría de ganas por descubrirlo. Luego de dos semanas de agónica espera, mis deseos fueron escuchados.

Fuimos en taxi.

Con el auto en movimiento —y cerca de nuestro destino—, lo primero que me sorprendió fue redescubrir las calles de la Av. Larraín y Paula Jaraquemada. Nunca había tenido la oportunidad de verlas tan cerca. Aquel día estaban cubiertas por un manto de nubes grises muy claras. Los transeúntes llevaban el invierno en sus abrigos e inundaban las aceras con su prisa milenaria. En la lejanía, las casonas se elevaban añejas por el paso del tiempo, mientras que sus fachadas se disfrazaban de modernas con esas paredes lisas de todo tipo de colores y rejas de hierro que mostraban perfectamente el espíritu de libertad y desorden tan característico de Chile, pero drásticamente opuesto a Davis.

A diferencia del pueblo californiano, en aquellas calles uno nunca podría perderse. ¡No había una sola casa igual! A diario, las personas se orientaban utilizando cualquier elemento distintivo del entorno, de allí que a la hora de dar una dirección surgieran frases como: «*Al lado de la casa verde*»; «*a mano derecha de la casona de rejas blancas*»; «*después de pasar la casa del letrero de madera y la puerta negra*». Aquel era un sistema infalible que requería de observación, paciencia e interacción con los vecinos del lugar. Nunca nadie ha inventado un sistema que obligue a memorizar tan bien una dirección como el que brinda el caos de las urbes latinoamericanas. Eso sí, había algo que parecía calcado de Davis y   —sospecho—, de cualquier ciudad del mundo: las aceras. Los niños parecían nacer de las entrañas del concreto. Eran incontables, vestidos con todo tipo de ropajes y una alegría contagiosa. Algunos manejaban bicicletas, otros jugaban al escondite entre risas y carreras, y el resto pululaba por doquier sin otro motivo que disfrutar de ese instante de felicidad que tenían entre manos.

Me pareció sospechoso no distinguir al Gringo —Iván para los amigos—, a mi primo le encantaba pasear por el barrio y nunca se perdía una ocasión para jugar a la pelota o escabullirse en las más divertidas vivencias. Tal vez sí estaba entre los rostros de los niños, solo que no lo reconocía después de dos años. Podía ser. Sin embargo, la respuesta más sensata era que debía estar en la 115, esperándonos, como el resto de la familia. Ese día era un momento de reencuentros, especialmente para mis padres. Ellos llevaban un poco más de cuatro años fuera de Chile y todos en el hogar estaban enterados de su regreso.

Al llegar, la fachada de la 115 seguía idéntica con su color gris y su reja blanca. Entre aquellos barrotes finos de hierro, guindaba, todavía sin cambiar, el mismo letrero marrón con letras blancas que anunciaba la venta de huevos y juncos. Por alguna melancólica razón, sonreí al verlo. Esa imagen me inyectó una alegría inesperada. Miré hacia adelante, ¡estaba volviendo a casa, con mis padres! Aquello significaba más de lo que podía expresar y casi por instinto tomé la mano de mi papá, quien me sonrió con verdadero afecto. Mi mamá venía detrás, hermosa e impecable, sin nada extravagante, el semblante inexpresivo y sujetándole la mano a un Octavio impaciente.

Atravesamos el umbral. Entonces, como si se tratase de una puerta que conducía al pasado, surgieron uno por uno los recuerdos y las vidas que habíamos dejado atrás. Frente a nosotros se postraba aquella vieja estructura colonial de arquitectura española con sus grandes ventanales y terrazas abiertas. Los aromas de las glicinas, las hortensias y la tierra mojada se mezclaban en el aire y se nos introducían por las fosas nasales sin que pudiésemos evitarlo. A lo lejos, la alargada palmera repleta de aves me arrojó por un instante a las costas de Los Ángeles con su clima y su gente, pero los ladridos distantes de Cholo me sacaron de la fantasía, aunque no tanto como el sonido de una voz extrañamente dulce.

«¡Nano!».

Aquel era el apodo de mi padre y en los labios de mi abuela adquiría ese sonido de anhelo cumplido que solo puede transmitir la madre que ve a su hijo regresar al hogar después de una larga ausencia. Ellos se fundieron en un largo abrazo, ignorando momentáneamente su alrededor. Nosotros no éramos muy diferentes. En menos de un segundo ya estaba abalanzándome sobre mi abuelo. Tenía nuevas arrugas y el cabello un tanto más gris, pero mantenía el mismo rostro serio que se iluminaba al verme. Me sonreía mostrando sus dientes blancos y de su boca salía un ruidito risueño que no terminaba de ser ni risa ni palabra, sino afecto. Me aferré a él con todas mis fuerzas. Quería que ese instante durara tanto tiempo como mis años de ausencia.

Mientras tanto, mi hermano salió disparado hacia la bisabuela Ta. Ella lo esperaba impaciente, luchando por sostenerse en pie —a pesar de sus varices— decidida a recibir al muchacho que tan buena compañía le había hecho durante los inviernos. Octavio la abrazó por las rodillas, ya tenía la altura suficiente para esconder su mentón en el vientre de mi bisabuela. Ella le acariciaba el cabello y a pesar de su tartamudeo, formuló algunas palabras que nadie pudo entender; nadie salvo mi hermano. Se dirigía a él, solo a él.

De todos, mi madre era la única que parecía desencajar en medio de aquel espacio. Se sentía realmente incómoda y aislada. Históricamente, nunca había sido muy bien recibida por la familia Lafourcade. Sobre ella recaía una culpa que debía ser de dos. Todavía la miraban con cierto recelo por haberse involucrado con mi padre estando casada. Por descontado, no era la primera vez que se sentía así, estaba acostumbrada a que la juzgaran en muchas partes, por eso Estados Unidos había sido una bocanada de aire fresco: allá nadie conocía su existencia. Sin embargo, en Chile sobrellevaba su vida cargando con ese peso. Jamás bajaba la mirada, pero aceptaba el rechazo sin oponer resistencia. No se detenía a dar explicaciones ni esperaba condescendencia de nadie. Aun así, ya había transcurrido el tiempo suficiente para que todos aceptaran la idea de que más que una nuera, María Luisa Señoret era parte de la familia.

Mi madre sonreía discretamente mientras se acercaba al reencuentro que ocurría ante ella. No tenía nada claro qué hacer o decir. Todos parecíamos demasiado ocupados para notar su incomodidad. No obstante, para su sorpresa, mi tía Quety y su hija Viviana se acercaron a recibirla. Ambas vestían de forma muy similar, como si hubiese dos versiones en distintas edades de la misma persona. Llevaban vestidos hermosos de color pastel, confeccionados a mano. Mi madre se sintió agradecida por el gesto y, además, por el halago a la ropa que traía puesta. Ese día dedujo que a través de la moda podría conseguir dos buenas compañeras de conversación.

Poco a poco nos fuimos redescubriendo unos a otros, maravillándonos por los cambios y las diferencias que solo dos años de ausencia podían generar. Mientras saludaba a cada uno de los miembros de mi familia, empecé a escuchar una lluvia de cumplidos y oraciones que chocaban en el aire: «¡Cuánto has crecido!». «¡Qué bonita estás!». «¿Verdad que Estados Unidos es maravilloso?» «Oe, chiquilla, *al tiro* me cuentas cómo es California, ¿va?». Los comentarios y las preguntas no aguardaban respuestas, sino que, tan pronto como nacía alguna, otra la reemplazaba. Así, entre palabras y risas, abrazos y besos, nos fueron empujando lentamente hacia el interior de la casa, al hogar de mis recuerdos.

En poco tiempo ya estábamos instalados en el salón. Enrique se mantenía lo más lejos posible de su padre y algo parecido le sucedía a María Luisa con mi abuela. La conversación la generaba con mucha frecuencia la voz engolosinada de mi tía Quety y nadie parecía enfadado por ello. Mi padre la miraba fijamente. Él guardaba un profundo afecto por su hermana, pero sus mundos eran drásticamente opuestos. Nunca había perdonado que se casara a los diecisiete años sin siquiera tener una profesión. Aun así, en ese momento, no demostraba ningún sentimiento negativo hacia ella. Al contrario, mi tía estaba logrando ser el puente entre todas las partes y Enrique se lo agradecía con una interminable lluvia de palabras, anécdotas e historias provenientes de las tierras del norte.

A los pocos minutos, fue notorio que en la casa había tres grandes ausencias y mi hermano y yo preguntamos por ellas con vivo interés. Nuestras indagaciones se convirtieron rápidamente en nuevos temas de conversación que los residentes de la 115 se iban turnando para narrar.

En principio, mi tía Quety tomó la palabra y comenzó a relatarnos el motivo por el cual su esposo no se encontraba. Nadie se lo preguntó directamente, pero con mucha seguridad asumió que la familia lamentaba su ausencia. La verdad es que aquello no sorprendía a nadie. Fernando Villalobos se desempeñaba como ingeniero de vuelo y frecuentemente se mantenía fuera de casa. Sin embargo, había ido ascendiendo posiciones y ahora se ausentaba todavía con más regularidad. Viajaba regularmente por diferentes países del continente durante varias semanas y luego regresaba un par de días con bolsas repletas de juguetes, accesorios, chocolates, vestidos y todo tipo de sortilegios para sus hijos y su esposa.

Por lo general, Fernando era un hombre duro y tosco en todos los aspectos de su vida. Poseía la mentalidad del hombre que se ha esforzado demasiado por lo que ha logrado y teme perderlo todo por los caprichos de alguien más poderoso. Veía de una forma muy particular al mundo, desconfiaba de todos y prefería no emitir ninguna opinión en voz alta o, lo que le resultaba todavía mejor, no tenerla y punto. Lo de leer y labrarse una idea propia y crítica de los hechos de la vida —especialmente aquellos de carácter político— lo consideraba algo peligroso y contraproducente. Por eso, alejaba a sus hijos de cualquier aspecto que considerara una amenaza. Con frecuencia era bastante riguroso con ellos y velaba drásticamente por no permitir que ninguno cayera en las drogas o se rodeara de personas con demasiados deseos de opinar en voz alta. Para él, ambas opciones resultaban igual de peligrosas. La mayoría de sus políticas regulatorias las dirigía a Fernando, mi primo mayor, pero Viviana e Iván no estaban exentos de ellas.

A decir verdad, nosotros encajábamos bastante bien en esas potenciales malas compañías que tanto temía mi tío. Tal vez por eso nunca dejó de vernos como los hijos raros de unos padres todavía más raros. Para su desgracia, conforme fuimos creciendo, nuestras rarezas mutaron hasta convertirse en la gran confirmación de sus peores presagios.

Por su parte, mi tía Quety disfrutaba ese estilo de vida cómodo que le brindaba su esposo y le permitía mostrarse dócil, servicial y encantadora. Se sentía feliz siendo el prototipo de mujer-moderna-norteamericana tan de moda en las revistas que le traía su esposo de los Estados Unidos. Todos los días se levantaba a realizar los quehaceres del hogar con la pasión de quien desempeña la gran labor de su vida. Creía fervientemente en la familia feliz que iba construyendo junto a un hombre que había comenzado desde abajo y labraba su futuro día a día, con el valor de su ingenio y la energía de sus propias manos. Cada vez que Fernando estaba en casa, su existencia se tornaba alegre, casi como si volviera a tener sentido. Organizaban fiestas con bastante regularidad, escuchaban siempre los últimos discos del mercado y vivían eternamente en un ambiente plástico que le confería demasiada importancia al aspecto físico y a las ideas sin mucha profundidad. Se complementaban a la perfección y precisamente eso que los unía, también era el mayor detonante de conflictos con mis abuelos. Ambos bandos discutían con regularidad por el ruido, los invitados e incluso el estilo de vida que cada uno mantenía. Muchas veces mi tía Eliana mediaba entre ellos para resolver las diferencias, pero no siempre lo lograba.

Justamente en ese instante mi madre se atrevió a decir en voz alta el nombre de Eliana. Le salió natural, sin dudas ni miedos. No era raro que mostrara interés en ella, aunque mi tía no había hecho ningún esfuerzo por evitar juzgarla, fue una de sus mayores colaboradoras cuando llegaron recién casados a la casa de mis abuelos, conmigo entre brazos. Era 1955 y en esa época mi madre no tenía ni la menor idea de cómo cambiar un pañal. En la 115 todos la juzgaban con una extraña mezcla de prejuicios y frustración. No entendían cómo una mujer de treinta y cinco años no supiera realizar la tarea más sencilla. A pesar de ello, entre suspiros y quejidos, Eliana se mostró más comprensiva y colaborativa. Mi madre nunca lo olvidó.

Esta vez fue mi abuela quien tomó la palabra. Le respondió mirándola a los ojos. Al menos se dirigía a mi madre, como aceptándola al fin después de tanto tiempo. El tono de voz era delicado, no dejaba entrever las fisuras de su estado de ánimo. En sus palabras no hubo alegría ni desprecio, solo un gran pesar que se fue haciendo más notorio conforme avanzó en su relato.

Eliana Lafourcade siempre fue una mujer que se esforzó por crecer intelectualmente. Mis abuelos volcaron sus mayores esfuerzos en brindarle educación a todos sus hijos y eso incluía, especialmente, a las mujeres. Mi abuela Raquel meditaba acerca de ello durante sus insomnios, entendía lo que significaba carecer de estudios y de medios siendo una mujer. La vida de eterna servidumbre y sumisión la aceptaba para ella, pero no la quería ver replicada en sus hijas.

A su manera, mi abuela era una mujer inteligente que entendía más de la vida que muchísimas personas. Ella había padecido en carne propia lo que significaba anhelar el conocimiento y el desarrollo profesional sin tener las oportunidades para alcanzarlo. Aun así, su apetito intelectual seguía vivo y por eso devoradora libros con una regularidad fascinante. También escribía todos los días, llevaba grandes diarios donde anotaba los pormenores de su vida. Además, era una entrevistadora natural. Por eso, tan pronto como llegaba algún invitado a la casa, lo asaltaba con cientos de preguntas acerca de mil temas distintos. Poseía una gran curiosidad y un apetito insaciable cuando se trataba de historias. Precisamente esa personalidad tan característica fue lo que permitió que Eliana fuese al Instituto Pedagógico y culminara su carrera de educación en francés. Ya con una profesión, todos creían que poseía las herramientas necesarias para labrarse su propio futuro junto a un buen hombre que la ayudara a desarrollarse y formar una familia.

Lamentablemente, el dolor en la voz de mi abuela revelaba que el ambicioso plan había fracasado estrepitosamente.

Mi tía Eliana se enamoró de un estudiante japonés que estaba realizando su investigación de doctorado. La familia lo adoraba, sus amigos disfrutaban de la compañía de aquel hombre y parecía que todo estaba listo para convertirse en algo más. Sin embargo, cuando el día llegó y la propuesta alcanzó el puerto, mi tía rechazó la oportunidad de irse a Osaka y se despidió del hombre que le había ofrecido un futuro aparentemente prometedor en otro país. Nadie supo las razones exactas, pero, es posible que Eliana temiese enfrentarse a una cultura y un idioma que eran drásticamente opuestos a los suyos. No tenía la voluntad para lanzarse a la mar en nombre de ese amor y prefirió dejar pasar el barco. Sin duda fue una decisión sensata, pero le pesó durante mucho tiempo, especialmente cuando la presión de la sociedad comenzó a hacer mella en su pensamiento. El tiempo pasaba y seguía siendo una solterona, sin hijos ni pretendientes. Debía apresurarse y eso la empujó a tomar una decisión precoz.

Eliana se casó un día que la familia Lafourcade arrancó del calendario. Su esposo era un ciudadano peruano llamado Mollendo que frecuentaba los puertos buscando oportunidades de negocios en Chile. Se conocieron por accidente una noche sin luna ni estrellas. El inicio de su relación debió de ser mágico para que mi tía ignorara o simplemente pasara por alto los defectos de un hombre que estaba enfermo del machismo más radical. En ese punto, para Eliana pesaban más las miradas de la gente que cualquier otra cosa, creía que no tenía tiempo para perder y lanzó la moneda al aire sin esperar el resultado: se casaron.

El mismo día en el que los lazos matrimoniales los envolvían, la familia descubrió que aquel hombre no solo carecía de estudios, sino que tenía planeada una vida de sumisión y servidumbre para su esposa. Desde ese punto, Eliana perdió sus libertades, el acceso al dinero, la posibilidad de trabajar e incluso el derecho de hablar regularmente con sus padres. Nadie pudo hacer nada, ninguno lo vio venir. A las pocas semanas, hicieron sus maletas y se marcharon a Perú. Desde entonces, las únicas noticias que llegaban eran cartas ocasionales que relataban brevemente una existencia que se advertía desdichada salvo por los hijos que comenzó a tener de inmediato.

En la familia todos estaban consternados por las decisiones de mi tía. Se notaba que, a su manera, aquel hecho pesaba sobre cada uno de distintas maneras. Había un clima de impotencia y frustración palpable. Después de mi abuela, el más afectado por aquello era quien había sido su amigo inseparable durante los años universitarios, su confidente y mano derecha; el hombre que llevaba de chaperón a las citas para no regresar a casa sola por las noches y a quien muchas veces arrastraba hasta el cine de la plaza Egaña por el simple placer de tener a alguien para comentar las películas más nuevas de la cartelera… Gastón estaba devastado y así nos lo transmitió la abuela.

De pronto, una voz proveniente de la calle nos sorprendió. Fue como si alguien hubiese pegado un grito en medio del cementerio. El sonido nos arrancó de la historia de mi abuela y nos regresó a la realidad. La voz era de hombre y casi de forma instantánea mi padre salió disparado a atenderla, seguido, extrañamente, por mi abuelo. Los que quedamos en la sala guardamos un profundo silencio para tratar de distinguir las palabras que llegaban desde el parrón. Teníamos gran expectativa, la mirada fija en dirección al comedor y entonces, las voces cogieron cuerpo y sentido, un timbre me resultó familiar y por el umbral de la puerta aparecieron con una enorme sonrisa los tres hombres de la familia.

La primera impresión que tuve al ver a Gastón fue la de un niño que ha crecido de golpe. Mi tío lucía muy diferente a la última imagen que tenía de él.

Se había dejado un bigote poblado que caía a ambos lados de los labios y terminaba en una mata poblada y marrón de vellos en el mentón. Su cabello estaba frondoso, peinado hacia atrás. Vestía muy elegante con saco y corbata; el estilo le confería, por alguna razón, cierto aire de modestia y sosiego. Caminaba con pisadas firmes y seguras, la mirada atenta y un semblante risueño que respondía a los comentarios que le formulaba mi padre. Su lenguaje corporal era más maduro, protector, preparado para entrar en acción en cualquier instante. Entre sus dedos de pianista llevaba el anillo de matrimonio y al hablar, su voz tenía un tono más grave; articulaba las palabras con una soltura envidiable y en general daba la sensación de ser una persona madura y confiada. Indudablemente, alguien debió advertir la sorpresa de mi rostro. Al mirarlo, sentía que el niño que considerábamos nuestro amigo había desaparecido. Aquello me entusiasmaba, pero, al mismo tiempo, me dejaba clavada cierta nostalgia en el pecho.

Gastón había cambiado... ¿sería el único?

A pesar de ese vago pensamiento, me arrojé corriendo hacia sus brazos, pero algo me frenó antes de llegar. Primero fue una pisada suave de tacones de aguja, luego, unas piernas alargadas y hermosas que seguí hasta descubrir un cuerpo esbelto y curvilíneo ataviado con un hermoso vestido. Al final, un rostro distintivo, precioso y tallado en mármol coronaba aquel cuerpo griego que me dirigía una sonrisa de labios rojos y dientes blancos. Era Madeleine Arnold, la esposa de Gastón.

Gastón se casó con una hermosa modelo alemana al salir del conservatorio. Sin duda, mi tío se sintió un hombre con suerte cuando Madeleine le aceptó la propuesta de matrimonio. En ese momento, las palabras de su hermano debieron estar muy presentes: *«Gastón, hazme caso, tienes que conseguir una mujer rubia, bonita, inteligente y con buena educación».* Seguramente, en alguna ocasión Gastón se preguntó hasta qué punto su decisión había estado condicionada por esos viejos consejos de Enrique, después de todo, su esposa encajaba a la perfección con la descripción que le había hecho su hermano una noche de verano durante su juventud. Pero ¿qué más daba? Tampoco le importaba mucho la influencia del Nano; estaba feliz con su decisión y su suerte estaba echada en aquel matrimonio.

Por supuesto, no todo era alegría para los recién casados. Luego de la boda, se vieron obligados a estacionarse en la 115 por más tiempo del deseado. No había dinero suficiente para emprender el vuelo y ese hecho obstinaba enormemente a Madeleine. La convivencia con los suegros siempre es un mal asunto, pero, para la modelo alemana, esta resultaba asfixiante. Aunque se esmeraba en ocultar su desgracia con un velo de simpatía y amabilidad, cada noche lo descorría para maldecir su suerte en el dormitorio y clavar sus lamentos con agujas filosas en el ánimo de Gastón. Esa situación estaba a punto de cambiar, pero Madeleine comenzaba a estar cansada de esperar.

Aun así, a pesar de ese percance familiar, Gastón se sentía optimista y le agradaba la idea de haber materializado el sueño dorado de la mayoría de los jóvenes antes de llegar a los treinta. Contaba con una profesión, una esposa hermosa a la que amaba, una familia que lo apreciaba y que rápidamente comenzó a crecer, pues al poco tiempo del matrimonio, nació Cathy, su primera hija.

Así las cosas, la felicidad lo pintaba todo de colores bonitos que, en ocasiones, resultaban empalagosos. Tanto regocijo a veces se transformaba en amargura. Gastón descubrió muy pronto que mantener a su familia no resultaría nada sencillo. Mientras más trabajaba, menos dinero había para gastar. La vida era costosa y aunque su esposa ejercía su profesión de modelo cada cierto tiempo, aquello le generaba más angustias que ingresos, especialmente por el atractivo irresistible que despertaba Madeleine allí por donde se paseaba. A pesar de ello, hacía lo imposible por aportar económicamente al hogar, se enlistaba en cada oportunidad que creía provechosa, pero eso no impedía que constantemente se sintiera desbordado y terminara con una pose melancólica frente al piano, su único refugio.

Aquel día era, decididamente, un momento grato para mi tío y llegó con toda la intención de mostrarse como un adulto responsable, cabeza de familia y digno del respeto de su hermano mayor y de su padre.

Su llegada marcaba los últimos brochazos del cuadro familiar y el ambiente festivo no tardaría en llegar. Ya estaba completa la velada y la alegría del gran reencuentro afloró sentimientos atípicos en la 115. Los hombres de la casa hablaban sin recato, como si alguien hubiese succionado todos los rencores del pasado por un instante y les devolviera una última oportunidad para sumergirse en una convivencia fraternal. De forma inconsciente ellos aceptaban aquellos términos. Cathy parecía haber capturado la atención de los tres. En sus pequeños ojos se veían reflejado los rostros de aquellos hombres. La pequeña les sonreía mientras mi padre la cargaba en brazos e intercambiaban comentarios y bromas.

Por su parte, las mujeres no se quedaban atrás. Mi tía Quety le robó la compañía de Madeleine a su esposo y en pocos segundos, todas formaron un grupo alrededor de ella. La bombardeaban con preguntas y halagos, le arrancaban risas con historias e iban tejiendo una gran complicidad que duraría durante toda la noche. Mi madre participaba activamente, ahora no solo tenía temas comunes con Quety. Mi abuela también se había animado y se sumergía con atención entre las palabras y hacía preguntas elocuentes mientras la Ta los miraba a todos en un absoluto silencio que en ella no representaba otra cosa que un gran estado de paz y felicidad.

En ese instante que los adultos dejaron de prestarnos atención, crucé miradas con mis primos y todos tuvimos exactamente la misma idea: había llegado la hora de volver al jardín.

3

—*Oe*, Nicky, ahora eres como yo, pero con más derecho, ¿*cachai?* Eres gringa. ¡La gringa! —Iván hablaba con una voz saltarina. Sonaba gracioso, como emocionado y al mismo tiempo inquieto e impredecible. Le arrojé un puñado de barro que tomé del suelo, pero lo esquivó y siguió parloteando entre risas—, no te me pongas fina, ¡eh! Es muy fácil volverse delicadita en el norte. A ver, háblame en inglés.

En ese instante, mi segundo intento impactó en su cara. Nos reímos con ganas y las carcajadas parecían ser absorbidas por aquel techo de nubes invernales.

Estábamos de vuelta.

A nuestro alrededor, el jardín había sido invadido por un intimidante silencio que apenas era interrumpido por los ladridos ocasionales de Cholo, algún cacareo del gallinero o el bullicio de las aves que revoloteaban entre las hojas de la palmera. En mis pupilas, se fusionaban los colores y las formas de mi niñez temprana. El clima pasaba factura sobre los huertos perfectamente ordenados y transformaba sus cosechas en pequeñas semillas que tardarían en volver a crecer. Una multitud de flores bordeaban con sus enredaderas el jardín; a su manera, se esforzaban por resguardar sus pétalos en una lucha obtusa contra la brisa helada. Los árboles frutales y los viñedos parecían suspendidos en un sueño aletargado del que preferían no despertar hasta que volviera la primavera. Y yo, ¿estaba dormida o despierta? El mundo de mis recuerdos aparecía ante mí, pero no podía evitar sentirlo diferente, apagado, deslucido. Los olores de los animales me hacían arrugar la nariz, el espacio parecía apretado; los colores, un poco marchitos. Todo resultaba extraño, distante y no sabía si era por la estación o porque, definitivamente, me sentía diferente en ese ambiente al que tanto amor le profesaba. De alguna manera, tenía la sensación de que las imágenes que recordaba poseían más nitidez en mi memoria. Lo que tenía frente a mí solo podía ser un mal retrato, una copia con poca tinta, la sombra exacta de un pasado que no era el mío.

Por desgracia, lo que estaba frente a mí era la realidad y debía aceptarla.

De forma lenta, una imperceptible tristeza me fue arañando insistentemente. Había vuelto a la 115, pero esta no dejaba de arrojarme las formas cambiadas de una vida que ahora parecía lejana. Ahí estábamos, los cuatro niños, exactamente en el espacio que compartimos durante dos años. Ahí estábamos, sin ser los mismos, pero siéndolo de todas formas. Ahí estábamos… y algo empezaba a modificarse en cada uno de nosotros. No sabía exactamente lo que era, pero tenía la amarga certeza de que era irreversible.

—¡¿Eso significa que yo también soy gringo?! —Mis primos se sorprendieron. Antes de marcharnos, Octavio no solía hablar demasiado.

—Mira al *avispado*, calma, pájaro, ya hay un gringo y ese soy yo. —En ese instante Iván tomó una de los cientos de pequeñas ramitas que estaban esparcidas sobre la tierra y la esgrimió en dirección a mi hermano—, pero si quieres defender tu derecho, solo tienes que cacarear.

Octavio parecía divertido con el asunto. Tomó otra rama y empezaron a luchar mientras corrían. En cada estocada mi hermano debatía con Iván acerca del apodo. Ahora se sentía más cómodo hablando, después de ser admirado en Davis y seguido por niñas y amigos en Los Ángeles, ya no temía interactuar con nadie y lo seguiría demostrando cada vez que tuviese ocasión.

Viviana y yo quedamos a solas.

Mi prima había crecido como una hermosa flor de invierno. Al contemplarla, daba la sensación de que todavía no había alcanzado su esplendor y que sería durante la primavera cuando sus pétalos florecerían por completo. Su rostro estaba bien proporcionado y ahora parecía dotado de una mayor capacidad expresiva. Sonreía tímidamente, se sentía incómoda, no tenía idea de qué decir o qué hacer conmigo. Sus ganas de formular preguntas eran notorias, pero se controlaba. De alguna manera la inquietaba el hecho de que nosotros hubiésemos ido a ese lugar mágico de donde provenían todos los juguetes costosos que traía su padre.

Poco a poco se fue soltando y recuperamos la posibilidad de platicar libremente. Al hablar, fui notando varias particularidades que teníamos en común. Ambas éramos casi de la misma altura, teníamos el cabello largo y liso, la piel clara y algún rasgo común de los Lafourcade en las mejillas, los labios y la forma del rostro. Sin embargo, para notar todos esos detalles, había que hacer un gran esfuerzo. Vivi y yo no podíamos ser más diferentes. Donde ella era delicada y asustadiza, yo era tosca y confiada. Cuando se trataba de ropa, las personalidades de nuestras madres nos convertían en dos estilos de colores, cortes y texturas irreconciliables. Al momento de conversar, mi prima usaba frases cortas y prefería morderse la lengua y guardar silencio —como la habían educado sus padres—, en cambio, yo no podía callarme y cada día me volvía más osada y aguda con mis comentarios. Las diferencias eran muchas y conforme el tiempo nos fue arrastrando hacia la adolescencia, nos distanciamos más y más hasta que apenas se adivinaba que habíamos crecido juntas y portábamos el mismo apellido.

Cuando volvieron los esgrimistas, nos fuimos a explorar los alrededores. Comenzamos por recorrer las raíces de los huertos y los árboles. Tratábamos de pescar alguna fruta que hubiese sobrevivido la recolecta mientras relatábamos algún hecho interesante de California. También pateábamos ramas, piedras o cualquier residuo de la naturaleza que encontrábamos a nuestro paso. En el aire se entremezclaban los aromas vivos que la brisa arrastraba hasta hacerlos colisionar en nuestras narices heladas. Nuestros pasos hacían crujir el suelo y nos hundían en la tierra según el espacio en el que nos encontráramos.

Iván caminaba delante de todos y, como si fuese un guía turístico, nos relataba los lugares que veíamos. Pronto llegamos al centro del jardín, donde estaba plantado un enorme nogal. Aquel árbol, explicaba Iván, era tan antiguo como la familia de alemanes que había vivido allí. Tenía un tronco grueso y una altura bárbara. A menos de seis metros del suelo, había una pequeña casita construida por *el pianista* para esconderse de nosotros cuando debía estudiar para sus exámenes del conservatorio.

—¿Y qué hacíamos nosotros cuando Gastón se escondía?

—¡Le lanzábamos piedras! —respondió mi prima.

—Y las tradiciones son sagradas.

Iván sonrió y sacó de su bolsillo la honda[2] que llevaba a todas partes. Tomó una piedra del suelo y con un tiro acertado le dio de lleno a la puerta de la casita del árbol. Nos la fuimos pasando para intentar replicar sus habilidades, pero todos fallamos. Aquello parecía un ritual, como cuando se rinde honor a los caídos disparando al aire. Al ver a mi hermano intentarlo, no pude evitar recordar los días en los que nos sentábamos a las faldas del árbol y le gritábamos con fuerza a Gastón para que bajara. Seguro él tuvo que hacer un esfuerzo supremo para concentrarse en las partituras y sus libros en medio de nuestro escándalo. Por supuesto, su casita no logró protegerlo de nosotros, pero al menos lo intentó. Ahora, de aquellos días, solo quedaba la estructura, vacía, solitaria, como recordatorio de un pasado abandonado. La

---

[2] También conocida como «resortera», «charpe» o «tirapiedra» en algunos países.

puerta estaba abierta, empujada por el vaivén del viento, como una boca de labios amorfos, incapaces de mantenerse cerrados.

—*Oe*, gringa, apúrate, no te me quedes atrás.

El *tour* siguió hacia El Fondo, pero al llegar me topé con una novedad. A mano derecha, donde antes estuvieron las jaulas que utilizaba mi abuelo para cruzar conejos —y de la cual estos lograban huir con trucos dignos de los mejores escapistas—, ahora había una especie de caja de fósforos construida con metal y madera por Gastón durante los últimos años en los que estuvo en la 115. Al marcharnos, ya había comenzado a operar en ese pequeño taller. Mi tío tenía una desbordante pasión por usar sus manos para darle belleza a los trozos de la madera. La trabajaba con frenesí y no paraba hasta alcanzar las venas de cada tronco que caía en su taller.

Cuando entramos, el aire estaba impregnado de un fuerte olor a bosque y pintura que provenía de estantes, mesas y baúles, repletos de trozos de madera de todos los tamaños y un par de potes de pinturas y barnices. Gastón tenía desplegado por todo el espacio diferentes herramientas y planos de juguetes, instrumentos y barcos a escala. En las paredes colgaban algunos cuadros y una silla alta completaba el interior de aquel impresionante taller. Al parecer, mis primos lo visitaban con frecuencia y no parecían demasiado impresionados; en cambio, nosotros quedamos hechizados. En mi caso particular, sentía que había entrando a un mundo muy profundo de mi tío, un mundo que carecía de palabras y de sonidos, puesto que, a diferencia del piano, que parecía ser una extensión más potente de su propia voz, la madera era sólida, callada, dura; no decía nada hasta que se convertía en algo más. Gastón era dueño de un lenguaje mudo y secreto que nacía entre esas angostas paredes y nosotros estábamos penetrando en su templo, en la guarida de sus pesares y el único lugar donde podía liberar los tormentos de su mente a través del movimiento de sus manos.

Al instante supe que debíamos salir de allí y por eso preferí no indagar demasiado. Mis esfuerzos por marcharnos rindieron fruto y yo misma apagué las luces de ese lugar que sabía importante para mi tío.

Dimos unos pocos pasos hacia atrás y de inmediato las gallinas comenzaron a inquietarse por la cercanía del olor humano. Nosotros las ignoramos, subimos las escaleras hasta el ático del segundo piso. Abrimos la puerta y entonces descubrí el único lugar de mi infancia que no había cambiado. Por todas partes había muebles, baúles, alfombras, cajas, cortinas y un gran cúmulo de artilugios olvidados durante años. En el techo colgaban grandes telarañas y algunos insectos sobrevolaban por encima de nuestras cabezas con sus alas de papel cebolla, intentando escapar desesperadamente del huracán de polvo que levantamos con nuestra llegada.

Nosotros parecíamos indiferentes al caos y la suciedad. Comenzamos a revolver las cosas, buscando y explorando como respuesta a esa curiosidad fútil y entretenida que nos obsequiaba aquel espacio de secretos y olvidos. Buscábamos sin saber lo que anhelábamos encontrar. Nuestra misión era inútil, pero, al mismo tiempo, excitante. Siempre conseguíamos objetos muy raros que en algún momento fueron de valor para alguna persona y armábamos cuentos acerca de ello.

Estuvimos así un rato, mostrándonos nuestros hallazgos, tosiendo sin notarlo y riéndonos con los juegos que lográbamos inventar con los artilugios que hallábamos. Ya cuando el cielo comenzaba a oscurecerse y la luz escaseaba, un sonido nos arrancó de nuestro mundo de fantasía. En teoría, todavía teníamos prohibido acercarnos hasta el ático, se acercaban problemas y solo podíamos esperarlos. Las escaleritas rechinaban, las pisadas de un calzado hacía crujir la madera y en un instante se presentó mi padre con ojos inquietos y una sonrisa grande.

—Necesito que me ayuden a conseguir una trompeta. Debe de estar por aquí.

Aquello era desconcertante, pero nadie se negó, mucho menos cuando se quitó el saco y se arremangó la camisa. Venía dispuesto a conseguir su trompeta, no se iría sin ella y eso lo demostró sumergiéndose entre los baúles y revolviendo muebles, cestas y baúles sin reparar en la suciedad y el polvo. Tardamos un buen rato en esa tarea. La luz nos negaba su ayuda. A momentos, mi padre comenzaba a darse por vencido y disfrazaba su desazón contándonos alguna historia cuando conseguía los objetos de su niñez. Tenía mucha imaginación y, por supuesto, aquello que nos narraba podía o no pertenecer a la realidad. No importaba demasiado, estábamos fascinados y sus palabras nos ayudaban a tener más ganas de hallar lo que él deseaba.

La trompeta la encontré yo. Estaba envuelta en tela verde desteñida. El óxido había convertido al antiguo color dorado del instrumento en cobrizo y una ligera capa de polvo lo recubría de forma homogénea. Mi padre la tomó entre sus manos. La levantó en el aire, inspeccionándola y me acarició el cabello como gesto de agradecimiento.

Se fue sin decir palabra, a paso rápido, tanto que dejó su saco.

Una fuerte curiosidad se apoderó de nosotros, cogí su saco y al bajar hasta el jardín, un ruido de risas e instrumentos nos llegaba a lo lejos, como el sonido más hermoso del mundo. De pronto algunos arpegios del piano retumbaron desde la casa con su melodía trágica y el movimiento de apertura de un acordeón como complemento nos obligó a olvidar las formas. Corrimos sin respirar: no podíamos perdernos el concierto de los Lafourcade.

El calor nos envolvió apenas entramos. La chimenea estaba encendida y ese sonido a hogar que produce la felicidad de las voces humanas se multiplicaba por toda la casona a través del eco. El salón del piano se mantenía abierto e irrumpimos en él de golpe. En su interior Gastón movía sus dedos sobre las teclas del piano mientras el acordeón trataba de seguirlo. Mi padre permanecía en un rincón, limpiando con esmero la trompeta y arrancándole algunas notas de prueba. Sobre una mesa, había un par de botellas de vino tinto y algunas copas que ya advertían un uso prolongado.

Los tres hombres estaban felices. Cuando notaron que tenían público, su alegría creció todavía más. Mi abuelo comenzó a mover los pies mientras tocaba, como en una especie de marcha, muy cerca de mí, como si estuviese invitándonos a bailar. Por supuesto, lo seguí en su danza. En simultáneo, Iván le decía algún fraseo gracioso a mi padre. A pesar de que Enrique detestaba las jergas chilenas, era incapaz de resistirse a esas pequeñas ocasiones en las que su sobrino lograba sorprenderlo. Por último, Octavio estaba hechizado, sentado junto a Gastón, observando atentamente la velocidad de sus dedos y la asombrosa capacidad para arrancarle vida a las cuerdas del piano.

Aquello era, apenas, un ensayo. Lo sabíamos, lo mejor vendría antes de comer. Y al pensarlo, mi estómago rugió, no solo por el hambre, sino por el delicioso aroma que se esparcía por la casa. Traté de seguirlo, pasando por la sala y viendo a la bisabuela tejer con sus dedos metálicos a una velocidad extraordinaria. Sonreía sin reparar en otra cosa que su labor.

La cocina era un hervidero de vino, risas, vapores, aromas y sonidos de cuchillos, ollas y platos. Mi abuela llevaba la voz de mando y sus dos nueras, junto a su hija, participaban en la preparación del *caldillo de congrio*. Estaban ocupadas picando verduras, revolviendo caldos y probando con pequeñas cucharas el resultado de sus esfuerzos. Allí también había copas, no solo de vino tinto, sino también de vino blanco. Madeleine y mi madre tenían las mejillas sonrojadas y trabajaban a la par, siguiendo las instrucciones de su suegra. Sorprendentemente, a pesar del carácter marcial que podía emanar mi abuela, en esta ocasión no trabajaban en silencio ni retraídas, sino que conversaban alegres e interesadas mientras cocinaban.

Al verme, mi abuela se escandalizó. No aceptaba a los niños en la cocina. Antes de despacharme, las mujeres me vieron atentamente, como contemplando de forma melancólica toda la juventud que yo poseía y ellas habían dejado atrás. Dijeron algunas palabras que no alcancé a entender porque estaba demasiado ocupada comiendo la *sopaipilla* que me obsequiaron.

En ese punto, comencé a sentirme algo zarandeada. Me movía de un lugar a otro. De la cocina al salón del piano, de la música a las risas, de los adultos a los niños y así avanzó el tiempo hasta que nos llamaron para la comida. Eso hizo que Gastón saliera disparado y volviera al instante con su público. Nos reunieron a todos y luego de vaciarse las copas de vino, comenzaron su gran concierto.

La base la dirigía el piano con unos arpegios lentos y acompasados que pronto fueron mutando a un sonido más vivo y rítmico. Justo en esa transición se incorporó el acordeón con un quejido desgarrador y muy suave. El diafragma del instrumento se abría y cerraba dirigido por el movimiento magistral de mi abuelo. Los dos instrumentos se fusionaban maravillosamente. Allí donde callaba uno, aparecía el otro y así avanzaban en una progresión de armonías constantes hasta acercarse al clímax. En ese instante, se hizo un brusco silencio seguido por un melancólico *solo* de trompeta. Nunca había escuchado un sonido más triste. Era un lamento, un grito de soledad y de pena; una plegaria al cielo. Y como si hubiese sido escuchada, el acordeón y el piano reiniciaron el acompañamiento de la marcha, unificándose en un concierto a tres voces donde cada una tomaba un instante de protagonismo mientras el resto la seguía. Así fueron avanzando, a veces nostalgia, a veces melancólica, una tras otra, sin competir, casi con los ojos cerrados, fluyendo por un camino casi improvisado que nos acercaba a lo más íntimo de aquellos músicos hasta que en un último movimiento, calló el acordeón, luego la trompeta y, por último, el piano.

Aquel era un momento para conservar en el recuerdo y eso reflejaba los rostros de aquellos hombres que lucían grandes y majestuosos. Padre e hijos, en un solo sonido, en una misma voz, cantando a la vida o, más bien, acerca de ella. Los aplausos llegaron al instante, al igual que los besos. Nosotros todavía estábamos impresionados ante la magia de la que habíamos sido testigos. Yo solo podía recordar aquellos días cuando mi padre tocaba su trompeta en la playa, gritándole a la soledad, al tiempo y a los lamentos. Entonces su sonido me parecía aislado, hueco y melancólico, pero ahora, al unirse al resto de los instrumentos, había adquirido su verdadera voz. Por un instante, mi padre volvió a ser parte de un hogar en el que se sentía tan vivo como un niño.

Supe en ese instante que ignoraba la falta que me hacía la música. Desde nuestra partida, la música se había hecho menos frecuente en nuestra vida. Antes teníamos los ensayos de Gastón y las fiestas con mi abuelo; en cambio, en California, el ocasional jazz de mi padre era esporádico e irregular. Por eso, ser testigo de aquel concierto me sacudió por dentro. Nada de lo que había escuchado hasta ese momento podía compararse a ese sonido y después de él solo alcancé a pensar que necesitaba más de aquello.

Lamentablemente, tardaría mucho en conseguirlo.

Casi por inercia llegamos hasta la mesa. La comida estaba servida y la devoramos sin siquiera cuestionarnos lo que nos llevábamos a la boca. Mi abuela mantenía sus excelentes habilidades culinarias, pero había algo nuevo, diferente... tal vez se debía a que cada platillo llevaba la sazón de aquellas mujeres o tal vez porque mi paladar había perdido la memoria de los sabores del sur y sus condimentos; sin importar la causa, por un buen rato, todos preferimos callar y comer antes que hablar. ¡Estaba delicioso!

Mientras le regalaba a mi estómago aquellos manjares, mi abuelo comenzó a hacerme preguntas. Estaba muy cerca de él. Quería saber acerca de mi experiencia en la escuela y los lugares que había visitado. Mi abuela también se interesó por mi respuesta. Dejé de comer, esperaba ese momento con ansias, deseaba compartir con él mis mejores recuerdos. Comencé a hablar sin detenerme, alegre, enérgica, relatando hasta el último detalle de mis vivencias, incluso introduje oraciones en inglés, recité operaciones matemáticas y mencioné los juramentos a la bandera y las experiencias con la cultura navajo.

Sin embargo, conforme me adentraba en esos días mágicos, la cara de mis abuelos cambiaba. No les gustaba nada mi relato. Yo no entendía el peligro y la molestia que podía causar una cultura extraña en dos adultos que no habían conocido más que Chile durante toda su vida, pero sus rostros me paralizaron. Poco a poco, fui sellando mis labios, convencida de que estaba diciendo algo malo. Para mí, la opinión de mi abuelo lo valía todo, quería hacerlo sentir orgulloso, pero mi narración fue demasiado. Ellos preferían pensar que, de alguna manera, me había inventado muchas de las historias. Desde ese momento en adelante, una sombra de desconfianza les cubrió la mirada, como si ya no fuese la niña que ellos conocieron, sino una pequeña desconocida.

Desde ese punto, la cena pasó sin pena ni gloria. Mi regreso a la casa no estaba resultando como lo había imaginado. La vida era diferente. No sabía que allí también tendría que adaptarme a nuevas realidades, pero constantemente chocaba con novedades que no alcanzaba a entender. La muestra más absoluta de mis temores se materializó cuando no hubo tiempo a solas con mi abuelo, ni conversaciones en el salón o algún acercamiento por mínimo que fuese. El mundo había cambiado y no tendría más opción que cambiar con él.

El mundo había cambiado… y yo también.

Para entonces, ya el vino y el cansancio comenzaban a hacer efecto. El día llegaba a su fin, la cama nos aguardaba, y casi como si hubiese sido víctima de un profundo aletargamiento, fui cediendo ante el sueño que me embargaba. Mi abuela me dejó sobre la cama de nuestro cuarto, ese que estaba repleto de puertas y por donde todos entraban y salían a cada momento; ese donde dormía junto a mi hermano… ese donde despertó mi primer recuerdo de la vida con la voz alarmada de mi abuela en medio de las primeras sacudidas del terremoto de Valdivia. Había vuelto a Chile, pero me sentía igual de distante, lejana y extraña que en California.

Solo me quedaba adaptarme y seguir.

Solo dormir y quizás soñar… soñar con esos días que, ahora sabía con absoluta certeza, nunca más volverían.

4

Cuando se es niño y se padecen días difíciles, la mente parece ir en piloto automático, como dormida, ciega del mundo que la rodea, enfrascada en moverse, responder y actuar por la más absoluta inercia.

Así me sentí los primeros meses de mi regreso a Chile: a la deriva.

Todos los días me encontraba siendo empujada por la tormenta. Las reglas del juego habían cambiado y contradecían todas las que ya conocía: las calles eran extrañas y, a veces, peligrosas; no teníamos tanta libertad ni espacios para socializar con otros niños; no podíamos usar el inglés y ahora debíamos mejorar nuestro modesto español; las personas nos miraban diferente, como si lleváramos un letrero en la frente, y todo sucedía tan rápido y brusco que nada encajaba en mi cabeza.

En ocasiones me encontraba soñando con Davis y California; en otros momentos, disfrutaba de Chile, la 115 y nuestra nueva casa. Sin embargo, no me sentía parte de ninguna de las dos: no estaba ni allá, ni acá, ni en una ni en otra. ¿Dónde estaba entonces? Aquel era un vaivén repetitivo del que no podía escapar. Por un lado, el recuerdo, el lugar donde había nacido, mi tierra; por otro, el espacio que había perdido, los Estados Unidos, su cultura… y en ambos tan distante y melancólica, obligada a adaptarme y a *ser-quien-debía* y a *actuar-como-se-debe*. Ambas ideas tan confusas y abstractas, me zarandeaban constantemente hasta arrojarme a un naufragio que nunca nadie descubriría.

En medio del letargo, un día desperté para ser testigo de un acontecimiento que tardé cuarenta años en comprender. Abrí los ojos, como quien despierta después de una larga noche. Estaba sentada en una oficina agradable, espaciosa, bien distribuida. No sobraba nada. Era la dirección del Colegio Experimental Manuel de Salas, una institución pública y mixta muy importante para el sistema educativo chileno y, en especial, para mi madre. Su propia vida estaba ligada a aquellas aulas y pasillos. Cursó allí toda su secundaria y, luego de ella, también lo hizo mi hermana Marilú. Casi sin quererlo se había creado una tradición, los Señoret debían ser parte de ese colegio y venía dispuesta a reclamar la herencia para nosotros.

Por eso estaba ahí, sentada junto a mí, con las manos juntas, una sobre otra, frotándolas inconscientemente: dudaba. ¿A qué le temía? Su rostro parecía dominado por un falso estado de autocontrol. Lo que escuchaba la alteraba profundamente, pero se esforzaba por no decir lo que pensaba. Yo no entendía lo que ocurría.

Entonces habló.

—Señora Florencia, son mis hijos. Ellos tienen un gran dominio del inglés y excelentes notas. La grande es aplicada, el pequeño es travieso, pero, ambos son buenos niños. ¡Son buenos niños! Estarán a la altura.

La voz de mi madre era un torbellino de palabras que salían sin desespero, pero, a su manera, con cierto tono de súplica. Su voz iba dirigida al otro lado del escritorio de madera, allí estaba Florencia Barrios Tirado, una mujer de sonrisa sostenida, dedos entrecruzados y un porte firme, cuadrado, inamovible. Escuchaba atentamente, pero sus ojos revelaban una decisión tomada.

—Lo siento mucho, María Luisa. De verdad.

Mi madre bajó la mirada. Suspiró. No parecía molesta, entendía a la perfección lo que estaba sucediendo. Se acariciaba el anillo de matrimonio, hacía que girara alrededor de su dedo anular incisivamente, como tratando de sacarle una solución. Pasaron unos segundos de pesado silencio. Entonces la miró, aceptando su suerte y sin mediar palabras, me tomó por el brazo.

Antes de salir, a nuestras espaldas llegaron las últimas palabras de la directora del colegio. El tono era seco, frío, enfático.

—Ni ahora ni el futuro, María Luisa.

Mi madre me apretó con fuerza el brazo. Luego se relajó y empezamos nuestra marcha fuera de aquel lugar que nunca jamás podría llegar a conocer.

Después de tanto tiempo, aquel recuerdo sigue presente en mi mente. De vez en cuando vuelve a mí, acude a narrarme no la historia de mi vida, sino la de mi madre. No nos cerraban la puerta a nosotros, sino a María Luisa Señoret. Ella llevaba una mancha invisible de la que jamás fui consciente. Cuando caminaba por Santiago, un gran círculo de personas la consideraba persona *non-grata* por haberse separado de su esposo. Al verla, la mayoría de las mujeres preferían alejarse de ella, les resultaba una amenaza, una manzana podrida, una oveja negra, una renegada.

María Luisa volvía a desencajar.

Otra vez se sentía con veinte años, caminando por un ambiente que se burlaba de ella, que la menospreciaba y la etiquetaban como algo que no era.

Sin embargo, esta vez iba más allá del desprecio que sintió en la Facultad de Derecho. Ya no era mal vista por ser mujer, ahora la indiferencia y el rechazo venían por haber amado y antepuesto lo que creía mejor para sí misma por encima de la opinión de la gente.

María Luisa volvía a desencajar.

Desentonaba con su estilo de mujer libre y dueña de sí misma. Era mal vista por su cabello corto, sus pantalones de hombre y su ropa atrevida; por tener educación, una profesión y la extraña tendencia de hacer con la vida lo que se le antojara. A muchos les resultaba imposible que existiese una mujer así y no pagara por sus decisiones. Era inconcebible que siguiera pululando como si nada y, por eso, cada vez que surgiera la ocasión, la harían pagar el precio de su rebeldía.

María Luisa desencajaba.

Después de dieciocho años de graduada, diez de anular su matrimonio y otros diez de volver a casarse con el hombre que creía amar realmente, desencajaba. Después de sus esfuerzos por ser reconocida por su arte, por su trabajo y todo el esmero de sus exposiciones en los Estados Unidos: desencajaba. Después de haber luchado toda su vida por ser una mujer libre, segura y capaz... desencajaba. Y su pecado no era otro que haber roto su matrimonio.

María Luisa desencajaba y nosotros, sus hijos, estábamos destinados a seguir ya no la antigua tradición que ella anhelaba, sino una nueva.

Desencajaríamos en todas partes, seríamos los hijos de la separada; nos negarían la entrada a cientos de casas y la compañía de centenares de niños. Heredaríamos su legado como los pequeños que desencajan, pero, por suerte, a nosotros nos valdría menos de un peso lo que dijera e hiciera la gente.

...

Desde el percance con la directora, mi madre estaba más decidida que nunca a conseguirnos un lugar de calidad. Buscaba una institución que no fuese pública, pero que gozara de una estructura interna a la cual no se pudiese asociar un tema de facilidades o atajos económicos. A su vez, deseaba una educación exigente y desafiante para sus hijos, que careciera de favoritismos o presiones externas. Bajo esos parámetros, las escuelas privadas y públicas quedaban descartadas en su mayoría. Entonces lo dedujo, solo quedaba una opción: las instituciones extranjeras. Solo ellas podían reprobar al hijo de un senador de forma irreversible. Solo ellas tenían la capacidad para crear un ambiente educativo ambicioso y nutrido para sus hijos. Al entenderlo, se sumergió por completo en alcanzar su meta. Realizó muchas visitas a la embajada francesa, preguntó, introdujo papeles y un día lo logró.

Oficialmente estábamos inscritos en el *Lycée St. Exupéry* de la Alianza Francesa.

Aquel liceo era la solución perfecta: mixto, laico, exigente, llevaba la carga de un nuevo idioma y su financiación no dependía exclusivamente del bolsillo de los padres. Además, era una institución donde el dinero no ejercía presión a la hora de colocar las notas y el apellido tampoco privilegiaba a los estudiantes. Los profesores, en su mayoría, eran jóvenes franceses que al terminar la universidad habían escogido enseñar en un país extranjero durante dos años en lugar de realizar el servicio militar. Por ello, era muy difícil que hubiese favoritismos o cualquier tipo de actitud dañina. Todo era perfecto. La Alianza cumplía los anhelos de mi madre.

Comenzamos en marzo de 1964.

El liceo simulaba el esplendor de un pequeño campus universitario. Se dividía en dos colosales alas de edificios. La más grande era para los estudiantes de secundaria; la pequeña, para los de primaria. A diario acudían cerca de ochocientos alumnos. En mi salón éramos treinta. A mí me tocaba cursar tercer grado y a mi hermano, segundo. Llevábamos uniforme obligatorio, todos con los mismos colores, las mismas prendas, nada más, nada menos: debíamos ser clones indiferenciables y cualquier divergencia era penalizada.

El primer día fue notorio que aquello no sería nada parecido a lo que había vivido en los Estados Unidos. No se trataba solo de un idioma nuevo y, si se quiere, más complejo, sino que los principios de la educación eran muy diferentes. Mientras que en California se promovía la participación, la iniciativa y, sobre todo, la motivación, en la Alianza se infundía obediencia, disciplina y estética. La enseñanza no venía desde lo vivencial, no ocurría en primera persona, al contrario, eran conocimientos dictados, impartidos por una voz de mando que poseía lo que se supone necesitábamos aprender. Era fundamental seguir las órdenes, acatar las normas, no sobresalir demasiado y prestar atención.

Esto resultaba tan importante que el liceo tenía a un inspector general, Monsieur Cauty, un antiguo soldado de las legiones extranjeras en África. Todas las mañanas se escabullía por los rincones del patio, los pasillos y los salones buscando algún error en el uniforme, un alumno indisciplinado, un elemento que desentonara, cualquier excusa para usar ese vozarrón militar que hacía retumbar las paredes e intimidaba sin piedad.

El ambiente era, de alguna manera, bastante represivo. El enfoque estaba en la belleza, los detalles y la cuasi perfección que nos imponían por la fuerza. A mí particularmente no me molestaba. Amaba el orden, no daba motivos de quejas y no me dejaba intimidar fácilmente por nadie. Sin embargo, cuando recordaba lo que había vivido en Los Ángeles y Davis, era imposible no sentir un gran abismo.

Las diferencias estaban presentes hasta en el último de los aspectos. En los salones nos obligaban a llamarnos por nuestros apellidos; se pasaba asistencia y todos tuvimos que escribir con la mano derecha. Las clases se dictaban en francés —a excepción de algunas pocas—, y le daban muchísima importancia al aspecto de los cuadernos; llegaban, incluso, a castigar por tenerlos en mal estado. Teníamos clases de caligrafía y escribíamos en papeles gruesos con tinta y pluma. Debíamos trazar letras perfectas sin dejar que se chorreara, cuidando los trazos, velando por realizar todo de la manera más limpia y estética posible.

Creo que aquello era la mayor representación del espíritu de la Alianza Francesa. En California, los profesores ni siquiera se preocupaban por esos aspectos. Escribíamos con bolígrafos, tachábamos, rompíamos hojas y teníamos un gran desorden, pero no importaba, el conocimiento iba por encima de aquello, el cuaderno de cada niño era su propio mundo y no había razón para destruírselo. En cambio, en estas aulas, el orden parecía el enemigo de la creatividad y la motivación. Durante las clases imperaba la estructura y la idea de que había una y solo una manera de hacer las cosas. El mundo solo tenía un color, una forma, un camino y si existía una persona a quien eso podía destruir por completo, esa era mi hermano.

Octavio sufrió como nunca lo había hecho en su vida. Cada uno de los años que estuvo en la Alianza fue una tortura para él. Por más que ese halo atractivo y encantador lo acompañaba y le hizo conseguir amigos y admiradores, la disciplina lo asfixiaba. Todos los problemas iniciales de los Estados Unidos se repitieron, el idioma nuevo le costaba y, por ello, se aburría en clases. Por suerte, ahora podía hablar en español con sus compañeros y veía en ello un mayor interés que solo escuchar las voces de sus profesores.

En muy poco tiempo comenzó a tener una silla fija en la dirección del colegio; se hicieron frecuentes las citaciones y las reuniones con mis padres e incluso le contrataron una profesora particular, pero los esfuerzos solo daban resultados modestos. Octavio sufría intensamente en unas aulas que lo limitaban. Lo suyo no era aprender de esa forma, pero nadie se daba cuenta. Resultaba sumamente difícil saber con precisión qué hacer con él. Los meses avanzaban, sus notas apenas mejoraban lo suficiente para dejarlo pasar de grado, y todo empeoró cuando su dislexia y tartamudeo se potenciaron hasta convertirse en una discapacidad que no parecía pasajera. La mayoría de los especialistas coincidieron en el mismo punto: aquello era el resultado de haberlo obligado a escribir con la mano derecha cuando él era zurdo.

En retrospectiva, mi hermano sufrió muchísimo. Todo lo que padeció lo llevaba en silencio, no se quejaba ni decía algo en particular, pero lo exteriorizaba metiéndose en problemas, llamando la atención, haciendo ruido y aburriéndose hasta morir en clases. Para esa época, todavía mojábamos la cama y si Octavio estaba comenzando a mejorar levemente en ese aspecto, todo retrocedió durante los años que estuvimos en Chile. Mi hermano no era feliz y tardaría varios años en serlo.

En mi caso era todo lo contrario. Me adapté lentamente al entorno; la metodología no me incomodaba, aprendí a sobrellevarla con cierta alegría y las habilidades que desarrollé en California para pasar desapercibida me resultaron de mucha utilidad. Tuve algunos pocos amigos, pero el contacto era muy limitado y se reducía estrictamente a las actividades en el aula. Por supuesto, los días de manejar bicicleta habían terminado. Ya no disponíamos de la libertad para movernos por nuestra cuenta. Mi mamá había organizado que algunas de sus amigas nos regresaran a casa tres veces a la semana y por las mañanas nos llevaba mi padre. Así, estábamos invariablemente atados a la supervisión de los adultos, carecíamos de la independencia que tanto habíamos disfrutado en Davis y de alguna forma se sentía que lo habíamos perdido todo.

Adicionalmente, luego del colegio, llegábamos a casa y allí también todo resultaba diferente. El contacto con nuestros padres se redujo muchísimo y se limitaba, mayormente, a la cena. Contrataron a una empleada llamada Ana que nos recibía todas las tardes al volver de clases. Ella se ocupaba de cuidarnos y no le dábamos demasiados problemas, sin embargo, cada día estábamos más solitarios. Perdíamos el tiempo en cualquier actividad que lograra distraernos hasta la llegada del próximo día. La vida se achicó drásticamente. El mundo parecía más pequeño y monótono, pero allí donde se encogía el nuestro, se expandía como nunca el de nuestros padres.

Su vida social y profesional estaba en pleno apogeo y mientras nosotros estábamos inmersos en la monotonía, ellos resplandecían en sus propios mundos.

5

Cuando se escribe en primera persona, los recuerdos parecen más reales que la propia experiencia de haberlos vivido. Tal vez se deba a ese enorme esfuerzo que se emplea para reconstruir lo que hace mucho, muchísimo tiempo, ya quedó atrás. Ahora, en este momento, cierro los ojos, pienso en la década de los sesenta, sus matices, el espacio y el tiempo que me correspondieron en ese instante y de inmediato me asaltan las imágenes de una vida que no parece mía, pero lo es. ¡Vaya que lo es!

Como un rayo que cae y desaparece sin dejar casi rastro, así yo también caigo al ayer. A mí alrededor todo tiene un color hermoso, todo luce agradable y nuevo. Mi cuerpo se siente ligero, poseedor de un conjunto de edades que comprenden entre los nueve y los once. La vida vuelve a ser ruidosa, veloz e intensa. Regreso a las rutinas, los pasos hasta el colegio, el retorno al hogar, las cenas, los fines de semana en casa de mis abuelos y las visitas de los amigos de mis padres. Todo cae como diluvio.

Y ahí estoy yo, reviviendo el pasado.

Ahí estoy yo, viendo el tiempo pasar, enfrascada en capturar hasta el último detalle, todo lo que nunca percibí. Ahí estoy yo, pero ya no me concentro en mí misma, sino en la dirección de mis ojos, en el sonido que llega a mis oídos, en los sentimientos imperceptibles que había en los rostros, las palabras…, los cuerpos. Ahí estoy yo, ya no para contar solo mi historia, sino la de mis padres, como la testigo de unos días que solo la memoria y el esfuerzo me permiten reconstruir.

Ahí estoy yo, la testigo invisible del progresivo avance de sus vidas.

…

A su manera, todas las épocas son intensas; sin embargo, es posible que para Enrique Lafourcade nunca hubiese una tan agitada como aquella. No era cosa de su vida personal, que esa..., esa ya tenía suficientes acontecimientos como para hacer de sus días una tarea ajetreada; tampoco se debía a sus pesadas jornadas y rutinas como escritor, la respuesta era una sola y se encontraba en el insaciable, agotador e intenso crecimiento que experimentaba la literatura chilena.

Ese sí que era un asunto serio.

El mundo parecía cautivado por los escritores latinoamericanos y Chile estaba capitalizando ese interés a un ritmo más que saludable. Su literatura tenía carácter y un catálogo maduro repleto de autores, estilos y géneros muy variados que ofrecían un abanico de opciones a los interesados. En las vitrinas, cerca de tres generaciones de escritores ponían en circulación sus obras cada año, y el acontecer diario arrastraba a cientos de rostros frescos, cargados de grandes historias que anhelaban ser publicadas por primera vez, pero que necesitaban un lugar para darle tapa, papel y tinta.

Por suerte, ese lugar existió.

En la calle se le conocía como Zig-Zag, a secas; lo de llamarla Empresa Editora solo alargaba el mensaje, redundaba. Desde inicios del siglo XX, hablar de literatura chilena significaba referirse a ella indirectamente. La editorial se introdujo debajo de la piel. Más que una marca, pasó a representar el emblema de lo clásico y lo novedoso, el hogar de poetas y cuentistas, el espacio donde la escritura dejó de ser un ejercicio individualista, orientado a un público muy pequeño, para transformarse en un arte comerciable, capaz de llegar a las masas.

Zig-Zag era vanguardia, cultura y crecimiento; Zig-Zag creía en los libros, en el conocimiento y en el poder de difundir el pensamiento humano, aunque eso le generara pérdidas; Zig-Zag era una empresa hegemónica, con una visión competitiva en constante renovación y un enfoque claro acerca del juego editorial que comenzaban a crear.

Un juego al que, sin duda, Enrique deseaba sumarse.

Desde la primera semana de su llegada a Santiago, Enrique se dio a la tarea de estar allí donde rugiera la imprenta con sus sonidos de maquinaria. Todos los días observaba la metamorfosis de grandes bloques de hojas en blanco a través de una sutil cadena de montaje. A un ritmo ininterrumpido e industrial, el papel se impregnaba de tinta, las páginas eran cosidas unas con otras, los bordes eran cortados con guillotinas y, al final, una máquina enorme le adhería, con pegamento, las tapas multicolores, repletas de grabados y el nombre de los más diversos autores. Una vez compuesto el libro, terminaban almacenados en cajas enormes que transportaban los hombres en medio de gritos y risas, siempre exigiendo más esfuerzos y energía para cumplir con pedidos que nunca satisfacían el apetito de una audiencia que devoraba cada nuevo título sin clemencia.

Aquel era el majestuoso e ignorado sonido de los libros y Enrique estaba fascinado. Nada le resultaba más estimulante que descubrir ese mundo desconocido tan intrínsecamente ligado a su oficio. Sabía que cada uno de esos procesos representaba un acercamiento a la obra terminada, distribuida y depositada en las manos de los lectores y eso tenía un valor inmenso.

Por supuesto, su visita en aquel lugar perseguía un propósito: deseaba capturar la esencia de la industria editorial. Ahora que tenía un contrato como editor en Zig-Zag, sabía que su destino estaría ligado más que nunca a los libros. Por eso, no solo buscaba memorizar el catálogo completo de la empresa, sino que necesitaba aprender el proceso mismo de fabricación, distribución y mercadeo de las obras que resguardaban. De alguna manera, se sentía parte de un lugar que trascendía su propia existencia, que lo volvía —de muchas maneras diferentes— invisible, pero, simultáneamente, otra pieza fundamental para llevar la literatura chilena a nuevas latitudes.

Y es que para Enrique todos los caminos parecían conducir a Zig-Zag. Tal vez por eso estaba satisfecho de estar allí. En esa empresa comenzaba la magia. En sus oficinas y fábricas nacían las obras más importantes y formar parte de ese proceso significaba estar en el mismísimo centro del universo. Entre aquellas paredes, el ritmo de la vida era acelerado, estimulante, frenético; repleto de apuestas y riesgos, ganancias y pérdidas. A diario, desfilaban por las oficinas decenas de escritores en búsqueda de oportunidades. Algunos venían ataviados con los egos, la fama y las sombras propias de carreras largas y prolijas; otros se acercaban recatados, con la modestia, la ilusión y el miedo típico del escritor novel; sin importar la condición, unos y otros terminaban en los cubículos de los editores, ofreciendo en santo sacrificio sus más íntimas creaciones, con la esperanza de que, si todo salía bien, la persona que tenían delante les ayudara a sumar su obra a las publicaciones del año.

Ese era el trabajo de Enrique.

Todos los días recibía un buen puñado de manuscritos y los leía sentado en su oficina, entre papeles, máquinas de escribir, documentos, teléfonos y escritorios. Disfrutaba lo que hacía. Se desvivía evaluando, descartando e incluso postulando los trabajos que le llegaban, todo al mismo tiempo, de forma ininterrumpida. Era un apasionado, se lo tomaba con mucha responsabilidad y trataba de dar lo mejor en cada tarea que desempeñaba. Entendía, por extraño que pareciera, que podía generar un estímulo positivo al oficio del escritor a través de su trabajo y estaba decidido a ir más allá de lo que se esperaba de él.

Naturalmente, aquella era una labor agotadora que comenzaba desde las ocho de la mañana y no lo abandonaba hasta que se iba a dormir. Su mente trabajaba a una velocidad imparable, las jornadas eran exigentes y las rutinas repletas de imprevistos y carreras. No obstante, a pesar de las circunstancias, Enrique siempre sacaba tiempo para seguir construyendo sus más profundas aspiraciones.

En 1964, el apellido Lafourcade ya era reconocido. Enrique se consagraba como escritor y su regreso al país no iba a pasar desapercibido. De alguna manera, controlaba su tiempo para que todo le resultara favorable. Su organización era magistral. En sus manos, las horas parecían una medida manipulable, alterable, sometida a su voluntad. Por un lado, no solo cumplía con sus responsabilidades en Zig-Zag, sino que enviaba algunos artículos dominicales sobre los Estados Unidos para *La Nación* y *El Diario Ilustrado*. También le seguía dedicando un par de horas a las cartas que intercambiaba con sus amigos, visitaba la Escuela de Derecho y la de Ciencias Políticas de la Universidad de Chile y, además, se escapaba frecuentemente a leer y conversar en el Parque Forestal.

A su vez, se mantenía con el apetito del mismo joven veinteañero de 1950 que deseaba crear espacios de cultura y debate allá a donde iba. Con regularidad planificaba conferencias, talleres y encuentros literarios. Cualquier asunto le valía de excusa, amaba compartir y construir oportunidades de encuentro. De igual forma, vivía empeñando su tiempo con tal de asistir a la última de las ferias de libros a lo largo de Chile. Aquellas siempre venían rodeadas de festivales y celebraciones, por eso no era raro que Enrique se aventurara hasta los lugares más lejanos de las provincias. Visitaba las del norte y las del sur, no se le escapaba ninguna. Estaba honrado y feliz de participar y saber que su nombre llegaba hasta esos lugares. Además, era recibido con grandes agasajos de licores fuertes, comidas tradicionales y rostros amigables que prolongaban las fiestas por días enteros con su bullicio de música y risas estruendosas.

Enrique se sentía pleno, a gusto con lo que estaba recibiendo por todas partes. De muchas maneras diferentes, disfrutaba del afecto de una sociedad que lo identificaba como una de sus promesas materializadas. Ahora era una figura de peso y relevancia, un hombre que, a pesar de no provenir de la clase alta, había logrado estar en boca de muchos. Enrique era hijo y uno de los padres de la generación del cincuenta y por fin se creía dueño de su nombre, de su historia y de lo que seguiría construyendo a través de esa carrera que, decididamente, recién iniciaba.

No obstante, si el tiempo se estiraba tanto se debía, también, al apoyo casi incondicional de su jefe, el exministro de Relaciones Internacionales de

Bolivia, exembajador en Chile y asesor y jefe del departamento editorial de Zig-Zag, Alberto Ostria Gutiérrez.

Aquella era un alma noble como muy pocas conoció Chile. El hombre detrás de esos cargos tenía un espíritu apasionado, una capacidad extraordinaria para mediar y un don para empatizar con las personas. Cuando rechazaba algún manuscrito, hacía que el autor se olvidara del lamento y replanteara su obra. En la mayoría de los casos, los escritores se marchaban reconfortados y dispuestos a volver en otra oportunidad con las correcciones sugeridas. Nunca golpeaba el ego, jamás estaba a la defensiva y su infinita visión le permitía apreciar el valor de cada ser humano y el potencial de su talento.

La estadía de Ostria en Zig-Zag benefició enormemente a cientos de títulos que, seguramente, de otra forma, no hubiesen sido publicados. Su dedicación estaba por encima de lo comercial, valoraba el arte de la literatura y respetaba inmensamente la labor del escritor. Nunca se detenía ante nada. Defendía todas las causas y mediaba con bastante regularidad con Ignacio Cousiño Aragón, el gerente comercial, y Guillermo Canales, el jefe de la administración, en la eterna disputa de los adelantos, los cheques y el dinero que Ostria sabía tanta falta les hacía a sus escritores. De alguna manera, siempre conseguía esos anticipos y llamaba a los involucrados con una sonrisa modesta, las manos abiertas, el cheque sobre el escritorio y un gesto que parecía decir: *«sé que no es todo lo que esperabas, pero dame tiempo, pronto conseguiré el resto».*

Sin duda, Ostria era capaz de ver a través los problemas. Sabía atender las necesidades de cada individuo y lograba que todos encontraran en él un antídoto para las adversidades. A pesar de que su pasado político lo convirtió, con el tiempo, en un exiliado, para las personas que lo conocieron nunca fue un extranjero, sino el más acogedor de los amigos. Su trayectoria en Zig-Zag era digna de elogios y de los mayores laureles.

Con Enrique siempre mantuvo una relación de solemne amistad, incluso mucho antes de que regresara a Chile, cuando enviaba cartas desde Los Ángeles pidiéndole la fecha de su próxima publicación, sugiriendo algún título para su consideración o pidiendo consejos acerca del futuro. Ostria lo apreciaba no solo como escritor, sino también como parte de Zig-Zag. Durante su estadía en la editorial, le brindó tolerancia y la posibilidad de que fuese él mismo, con todas las excentricidades y tropiezos que eso significaba. Muchas veces miró hacia otro lado cuando Enrique llegaba tarde, se marchaba antes de la hora o simplemente no volvía durante las tardes. Le interesaba crear espacios para que sus editores crecieran y fueran libres. Sabía que el éxito de cada uno de ellos se traducía en buena publicidad para la empresa, y en el caso de Lafourcade, su desbordante pasión por los eventos y la vida pública se convertía en un escaparate andante de Zig-Zag.

Así, a grandes pasos, Enrique fue construyendo una rutina con la que se sentía feliz, dichoso, productivo; pero que, paradójicamente, no resultaba tan lucrativa como podría parecer. Objetivamente, nunca había trabajado tanto, pero el dinero no alcanzaba. El sueldo que ganaba en los Estados Unidos era mucho más holgado e involucraba una sola labor. En cambio, en Chile debía hacer malabares con un puñado de trabajos para conseguir hasta el último centavo. Vivía enlistándose en diferentes labores para sumar pesos de aquí y de allá hasta formar una cantidad digna que le permitiera mantener su estilo de vida. Por ese motivo, muchas veces se arriesgaba a intentar nuevos proyectos, como fue el caso de la obra *Sálvese quien pueda*, escrita con esmero, estrenada en el Teatro La Comedia y cuyo resultado fue un rotundo fracaso. Aun así, aquello demostraba perfectamente sus intentos por innovar y diversificar sus entradas económicas. Allá en donde ponía la vista, siempre debía existir una posibilidad de aumentar los ingresos.

Por suerte, no estaba solo en su afán: la energía de Enrique no era nada en comparación a la de su esposa.

María Luisa Señoret se sabía ganadora, mucho más madura y poseedora de nuevos conocimientos que algunos interesados estarían dispuestos a pagar. La vida le sonreía. Había perfeccionado el arte del grabado hasta convertirlo en una herramienta poderosa con la cual ingresaba a espacios que nunca antes le habían abierto sus puertas. Uno de ellos era la propia editorial Zig-Zag. Cada obra nueva necesitaba grabados para sus tapas y eso se traducía en trabajo para ella. En una época donde no existían ordenadores ni había posibilidades de crear arte computarizado, María Luisa se volcaba en sus labores con auténtico frenesí. Creaba piezas con los más variados estilos, formas y colores. Se esmeraba para que cada diseño estuviese a la altura de sus autores. Al terminarlas, tenía la extraña certeza de que capturarían la atención de cualquier lector curioso que estuviese buscando una señal para comprar un libro.

Esta era una experiencia novedosa para ella. No estaba acostumbrada a conseguir ingresos a través de su profesión. De hecho, aunque se había graduado de abogada, nunca llegó a ejercer como tal; en cambio, con sus másteres de grabados sí que tenía oportunidades. No solo trabajaba en algo que la apasionaba inmensamente, sino que era reconocida por su arte. Su nombre comenzó a frecuentar los labios de muchos círculos intelectuales y no hubo un solo día en el que no tuviese trabajo. Esa sensación de independencia y valor propio eran gratificantes, desconocidas y le hacía latir el corazón de una forma vertiginosa.

Por supuesto, había otras emociones que rivalizaban con todos esos sentimientos.

Por curioso que parezca, no había nada en el mundo que le gustara más a María Luisa que dar clases. Tras su llegada a la capital, retomó el oficio que más disfrutaba y comenzó a asistir al ambiente en el que mejor se sentía: la Escuela Experimental de Educación Artística. Aquello era algo personal. El plantel servía de internado para cientos de alumnos que, por diversas razones, el Estado traía de las provincias, especialmente del sur de Chile, y les brindaba diferentes oportunidades de estudio. Con mucha frecuencia los niños eran infravalorados por sus orígenes y varias personas dudaban de sus capacidades artísticas. Sin embargo, para María Luisa no había mejores aprendices. Aunque su labor no le generaba más que un modesto sueldo de empleado público, la llenaba de satisfacción guiar con absoluta libertad a tantos rostros prometedores que distaban tan hondamente de los típicos niños ricos de escuela privada.

María Luisa amaba dar clases. Se perdía en ese mundo y las mañanas transcurrían en un instante. Todos los días motivaba a sus estudiantes a creer en sí mismos, a crear y construir lo que sus mentes, sentimientos y cuerpos desearan transmitir. Sus métodos siempre eran diferentes, los variaba constantemente y se esforzaba por sacar lo mejor de cada niño. Con frecuencia los estimulaba con la promesa de que sus obras serían parte de alguna galería o exhibidas en una exposición de arte. Eso tenía un efecto instantáneo. Los grupos entregaban tanto como María Luisa les ofrecía y los resultados superaban toda expectativa.

Para ella, el compromiso iba más allá de las aulas, cada vez que tenía oportunidad, se valía de las más variadas excusas para mostrar las obras de sus niños. No había esfuerzo que no hiciera para compartir con la sociedad chilena lo que para ella era un hecho: el talento podía nacer de cualquier lugar si se apostaba por la educación y se creía en los niños sin distinguir razas ni orígenes.

Cuando dejaba las instalaciones de la Escuela, María Luisa se debatía entre varias opciones. Siempre había mucho por hacer y, para su suerte, sus hijos estaban bien atendidos. No debía preocuparse por ellos. Así que se dirigía al mítico Taller 99, un enclave especializado en el arte y la producción del grabado. Ahí hacían vida los más variados artistas, quienes alquilaban un espacio donde lograban trabajar a gusto y se beneficiaban de la infraestructura que les brindaba la instalación. Con frecuencia, María Luisa iba hasta ese espacio para imprimir sus bocetos o perfeccionar el resto de sus encargos y producciones.

Muy lentamente su fama comenzó a ser abundante y eso no beneficiaba solo a una de sus habilidades artísticas. Con regularidad, sus cuadros, pinturas y grabados comenzaron a venderse y cada día aparecían nuevos clientes con ofertas tentadoras. Después de mucho esfuerzo y dedicación, su don comenzaba a ser lucrativo. Sus obras ya no se quedaban decorando las paredes de su casa, sino que llegaban a las personas de formas inesperadas. Tanto así que, durante esos años, fue galardonada y reconocida por el Salón Oficial del Nuevo Palacio de Bellas Artes en la categoría de Grabado. Definitivamente, su carrera se enrumbaba hacia la plenitud y, a veces, no era consciente de lo que significaba cada uno de sus pasos.

Ya cuando el cielo comenzaba a oscurecer y la noche obligaba a las farolas a encender su luz, María Luisa se paseaba por exposiciones, galerías o encuentros artísticos en su vieja Escuela de Bellas Artes. En ese ambiente volvía a conectar con los viejos contactos y ampliaba sus círculos de amistades a pesar de haber regresado a una ciudad en donde muchos murmuraban a sus espaldas.

Cuando salía, iba al encuentro de su esposo, quien la esperaba con bastante frecuencia en el Parque Forestal. Aquello era poético, casi como regresar a los primeros días de coqueteo, miradas intensas y colores redescubiertos. El amor que sentía por Enrique seguía íntegro, puro, radiante; sin embargo, día tras día, al llegar a la fuente de Rubén Darío, María Luisa descubría que la llama del pasado no regresaba a los ojos pantanosos de su esposo. Sentía sus labios fríos, sus manos toscas, su ánimo déspota. Donde ella veía recuerdos y anhelos, él solo encontraba un punto de reunión para volver a casa. La vida se marchitaba en medio de las rutinas y aunque ambos se sentían en la mayor plenitud de sus vidas, el camino a casa los estrellaba con una ineludible y triste realidad: el matrimonio no iba nada bien.

El viaje en automóvil siempre era redundante. Enrique se había comprado un Ford Taunus y conducía dejando que la brisa nocturna entrara por la ventana. A pesar de lo mucho que había para contar, la conversación moría rápido la mayoría de las veces. Enrique se concentraba en llevar el volante y la velocidad del acelerador. María Luisa veía los otros autos, las farolas y su propia vida pasar a noventa kilómetros por hora cada noche de la semana. Entre suspiros y silencios se tragaba sus lamentos hasta que se bajaba del auto.

Entonces llegaba la cena, el único espacio en el que padres e hijos se reencontraban. Con frecuencia Marilú no acudía a comer pero, cuando lo hacía, procuraba mantenerse callada, como si no existiese. Por lo general, todos comíamos a gusto y en medio del sonido de platos y cubiertos, surgía la oportunidad para que su pequeña hija narrara a gusto sus días en el liceo francés.

—¡El Jara dijo que estoy mejorando mi francés!

Siempre comenzaba mis elocuciones de esa forma. Mi padre pensaba que aquel sería mi primer noviecito. La realidad era muy diferente. Hernán Jara era mi compañero de clases y me ayudaba traduciéndome muchas de las informaciones que no alcanzaba a descifrar con mi modesto francés. Al igual que Hernán, Martín Donoso me apoyaba con regularidad. Ambos hicieron que mi paso por el liceo fuese más llevadero y el idioma no se convirtiera en una carga dolorosa de llevar.

—¿Puedo ir a la casa de Cristina este fin de semana?

María Cristina Huneeus fue mi primera gran amiga. Era una niña hermosa con herencia belga que le transmitía el más absoluto orden. Un rasgo nada despreciable para una niña como yo que amaba con locura la limpieza, las rutinas estructuradas y la disciplina. Las visitas a su casa se volvieron frecuentes. Nunca había tenido la oportunidad de visitar a una amiga y la morada de Huneeus me resultaba sencillamente encantadora.

—No esta vez. Viene de visita Parra y otros amigos y van a querer verte.

Para Enrique, las reuniones de los domingos eran fundamentales. Estaba acostumbrado a tener una vida social muy activa y aquello complementaba su existencia. Para él era inconcebible pasar un sábado o un domingo sin que el hogar se transformara en el oasis de la literatura, el vino y el arte.

Por aquella época, sus amigos más frecuentes eran Armando Cassigoli, Enrique Molleto, Nicanor Parra, José Ricardo Morales y su esposa Simone Chambelland. Sin embargo, los rostros cambiaban constantemente semana tras semana. A la casa llegaban los más variados visitantes y siempre traían vino, cigarrillos y un fuerte deseo por conversar. Enrique solía ser el centro de atención y guiaba las conversaciones con mucha frecuencia.

Esto no le resultaba nada difícil, especialmente con los amigos de María Luisa. En su caso, traía a pintores, artistas plásticos y otras personas influyentes del grabado, los museos o alguna galería. A comparación de los escritores, aquellos hombres y mujeres solían ser más recatados y, a no ser que tuviesen un don extraordinario para sobresalir, se mantenían en permanente silencio.

—¿Y yo pu-puedo tra-traer a mis amigos?

El tartamudeo de Octavio no mejoraba a pesar de los esfuerzos. Ahora volvía a escribir con la mano izquierda, pero aquello no era suficiente para hacer retroceder el mal que le había ocasionado.

—Por supuesto, tráelos.

María Luisa amaba a su hijo y le negaba muy pocas cosas. Sabía lo importante que era para él contar con sus amigos y prefería dedicarles algunas atenciones a los niños en lugar de verlo pasar el fin de semana a solas en medio de tantos adultos. Octavio no era como yo, a mí aquello me agradaba. Ella muchas veces me sorprendía con el ceño fruncido, los ojos bien abiertos y mordiéndome el pulgar mientras trataba de escuchar y entender las más complejas conversaciones. De hecho, comenzaba a ser un hábito que participara con algún comentario u opinión que agarraba con la guardia baja a todos, especialmente a mis padres.

Ningún miembro de la familia lo notaba, pero todas las cenas transcurrían exactamente iguales. No había diferencia entre unas y otras. La rutina lo cubría todo de forma inalterable. Nada desencajaba y, como siempre, al vaciar los platos, casi como si aquel último esfuerzo fuese suficiente para descargar las energías de todos, un pesado aletargamiento los obligaba a marcharse a la cama.

En la casa, el tiempo parecía morir. No se debía solo al cansancio, sino a una genuina necesidad por terminar el día y así reiniciar la vida al día siguiente. Quizás por eso, en la alcoba del matrimonio el apetito sexual menguaba noche tras noche. La intimidad se veía reducida y no precisamente por los hijos. Nosotros nunca fuimos un verdadero problema. La raíz del conflicto provenía del desencanto. El amor se acercaba a su fin, eso se traducía en una pérdida del deseo y de esos detalles que siempre mantuvieron a María Luisa a merced de su esposo. Los días se volvieron cada vez más silenciosos, repletos de ausencias metafísicas, pues los cuerpos permanecían en la misma cama, pero el pensamiento…, el pensamiento se fugaba hacia otros lugares. Para Enrique todo se encontraba muy lejos, en otra cama, otros labios, un cuerpo nuevo; para María Luisa todo parecía amenazantemente cerca, le mordían las dudas, la cacería, las eternas hipótesis de quiénes podrían ser las mujeres que recibían los favores y el cariño del hombre que amaba con tanta intensidad.

Un día lo descubriría, pero no sería ese.

6

A veces, durante los fines de semana, ocurría un suceso extraordinario que en su momento no alcanzaba a comprender; sin embargo, después de tantos años, al revivirlo en mi memoria me parece de lo más interesante. Es curioso lo mucho que ignoramos sin ser conscientes de ello. En aquellos días de mi niñez había una infinidad de cosas que pasaban desapercibidas para mí porque carecía de la madurez suficiente para entender el trasfondo de las palabras y esos comentarios de los adultos que con regularidad escondían más de un sentido.

En realidad, los adultos siempre dicen cientos de cosas creyendo fielmente que los niños nunca las van a entender. Usualmente no se equivocan, pero eso no significa que las palabras no queden marcadas en las mentes infantiles. Todo permanece, nada nos abandona. El cúmulo de ideas perdidas en el tiempo sigue allí, en el inconsciente, formando parte de nuestra vida hasta que un día reaparecen para documentarnos el mundo de significados que nunca entendimos.

En ese sentido, los familiares de mi madre eran genuinos artesanos de la palabra. Sus conversaciones estaban repletas de enigmas, misterios e ideas envueltas alrededor de sus propias vidas. Nada era lo que parecía. Cada encuentro con ellos me dejaba estelas y pistas de aquello que amaban, padecían y anhelaban, pero nunca decían abiertamente. Ahora que puedo reconstruir aquellas memorias, siguen faltándome fragmentos, todo sigue lleno de vacíos, aunque ya no tanto como antes.

Por costumbre, los Señoret Guevara se reunían muy poco. La mayoría se encontraban regados por varios lugares del mundo y armar sus pedazos no era tarea sencilla. Ni siquiera era posible reunir a la familia más cercana de mi propia madre. Desde su adolescencia, los caminos de todas las hermanas se desvincularon. Luego de vivir una larga temporada en Inglaterra, algunas se casaron allí e hicieron sus vidas en ese y en otros países de forma más o menos permanente. Los imprevistos y las aventuras las fueron moviendo a cada una por aquí y por allá, siguiendo o cambiando a sus esposos, construyendo nuevos hogares y consumiendo de a gran velocidad sus herencias.

Con todo, el tiempo se encargó de manipular las mareas —y las descocidas vidas de cada una—, hasta encallar a todas las hermanas Señoret en Santiago a la vez.

Ese momento exacto ocurrió en 1965 y a mi madre le pareció una fecha perfecta para presentar formalmente a sus hijos. No es que los Señoret ignoraran nuestra existencia, más bien nunca había existido una oportunidad real para que coincidiéramos todos en un mismo espacio. Octavio y yo conocíamos a nuestras tías, abuelos y demás familiares a través de algunas fotografías; pero ellos, de nosotros, en el mejor de los casos, apenas sabían el nombre. La realidad era que Marilú había sido reconocida como la hija legítima. Nosotros, en cambio, a veces parecíamos una suerte de hijos bastardos. El matrimonio de María Luisa no era bien visto y su sombra nos envolvía a nosotros también.

Aun así, conforme todos maduraban, aquella idea fue desapareciendo y lentamente el interés tuvo más peso que los criterios ortodoxos. Por ello, esa mañana de mayo, cuando el seco verano se esparcía inclemente por las calles, mi madre conducía el Ford Taunus de mi padre, rumbo a la calle Loreto, a poca distancia del Museo de Bellas Artes. Mi padre no nos acompañaba, lógicamente, la tolerancia de la familia no llegaba hasta ese punto. Mi hermano y yo ocupábamos los asientos traseros. Desde allí, observábamos las calles con sus gentes bien vestidas, los autos con colores limpios y, a veces, oxidados, y a lo lejos, el Forestal, tan verde y profundo, como un enorme prado que lentamente estaba siendo conquistado en todos sus frentes por el voraz urbanismo de la ciudad.

En la calle Loreto había varios complejos de edificios espaciosos y modernos que se elevaban algunos pisos por encima de las centenas de tiendas de su calzada. Por allí se paseaban los vecinos y otros transeúntes a diario y aquel día no era la excepción. Algunas de esas grandes edificaciones eran propiedad de mi tío abuelo, Nicanor Señoret, y al regresar sus sobrinas a Chile, decidió instalarlas allí. Ambas vivían en el mismo piso, puerta con puerta, separadas, apenas, por un breve pasillo: a la izquierda, Raquel; a la derecha, Margarita. Tan juntas y parecidas, pero drásticamente opuestas en todos los sentidos.

Entramos por la puerta derecha. Las reuniones familiares siempre ocurrirían allí. La casa de Margarita se mantenía ordenada, con una distribución placentera y un confort envolvente. No había nadie que le ganara en cortesía; mi tía era una anfitriona extraordinaria; se esmeraba mucho en ello y eso la enorgullecía. Sus dotes eran herencia de su madre y, aunque todas las hermanas tenían un poco de aquello, en su caso se había potenciado hasta volverse una necesidad. En el pasado, con bastante frecuencia se encargaba de organizar las fiestas de té en sus círculos sociales. Toda su vida se mantuvo junto a un selecto grupo de la burguesía local en Inglaterra y Perú. Así, por fuerza, se vio estimulada a mejorar sus habilidades constantemente para estar por encima de las expectativas de sus invitados.

Al vernos llegar, aquellos rostros de mujeres adultas se tornaron alegres. Mis tías hicieron un grupo a nuestro alrededor y comenzaron a parlotear sin detenerse con sus frases atropelladas y risas desordenadas. Muy lentamente nos fueron empujando al interior de la casa, arrojando sobre nosotros una lluvia de elogios, pellizcos y comentarios con esas voces suaves, pomposas, aladas que no alcanzaba a entender, pero me hacían sentir extrañamente querida. Por unos largos minutos no supe de mí, estaba flotando en un hogar de paredes tapizadas y espacios repletos de colores azulados, dorados y cobrizos. La brisa penetraba en el recinto por todas partes sin exageraciones ni pretensiones, llegaba y se marchaba, desdichada, triste, incapaz de robarle la calidez al ambiente, ni de arrebatar los aromas dulces que invadían la cocina y el salón.

Cuando al fin nos detuvimos, y tomé el control de mi cuerpo, logré observar a todas las hermanas Señoret: el contacto fue arrollador.

Muy pocas veces en mi vida recibí la mirada de un grupo de mujeres tan hermosas en el mismo lugar y al mismo tiempo. Las hermanas poseían una belleza inusual que florecía producto de la más absoluta libertad. Ellas se movían gráciles y transmitían un dominio absoluto de sus cuerpos en cada pisada. Sus movimientos casi emulaban una danza seductora que mezclaba lujuria, elegancia y cierto orgullo aristocrático. Se pavoneaban al hablar: conversaban entre ellas, se miraban a los rostros y parecían ignorar que todos estaban esculpidos con el mismo mármol. Sus facciones eran naturales y gozaban de una piel limpia, sin imperfecciones y salpicada con algunas diminutas arrugas que representaban un verdadero mérito para su edad.

De vez en cuando se ponían de acuerdo y me miraban al mismo tiempo con aquellos grandes ojos azules y verdes que sonreían a juego con sus bocas de labios delgados, alegres y pintados con colores suaves. Yo veía todo desde abajo, me sentía como admirando las cumbres de las cordilleras. A lo lejos alcanzaba a ver los rostros de mis tías, a lo lejos. Todas eran excepcionalmente altas —exceptuando a Sibila, la hermana mayor—, medían un poco más de un metro setenta, algo extraordinario en la sociedad chilena.

Sus rostros eran perfilados y, curiosamente, al igual que mi madre, llevaban el cabello corto y bien arreglado.

Mis tías se clavaron hondo en mi pensamiento. No podía creer que descendiera de una familia de mujeres tan distinguidas y hermosas, capaces no solo de usar sus atributos, sino de transmitir tanta libertad y frescura con su sola presencia. Si ya mi madre, mi tía abuela Susana y mi hermana Marilú eran un importante punto de comparación en mi vida, aquel encuentro reformuló para siempre mi percepción de la belleza y durante muchísimo tiempo se convirtió en mi referente.

A las faldas de mi tía Raquel estaban sus hijos, tres niños de nuestra edad. Pedro, Paula y Javier nos miraban sonrientes e intrigados. Les resultábamos, de alguna manera, exóticos, y a nosotros nos interesaba conocerlos. Nuestras madres se encapricharon en llevarnos a la otra casa para que jugáramos con mayor libertad. Las voces de las mujeres nos apremiaban y nadie pudo detenerlas. Cruzamos el pasillo, nos dieron algunas galletas y se marcharon, envueltas en una nube de perfumes, risas y frases rápidas que solo ellas entendían.

La casa de mi tía Raquel era muy diferente a la de su hermana. El espacio estaba dominado por mis primos y en cada rincón había un poco de su esencia. Por el suelo estaban regados juguetes, libros, papeles, creyones, revistas, golosinas e incluso baúles pequeños de madera que escondían tesoros y una multitud de objetos. Aquel era su reino y desde allí dominaban el hogar. Al entrar, el mundo entero estaba por descubrirse. De inmediato nos arrojamos a la aventura y lentamente se mezclaron nuestras personalidades. Me llevaba bien con mis primos, pero a Octavio le cogieron un cariño casi inmediato. Sus ideas eran extravagantes y desafiaban al mismísimo miedo y eso agradaba de forma casi instantánea. Fue divertida la expedición por los cuartos, incluyendo el de mi propia tía, pero, conforme conquistábamos lugares confusos y extraños, mi interés fue cambiando. Una fuerza invisible me empujaba a regresar a la casa de Margarita y sin pensarlo demasiado, me escapé sin despedidas; crucé el pasillo y al girar la manija de la puerta, esta cedió.

Desde la entrada se escuchaban las voces aterciopeladas de las mujeres. A veces reían y otras susurraban, como si estuviesen confesando un secreto. Avancé con pequeños pasos, tratando de no hacer demasiado ruido, pero cada segundo me acercaba hasta el salón en el que se encontraban. Aunque no quería que me echaran, tampoco podía quedarme quieta. La casa me llamaba y yo acudía a su encuentro.

Aquel hogar tenía un estilo sacado de otra época. Me sentía inmersa en un libro que alguien había olvidado en una mesa y narraba la historia de una londinense del siglo XVIII. El mobiliario era completamente de madera tallada y adornada con ornamentas; había espejos grandes y pequeños con arcos dorados; mesas oscuras con manteles bordados y en todas las direcciones un gran número de portarretratos adornaban la estancia.

Mientras caminaba, sentía que estaba visitando a mis antepasados. Las fotografías de la familia Señoret me sonreían en medio de su seriedad a blanco y negro. Centraba mi atención en detallar sus facciones orgullosas y señoriales. En aquellos rostros veía mucho de mí misma, pero también de mi madre. Era como seguir una línea invisible que me llevaba al origen de nuestra herencia familiar. Mi identidad genética nacía en esos retratos de hombres y mujeres sin nombre para mí, pero que me resultaban inexplicablemente cercanos.

Casi sin notarlo, había alcanzado la entrada del salón. El sonido de las voces se hizo nítido y me sacó de mis pensamientos. Fui avanzando con cautela, paso a paso, con el corazón desbocado, buscando la forma de no ser vista. Entonces, descubrí que muy cerca había un pequeño pilar de madera donde me podía ocultar. Tomé el riesgo y en un movimiento sagaz, me refugié en aquella estructura hecha a mi medida.

Salvaguardada en mi escondite, mi visión dominaba por completo el salón. Las paredes tenían un tapizado inglés con el mismo color azul del resto de la casa. Algunos cuadros adornaban la estancia con pinturas, grabados y acuarelas de diferentes figuras humanas y paisajes campestres. El sol se colaba por los grandes ventanales que estaban a los bordes del recinto, mientras las cortinas azul rey se mantenían estáticas y amarradas con un lazo. En el centro, las hermanas Señoret estaban de espaldas, sentadas sobre muebles livianos y bien separados los unos de los otros, los cuales se ubicaban alrededor de una mesa de cristal de donde tomaban sus pequeñas tazas de porcelana y se servían de la tetera el humeante Earl Grey, el té favorito de mi tía Margarita.

Aquel era un cuadro perfecto, precioso, inmejorable: cuatro mujeres tomando el té en un espacio que se me antojaba único en el mundo. De pronto, como si la obra del pintor se hubiese transformado en realidad, la escena cobró vida y entre carcajadas e insonoros sorbos de té, las voces se elevaron hasta el techo y bajaron con fuerza a mis oídos.

—Desengáñate, Marga, Allende va a ganar en septiembre.

A sus cuarenta y un años, Raquel era la menor de las hermanas Señoret y probablemente la más arrojada de todas. Siempre iba a la ofensiva y las dimensiones de su voz mutaban constantemente: provocaba de manera asfixiante, pero solo en contadas ocasiones se animaba a pelear. Ella sabía adaptar sus palabras al entorno y mutaba de la inocencia a la lujuria en un instante. Nunca pasaba nada por alto, se mantenía atenta a las declaraciones de su interlocutor y había muy pocas cosas que temiera decir en voz alta.

Por lo general, la mayoría de las personas le perdonaban su carácter arrojado, tal vez porque adivinaban la fragilidad que se escondía detrás de ese rostro de película americana que era capaz de cautivar al instante con unos preciosos y sonrientes ojos azul turquesa. Mi tía, gozaba de una juventud sospechosa para su edad que consistía en una piel de porcelana perfectamente maquillada y sin arrugas, y el cabello cobrizo, largo y liso que a veces llevaba suelto y, otras pocas, recogido. Estaba acostumbrada a ser admirada y al hablar sus expresiones eran mesuradas, como si se esforzara por contenerse para no revelar sus emociones o pensamientos. Usualmente, vestía camiseros de algodón y de lino de colores monocromáticos y también se adornaba con anillos de oro y collares de piedras semipreciosas como el ámbar y lapislázuli. Le encantaba cuidar de su estética y aunque no lo decía en voz alta, disfrutaba de ser calificada como la más hermosa de todas las hermanas.

—Hm. *Seriously*? No lo sé, Raca, *my sources tell me otherwise*.

—¡Ay, hermana, hermana! Si tus amigos pensaran más allá de cuánto dinero tienen en la cartera, tal vez entonces podría tomarlos en consideración.

Ideológicamente, Raquel era una especie de comunista-oligarca repleta de contradicciones. Como miembro del Partido Comunista, abogaba por los principios del pueblo, pero bajo ningún concepto estaba dispuesta a renunciar a sus privilegios ni a relacionarse más de lo necesario con un círculo social inferior al suyo. Como ella, había muchos dirigentes de la izquierda que compartían esa estructura de pensamiento. Aquellas paradojas eran normales, las corrientes del comunismo y el socialismo todavía estaban muy frescas para una sociedad que apenas descubría su alcance e implicaciones.

—¿En qué más pueden pensar cuando está en riesgo el patrimonio de su familia?

Contrario a Raquel, Margarita estaba muy feliz con su herencia ideológica. El radicalismo de su padre seguía vigente en su forma de pensar y desde su regreso a Chile había recuperado las viejas amistades en las altas esferas sociales y económicas de Santiago. A ella le encantaba el cotilleo y las trivialidades de la vida. Se preocupaba mucho por el clima y en mantener una conversación que no molestara a nadie. Sin embargo, cuando la increpaban, se defendía con garras y veneno. Aunque tenía cuarenta y cinco años, sus ojos verde pardo brillaban con un fuego intenso al momento de replicar. Así, mientras más la pinchaban, con mayor facilidad se aireaba y su cuerpo agitado hacía temblar al collar de perlas que siempre pendía de su cuello y a las mangas de sus vestidos florales y de estampados geométricos.

Naturalmente, Margarita y Raquel eran sumamente distintas y eso quedaba claro con una simple mirada. Marga se apegaba de manera fiel a la palabra conservadora y esto resultaba evidente cuando se analizaba su forma de vestir. Aquellos vestidos largos y livianos en jersey de seda despreciaban las extravagancias y jamás variaban su color: se mantenía en el negro, el azul y el blanco. Generalmente, a sus vestuarios le incorporaba botones, vuelos y algún cinturón. Su estética giraba entorno al dinamismo, sus prendas nunca eran rectas, sino que estaban repletas de movimientos y combinaciones preciosas con mucho protagonismo y que no requerían de más joyas que los variados collares de perla que guardaba en su habitación.

—Tonterías. No hay riesgo alguno. Las de Allende son las causas del pueblo: quiere disminuir las desigualdades, tú también deberías apoyar esas iniciativas —se detuvo los segundos necesarios para dibujar una sonrisa desvergonzada—. Tienes que informarte un poco más, Marga, tus ideas se están quedando algo obsoletas.

Al oír aquello, Margarita quedó estupefacta. En general, sus reacciones solían ser casi teatrales. Era una mujer que se esmeraba en cuidar su puesta en escena, pero, cuando se enfadaba, gesticulaba de más y aumentaba drásticamente el volumen de su voz. Al recibir aquellas palabras, todo en su cuerpo parecía ofendido, desde el sombrero de estilo inglés perfectamente combinado con sus zapatos y su vestido, hasta su cabello corto y ondulado recién moldeado por las permanentes de la peluquería. Ambas hermanas se mantuvieron la mirada fija un instante y justo antes de que Margarita contraatacara, una voz pausada y señorial la detuvo.

—Esta conversación es algo inútil, queridas. No hay duda, ganará Eduardo Frei, me lo han dicho mis contactos —cada seis palabras Sibila se detenía en un rostro diferente y movía de forma conciliadora la mano que no sostenía el té—. Sin embargo, el voto por Allende crecerá —se calló de golpe y tras un instante de silencio, continuó—. Tal vez este no sea su año, pero muy pronto va a llegar.

Sibila era la matriarca, la figura de autoridad. Solía dejar que sus hermanas hablaran, pero siempre tenía la palabra final. Su opinión era respetada, muy pocas veces encontraba oposición y, por lo general, venía avalada por «sus contactos», un nombre etéreo y anónimo que representaba al cúmulo de influencias y figuras con las que mantenía contacto. A sus cuarenta y seis años, Sibila había dedicado un pedazo de su vida a ejercer un control casi absoluto en el Instituto Cultural de Providencia —una importante institución artística e intelectual de la época—, y como las personas usualmente quedaban en deuda con ella, no perdía ocasión para cobrar los favores con la información más fresca y variada de Chile y el mundo.

De muchas maneras diferentes, mi tía Sibila era una mujer enigmática. Nunca pudo alcanzar la altura de sus hermanas, pero no necesitaba ser muy grande para infundir respeto y temor. Aunque su cuerpo parecía contenido y diminuto, era peligrosa y mordaz. Su rostro mantenía brochazos de unas facciones muy finas y marcadas que transmitían cierto sosiego que no coincidía con la intensidad de sus pequeños ojos color verde. Cuando Sibila miraba a las personas, parecía penetrar en su mente de forma silenciosa. Aunque el resto de su cara mantenía una espesa tranquilidad, enmarcada por una sonrisa de labios delgados, sabía intimidar con un vistazo. Sin necesidad de inmutarse o cambiar su lenguaje corporal, podía leer las huellas invisibles del temor, la rabia y la duda que dejaban las personas al hablar. Con ellas, cualquiera estaba acabado. A Sibila le bastaba un par de frases para desarmar a cualquier adversario y sus hermanas lo sabían.

Lamentablemente, para los desconocidos aquello no resultaba tan evidente. Sibila emanaba tal solemnidad que nadie lograba adivinar la sagacidad que escondía debajo de los colores claros de su vestido y su chaqueta de Chanel. Aquella prenda, originalmente masculina, pasó a enriquecer la moda femenina en 1954 y a empoderar a las mujeres con su estilo minimalista y prestigioso. Ese vestuario en concreto definía muy bien a mi tía. Ella era una mujer de órdenes, mensajes sutiles, iniciativas y mesura. Poseía una facilidad admirable para intimidar a los hombres y casi sin quererlo se mostraba como alguien inalcanzable.

—Por supuesto que va a llegar, Sibil, es inevitable —dijo Raquel con aires de superioridad—: ¡el pueblo lo aclama! —entonces viró el rostro y vio fijamente a María Luisa—. Pero ¿qué piensa nuestra querida Mari?

María Luisa había estado siguiendo la conversación desde el ala derecha de la mesa, pero, bien por su facilidad para abstraerse de su alrededor o tal vez porque simplemente no esperaba que le preguntaran nada, se vio extrañamente sacudida. Frente a sus hermanas, mi madre parecía desencajar. Ella era la única que usaba pantalones y llevaba el cabello corto a placer. Su cuerpo transmitía una confianza muy diferente a la grácil feminidad del resto de mis tías y, por norma, cuidaba muy bien cada palabra que decía, como si temiera quedar expuesta en cada oración. Además, lejos de los destellantes zafiros de Raquel, sus ojos azules se tornaban en un gélido y lluvioso azul grisáceo que le daba cierto aire de ánimo tormentoso y violentamente sacudido. A su vez, su figura estaba envuelta en colores que no se mezclaban fácilmente con el de sus hermanas; quizás por eso se encontraba en el área más alejada de la sala, sentada sobre un sillón individual, visiblemente incómoda y tratando de ganar algo de tiempo mientras aclaraba la garganta.

—Enrique cree que Frei y Allende van a dividir la opinión pública y será Durán quien coseche de su pugna.

Cuando terminó de hablar, un profundo silencio cayó sobre el salón. Al ver los rostros de sus hermanas, María Luisa supo de inmediato que su mente la había traicionado. No, más que su mente, el nombre de su esposo la había traicionado. ¿Por qué no podía dejar de pensar en él? Pronunciar esas siete letras frente a ellas era un gran error. Lo sabía.

—Se engaña, el pobre —afirmó Raquel con una risa breve y maliciosa—, pero pregunté por tu opinión, Mari, no la de tu esposo.

—Me pareció interesante aportar otro punto de vista —replicó mi madre al instante, restándole importancia—, pero creo que pienso igual que Sibil, como siempre.

Aquello no iba a ser suficiente. Raquel ya se preparaba para una nueva carga. Ahora la conversación giraría entorno a Enrique, pero antes de empezar, Margarita notó mi presencia.

—¿Paula?, ¿Javier?, ¿quién está ahí?

Todas se voltearon a la vez, interrumpiendo el sonido y la atención. No esperé que vinieran hasta mí.

—Pero mira a quién tenemos aquí, ¡si es la pequeña Dominique! —La voz de Margarita era como la brisa del otoño, ligera, madura, veloz—. ¿Quieres una galleta, preciosa?

Asentí y la seguí hasta el centro del salón. Margarita me hizo sentarme en la butaca de madera que antes usara ella. Tenía mucho espacio, era bastante holgada para mi tamaño, mis pies quedaban colgando en el aire. Mi tía escogió una galleta grande de avena y miel y me la entregó: era crujiente y deliciosa. Raquel le hizo un hueco a su hermana en el sillón de tres puestos que ocupaba con Sibila y, por alguna razón, cuando estuvieron juntas, la atmósfera cambió por completo, como si hubiese ocurrido algo extraordinario.

—¿Por qué no estás con tus primos? —preguntó con tono severo Raquel

—Es que quería tomar un poco de té —mentí.

—*Une tasse de thé pour Dominique!* —dijo Sibila, tratando de transformar su rostro gélido en una máscara de cortesía mientras me servía—. Sabes, eres tan parecida a tu madre que me conmueves.

Aquella frase la soltó mientras me ofrecía la taza sin apartar sus ojos fijos e invernales de mí. Las palabras parecían guardar una intención oculta, como si supiera que estaba diciendo una mentira, pero yo no alcanzaba a comprenderlo. Quien sí lo había entendido era mi madre.

—*May I ask how old you are?* —quiso saber Margarita

—Diez —se adelantó a responder cortante mi madre.

—*Aimes-tu la lecture, Dominique?* —preguntó Sibila con un francés que apenas alcancé a entender y una sonrisa enigmática que rápidamente escondió en su taza de té.

—*Yes!* —dije luego de tomar un poco de té—, *I just finished reading* To kill a Mockingbird.

—*My, my, what a clever girl!* —Raquel les hablaba a sus hermanas, tenía la mirada encendida. Trataba de contenerse—. Pero, si te gusta leer, hay algo muy importante que debes saber sobre los libros, pequeña. Cuanto antes mejor   —entonces se calló de golpe—. Creo que tu mamá no quiere que lo sepas.

Todas las hermanas sonreían, pero el rostro de mi madre era una piedra.

—¡Yo quiero saber! —grité de forma tonta e involuntaria.

—Bueno, bueno —dijo Sibila mientras se levantaba—, la niña quiere saber, Mari, no se lo podemos negar.

Al instante, se levantaron las tres hermanas y luego de quitarme la taza, comenzaron a asecharme alrededor de la butaca, bajo la atenta mirada de mi madre. Yo estaba extasiada; mis tías se asemejaban a las Moiras griegas con sus invisibles y misteriosos hilos de la vida. Aquellas mujeres interpretaban una danza de movimientos, acercamientos y sonrisas extrañas, como si me estuviesen preparando un ritual para algo majestuoso, cósmico, un gran secreto familiar que estaban a punto de revelarme.

Se detuvieron de golpe y tras un segundo de pausa, habló Raquel.

—Dominique, escúchame atentamente —su voz había cambiado por un instante, parecía preocupada—. Quizás ahora no lo entiendas, pero debes recodarlo siempre.

—No te distraigas, ¿vale? Esto es importante —Margarita reemplazó a su hermana—. Los libros son maravillosos compañeros de aventuras. El peligro no reside en ellos, sino en los hombres.

—Mantente alerta con los hombres que escriben los libros, Dominique —sentenció la voz pesada de Sibila, pero entonces, soltó una carcajada—. No dejes que ningún hombre te haga su musa. ¡Cuídate de ser musa de poetas!

—¡Y de escritores también, que siempre los confunden! —dijo Raquel entre risas.

—Porque al inicio todos son atentos y amorosos y te hacen reír, amar y soñar —remarcó Margarita.

—Y en poco tiempo terminas enamorándote de ese mundo que construyen con la magia de las palabras y las promesas —agregó Sibila.

—Pero al morir el hechizo de lo novedoso, todo cambia —la voz de Raquel se tornó melancólica.

—Un día, la musa ya no les parece tan celestial ni espléndida —la acompañó Margarita.

—Y la culpan por su falta de creatividad y hasta por sus problemas más mundanos —afirmó Sibila con desprecio.

—Empiezan a preguntarse si no deberían buscar una fuente de inspiración más joven y radiante en otros altares—soltó Margarita con rabia.

—Entonces, cuando llega el momento de hacerse responsables y de mantener una rutina —continuó Sibila

—Y, especialmente, de mantenerse buenos en la cama —dijo Raquel de forma coqueta.

—¡Ninguno sirve! —lo dijeron juntas, al mismo tiempo, en perfecta sincronía, mirando fijamente a mi madre y estallando en una carcajada estruendosa que recorrió las paredes y los suelos, que hizo vibrar los cuadros, los portarretratos e incluso las cortinas; una risa pura, limpia, desprovista de resentimientos y cuya única intención era burlarse de todo y de nada, de muchos nombres que tenían en la mente y, a su vez, de sí mismas. Aquellas eran mujeres extraordinarias e inigualables, estafadas por el tiempo y por los hombres. Eran incapaces de lamentarse por nada y no dudaban en mofarse de todo, incluso de sus propios desaciertos. Debajo del leve maquillaje, los vestidos y las joyas; de la libertad, el espíritu aguerrido y la gran autoestima, solo había cuerpo y alma, cuerpo y memoria, cuerpo y dolor. Cada una había sufrido del violento desamor y aunque vivían sin ataduras ni remordimientos, los fantasmas de los días pasados nunca desaparecerían. Cuando se miraban al espejo no solo veían belleza, sino el lento avance de la vida. Los minutos iban en cuenta regresiva, los años no regresaban, así como tampoco lo haría jamás el dinero. Sus herencias se habían ido agotando en matrimonios fallidos hasta que un día fueron vendiendo lo único que les quedaba: las joyas familiares. Adiós a las medallas, los anillos con piedras preciosas y las cadenas; adiós a las distinciones militares, los zarcillos, las argollas y los dijes de oro; adiós a todo, a todo menos al deseo de seguir amando, la necesidad de seguir viviendo.

Vivir.

A pesar del dolor que sentía Raquel cuando miraba hacia atrás y se veía casada a los diecisiete años con un militar y escritor inglés llamado John Basil Watney; a pesar de la frustración de recordar la muerte de su segundo esposo, el poeta, su querido Vicente Huidobro, fallecido en Cartagena por un derrame cerebral; a pesar de su última separación del arquitecto Pedro Burchard y la difícil tarea que representaba lidiar con la crianza de sus tres hijos.

Vivir.

Por encima del anhelo que padecía Margarita cuando recordaba su vida en el círculo británico junto a su esposo Harry Evans y los días plácidos y aburridos en Talara-Perú hasta que unos ojos bonitos le regalaron todo el afecto que la apagada llama de su matrimonio le negaba; por encima de la separación, de cuidar a sus dos hijos y de verse sumergida en un ciclo sin fin de amores secretos, consumados en voz baja, sin que nunca viesen la luz del día.

Vivir.

De espaldas a la ilusión del primer matrimonio de Sibila con Jorge Ugarte y su vida como secretaria de su padre, una vida de cara a cientos de hombres y mujeres que la saludaban y se admiraban por la hermosa flor que fue; de espaldas a los días intensos con Claudio Giaconi y su mundo de letras, jóvenes e intelectuales; de espaldas a sus sueños inconclusos, a sus amores secretos, a los hijos que nunca tuvo, a la orgullosa soltería en la que se mantuvo hasta el día de su muerte.

Vivir.

Aceptando su suerte con las frentes en alto, consecuentes con sus decisiones y dispuestas a seguir luchando hasta que el mundo las reconociera como lo que eran: mujeres fuertes, con opiniones propias y un vivo deseo de crecer y progresar. Mujeres independientes, creadoras de sus propias riquezas y administradoras permanentes de sus ingresos. Mujeres inteligentes, dispuestas a hablar en voz alta sin miedos ni dudas. Mujeres puras, resueltas, peligrosas para aquellas que se negaban a aceptar su libertad y vivían dominadas por el temor a perder a sus esposos. Ellas eran mujeres rebeldes, soñadoras, enamoradas de lo banal y de lo intelectual, de la felicidad y la tristeza, del amor y del sexo: mujeres, las hijas del senador, las hermanas Señoret…, mis tías.

La risa comenzó a menguar. Yo también era una más en ese coro alegre y aunque no había entendido la mayor parte de lo que advertían mis tías, todo me resultaba divertido. Nadie se molestó en explicármelo, pero las frases quedaron en el aire, impregnándolo todo, grabándose en mi inconsciente y clavadas hondamente en mi madre.

«Cuídate de los hombres, especialmente de poetas y escritores».

—Vamos, Mari, ríete un poco, *it's not all that bad* —Margarita hablaba con un tono conciliador.

Pero antes de que María Luisa respondiera, el bullicio de cuatro niños atracó el salón. Octavio había vuelto con mis primos y sus risas y gritos llenaron todos los espacios vacíos de la casa. Traían algunos objetos que, sin duda, debían de tener algún valor o interés para ellos. Mis tías se levantaron a atenderlos, excepto Sibila, quien se acercó a mi madre. Entonces, quizás movida por una intuición desconocida o por simple azar, yo también fui al encuentro. Anhelaba su cercanía, pero súbitamente, como si el sonido del mundo se hubiese apagado, escuché algo que nunca tuvo sentido para mí hasta que fui mucho más adulta.

—Está más cerca de lo que crees. Busca en Zig-Zag, en las revistas. Busca, pero no te va a gustar.

Mi madre estaba paralizada, con la respiración entrecortada, el rostro inexpresivo y la mirada perdida. Alcanzó a asentir ligeramente y aunque nadie lo escuchó, en su cabeza, el sonido de cadenas y perros ladrando violentamente la ensordecían.

Sus temores habían sido confirmados.

7

Beep…
—¿Sí?
—Aló, ¿Tata?
—¡Dominique!
—¡Hola! Abuelo, ¿podemos ir a…?
—Voy a buscarlos. Espérame tantito.
—Gracias.

Cuando llamaba a mi abuelo, el teléfono no repicaba más de una vez antes de que él atendiera del otro lado con esa voz sepulcral y rotunda que se transformaba en alegría al escuchar a su nieta. Usualmente, los viernes, al salir de clases, sabíamos que nuestros padres estarían muy ocupados para echarnos en falta; así que decidíamos adelantar los planes de fin de semana y llamábamos a la 115 buscando ayuda.

En casa, la rutina nos asfixiaba. Octavio y yo moríamos de aburrimiento al estar encerrados en una casa sin risas y repleta de eco y soledad. A diario, llegábamos del liceo a un lugar desprovisto de contacto humano. No contábamos con televisión, ni niños para jugar y mucho menos la presencia de los adultos: solo teníamos nuestra compañía, y eso también era complicado. Mi relación con Octavio comenzaba a resentirse. Cada vez había menos de qué hablar y aunque compartíamos habitación, nuestros mundos eran muy diferentes.

Ahora me sentía más sola que nunca y tal vez por esa misma carencia —además de la falta de entretenimiento— me di a la tarea de encontrar algo que me ayudara a escapar de mi entorno. Por suerte, no tardé en encontrarlo.

Mi padre tenía una biblioteca fantástica que comencé a frecuentar por las tardes. Me paseaba indecisa por aquellos estantes de madera, ojeando títulos y autores plasmados en libros de todos los tamaños y colores. Pasó un tiempo antes de que me atreviera a coger uno. Por lo general la lectura me parecía una actividad aburrida con la que no podía conectar; entonces leí *Matar a un ruiseñor*, de Harper Lee, y todo cambió.

Aquel era un título para adultos y no se parecía a nada que hubiese leído. El lenguaje era maduro; las ideas, profundas; la historia, adictiva. Por primera vez logré transformar las palabras en imágenes. Ante mis ojos, aparecía un mundo desconocido, lleno de sensaciones, formas e incluso olores. En cada página aparecían rostros, lugares, acciones y movimientos tan reales como la propia televisión. De hecho, era mucho mejor que ella. Al leer, mi realidad desaparecía. Las oraciones creaban los caminos y yo los recorría absolutamente todos. Me perdía sin temores, escapaba de mi entorno y me zambullía en todo tipo de historias y vidas grandiosas.

Al leer el tiempo desaparecía. Mis ojos se movían rápido, mis dedos se deslizaban por el papel amarillento y mi mente no podía desprenderse de aquella sensación mágica. Incluso durante las clases sentía una profunda impaciencia que solo lograba saciar tumbándome sobre la cama y leyendo hasta que se me irritaban los ojos y la voz de mi padre me insistía en que fuese a cenar. La vida pasaba veloz frente a mí, demasiado rápida para reparar en ello. Los días avanzaban atropellados, la realidad se desvanecía y solo se volvía nítida cuando cerraba los libros, cogía el teléfono y escuchaba:

Beep… Beep…

Cuando llamaba a mi abuelo, el teléfono no repicaba más de una vez y me cobraban cada minuto que durara. En casa no teníamos línea, así que Octavio y yo nos íbamos a la plaza Perú, zigzagueábamos por locales y esquivábamos personas hasta llegar a una pequeña carnicería atendida por un hombre ancho y monstruosamente alto, quien nos pedía algunas monedas por permitirnos marcar a la 115.

Beep… Beep… Beep…

Cuando llamaba a mi abuelo, el teléfono no repicaba más de una vez antes de que escuchara mi voz y saliera disparado a buscarnos. Se montaba en su Mercedes-Benz del 54, hacía rugir el viejo motor y recorría la ciudad hasta llegar a la plaza, tocando el ruidoso claxon. Yo siempre iba de copiloto. La brisa producida por la velocidad me revolvía el cabello y desde esa posición lograba observar el mundo con los ojos de un adulto. Octavio ocupaba los puestos traseros, como si no existiera, y cuando llegábamos a Paula Jaraquemada, se internaba en la casona a toda prisa, buscando alguna voz humana que le recordara el sonido de las palabras.

Mi abuelo y yo hablábamos poco. Aunque ya no se mantenía el mismo cariño de la infancia temprana, todavía nos unía una infinidad de sentimientos valiosos. Con frecuencia, al dejar a Octavio, lo acompañaba en auto o a pie hasta la botillería. A veces me pedía que le contara anécdotas del colegio y me dirigía algunas miradas con el ceño fruncido. Rara vez agregaba algo a mi relato. Nuestra relación trascendía al verbo, adoptamos el silencio como lenguaje común. Nos bastaba la compañía para sentirnos a gusto. No había presiones, ni enfados, solo silencio; silencio y paz.

Beep... Beep... Beep... Beep...

Cuando llamaba a mi abuelo, el teléfono no repicaba más de una vez, pero aquella tarde de invierno, sonó dos, cuatro, cinco veces y nadie contestaba. «*Beep*», «*Beep*». El pitido me taladraba los oídos. «*Beep*», «*Beep*». La carnicería estaba más bulliciosa que de costumbre. «*Beep*», «*Beep*». Los hombres y las mujeres gritaban por un trozo de carne bien fileteada. «*Beep*», «*Beep*». Yo solo me pegaba el teléfono con fuerza al oído en el inútil esfuerzo de escuchar algo diferente a aquel sonido infernal: «*BEEP*», «*BEEP*» «*BEEP*».

Y entonces, una voz.

—¿Diga?
—¿Abuela?
—¿Nicky?
—¡Hola! ¿Está el abuelo?
—Nicky..., el abuelo está malito, lo llevaron al hospital.

Sin saber por qué, aquello me sonó terriblemente definitivo. Enmudecí de golpe: un profundo miedo se apoderó de mí, respiraba entrecortada. En mi cabeza solo aparecían presagios y visiones fatales. El hospital nunca era cosa buena, mi abuelo lo detestaba y solo iba en casos de extrema gravedad. Yo lo sabía. Todos lo sabíamos.

—¿Nicky?, aló, aló. ¿Ya se dañó esta cosa? ¿Aló?
—S-sí, abuela.
—Dile al Nano, ¿ya?

...

Mi abuelo volvió a la 115 con la misma ropa sobria de camisa blanca y corbata, pantalón y saco marrón, el mismo porte orgulloso, la misma dignidad al caminar. Era exactamente el mismo y, sin embargo, lucía totalmente diferente. Su rosto perdió toda pizca de expresividad, la piel se tiñó de amarillo y la voz se fue apagando hasta convertirse en un murmullo que se llevaba la brisa. Ahora, mantenía los ojos cerrados todo el tiempo, como si estuviese perdido en su mundo interior; incluso dejó de moverse por esa casa que tanto amaba y había cuidado y reparado junto a su esposa durante quince años. La misma casa donde crecieron sus hijos y nietos, a la que había dedicado tantas horas de su vida, ya no podía hacer nada por él, salvo albergarlo entre sus paredes, mirándolo morir y sufrir, impotente, sin poder sanarlo.

A pesar de su sufrimiento, mi abuelo le negó a su familia la posibilidad de verlo retorcerse en su dolor. Se rehusaba a convertirse en una carga y mucho menos una figura que levantara compasión. Así que adoptó la conducta de los gatos y comenzó a evadir a cualquier ser humano que intentaba tener contacto con él. Primero se refugió en su habitación, pero allí su esposa lo asaltaba con sus buenas intenciones. Luego pensó en el taller donde guardaba los autobuses, pero ahí también llegaban los conductores. Entonces se marchó al único espacio que podía brindarle un refugio adecuado para su soledad: se recluyó en el interior de su Mercedes.

Aquel Mercedes-Benz del 54 era un auto clásico, duro, resistente, igual a mi abuelo. Mi padre lo apodaba *El Toro*, pero nadie sabía decir si el apodo era para el auto, o para su dueño. Aquella mole ancha y gruesa de metal y madera había sido uno de los mayores tesoros del patriarca Lafourcade y ahora, en medio de su agonía, cuando cerraba los ojos, lograba recordar el día que lo compró.

El auto no llevaba más de dos años en el mercado cuando tomó la decisión. Su precio no era precisamente económico, pero contaba con la bondad de ser espacioso; eso era algo que agradecía. Tenía cinco nietos y sabía que no tardarían en llegar más. Debía estar preparado. Necesitaba un automóvil en el que pudiera albergar a toda la familia si fuese necesario y aquel cumplía muy bien con esa característica.

Mientras pensaba todo aquello, no podía dejar de sorprenderse de la vida. El paso del tiempo nunca lo había asustado hasta que fue consciente de que su casa se llenaba de pequeños retoños con sus risas y llantos, con sus bocas hambrientas y muchas necesidades. Aunque se caracterizaba por ser un hombre enérgico, se sentía viejo y cansado. La vida se iba en un suspiro y él ya estaba exhalándolo.

Pero qué más daba, ese pensamiento no le serviría de nada, así que se sacudió los años y recordó la gratificante sensación de pagar sin arrepentimientos, consciente de que sería una excelente inversión.

Así, se montó en el Mercedes por primera vez, piso el acelerador hasta que rugió el motor y se marchó hacia la autopista. La brisa entraba por la ventana; el sol de las seis de la tarde pintaba el ocaso y mi abuelo iba tras el volante, indiferente a los problemas, feliz sin sonreír, alegre de llegar tocando el potente claxon desde la Av. Larraín hasta la 115 y viendo cómo salían de las casonas los suyos, su familia: Enrique y María Luisa con sus dos hijos; Gastón con su sonrisa juguetona, Eliana con su mirada interesada; Quety, su esposo y sus tres hijos y por último, su esposa, el pilar de aquella prole, la cinco veces madre, su amor de toda la vida.

Entonces, al abrir los ojos, mi abuelo se vio arrancado de sus recuerdos. El Toro estaba estacionado en medio del solitario garaje. Todos los rostros lo esperaban en el interior de la casona, pero él no podía verlos. No quería verlos. Se negaba a marcharse dejando un recuerdo tan triste. El mismo sol de las seis de la tarde le iluminaba el rostro, pero ya no marcaba el ocaso del día, sino el de su propia existencia. Lo sabía, mi abuelo lo sabía.

Con un esfuerzo enorme colocó las manos sobre el volante y dejó que su tacto le narrara la historia del tiempo que moría. La madera estaba llena de astillas. Movió los pies y sintió los pedales desgastados. Bajó la ventanilla y esta despertó un horrible chillido. Sacó un brazo hacia afuera y sintió el metal frío de la puerta. Tomó el volante con la mano derecha y cerró los ojos. Se regodeó una última vez en su soledad. El sonido del silencio retumbaba en sus oídos, lo envolvía y él lo disfrutaba.

De pronto se sintió conducir. El auto avanzaba por arte de magia. Abrió los ojos y ante él solo había caminos y más caminos. No se dirigía a ningún sitio y eso no le importaba, estaba maravillado de sentir la brisa, el desplazamiento de los neumáticos, los paisajes que se pintaban en el parabrisas. Aumentó la velocidad, animado por el sendero despejado. El mundo era suyo con sus colores y sus formas, con sus amaneceres y sus estrellas, la vida era suya, pero, a pesar de ello, sentía un vacío. Le hacía falta algo muy íntimo, el motor de su vida, la fuerza para seguir.

Súbitamente, como si le hubiesen leído el pensamiento, el vehículo se fue llenando de rostros y cuerpos, de voces y risas, de hijos y nietos. Eran tantos que todos iban apretujados en el Mercedes, pero eso no impedía que sonrieran. No, en realidad le sonreía a él. Todos estaban allí por él. Lo entendió al instante e inmediatamente el llanto llegó sin querer, sin buscarlo, sin poder evitarlo. Las lágrimas saltaban inmaculadas, imparables, libres. Ya no tenía sentido contenerse, las dejó salir sin censura. Caían limpiamente: se hundían en sus pómulos, bajaban hasta sus labios y le dejaban un sabor salado y dulce en la boca. Lloraba, quizás por primera vez en su vida; lloraba, sin acelerarse, como sumido en un sueño; lloraba, escuchando la risa de su familia, que para él era la más dulce nana: lloraba, y en su mente no dejaba de asaltarlo la tristeza.

Sabía que ya no podría seguir apoyando a sus hijos. Ahora recordaba las peleas y las discusiones, los desencuentros y las privaciones y todas, sin excepciones, les resultaban estúpidas. Ya no podría ver crecer a sus nietos. No sería testigo de sus logros ni de sus fracasos; no conocería sus primeros amores, ni podría ayudarlos en sus estudios. Ya no podría salir fuera de Chile y visitar el mundo con su esposa, como tantas veces se lo había prometido. Ya no podría volver a tocar el acordeón, ni a escuchar ese lenguaje mágico que producía el canto de los instrumentos junto a sus hijos.

«Ya no podría, no podría; no podría, ya no…».

Mi abuelo se quedó dormido.

Yo lo miraba desde la distancia, escondida entre escombros y piezas de autobuses. Me quebraba verlo solo, pero no me atrevía a desobedecerlo. Sabía que no debía estar allí. Aunque sufría, ni siquiera a mí me quería ver. Solo permitía la compañía de un practicante del hospital que lo asistió durante todos los días de enero de 1966. Lo inyectaba con una fórmula mágica que le calmaba los dolores del hígado y lo dejaba en un estado aletargado detrás del volante hasta que llegaba la noche. Solo así, profundamente dormido y bajo los efectos de la medicina, consentía que su familia lo viera; solo así lograban sacarlo del auto y lo llevaban hasta la inquebrantable quietud de su cama.

El Toro dormía y yo lo vigilaba.

El Toro dormía y ya lo extrañaba.

8

El primero de febrero de 1966 estaba acostada en mi cama.

Recuerdo que mi madre había llegado antes del taller y nos esperaba con una deliciosa tarta de manzana comprada en algún mercado del vecindario. Desde que apareció la enfermedad en mi abuelo, la rutina de la familia estaba muy agitada y María Luisa volvía temprano para acompañarnos. Mi padre no tenía tiempo, frecuentemente se mantenía lidiando con las nuevas responsabilidades de ser la cabeza de los Lafourcade y eso implicaba muchas decisiones, tiempo y dinero. Así que prefería permanecer en la 115 en lugar de regresar a casa, desde allá le resultaba más fácil velar por el destino de sus padres. Aunque mi madre aparentaba cierta normalidad, vivía preocupada. Su rostro no mentía. En su cabeza rondaban las ausencias de su esposo y la sospecha de que no estuviese en Paula Jaraquemada tanto como solía decir.

Esa tarde de febrero, Octavio se había escapado al pequeño jardín de la casa e intentaba hacer volar una enorme y colorida cometa que le regaló Gastón. La brisa no era lo suficientemente fuerte, pero él no cedía en su intento. Como todos, yo también necesitaba distraerme. Por eso, mi atención se mantenía fija en las palabras y en la historia que contaba uno de los tantos libros cuyo nombre desapareció de mi memoria. Sin embargo, una presión en el vientre me sacó de mi trance. Comencé a sentir puntadas y oleadas de un intenso dolor que me hizo correr al baño de la habitación. Antes de llegar, advertí una humedad viscosa en mi entrepierna que se derramaba con pequeños hilos que bajaban hasta mis rodillas. Sin esperar mucho tiempo, descubrí de qué se trataba.

Como todas las niñas de mi edad que menstruaban sin que nadie le explicara su significado, pensé que me estaba muriendo. Mi ropa interior estaba impregnada de abundante sangre oscura que se derramaba y manchaba todo a su paso. La imagen me impactó, pero mantuve la calma, sabía que necesitaba ayuda.

Es probable que, de no haber estado bajo la impresión de aquella situación, habría escuchado el repicar del nuevo teléfono que instalaron en la casa.

Después de varios intentos por detener el sangrado, salí del baño, asustada, todavía manchada y buscando a mi mamá. Para mi sorpresa, entró en ese instante al cuarto, como si su instinto le hubiese dicho que algo iba mal. Al verme, no se impresionó, tampoco le dio importancia. Solo me miró extrañada. Ella no entendía por qué no me limpiaba y cambiaba de ropa.

—¡Mamá, algo va mal! ¡Ayúdame! —le grité.

—Solo estás menstruando, Dominique —dijo con una voz suave y calmada—. Eso les pasa a todas las mujeres y te seguirá ocurriendo una vez al mes el resto de tu vida.

Lo dijo de la forma más natural del mundo mientras se sentaba en la cama. Esas pocas palabras debían resultar suficientes para hacerme entender todo lo que aquel sangrante acto significaba. No ahondó más en el tema. Yo me di por satisfecha, tampoco comprendía si había otras cosas que debiera saber. Inmediatamente después de un breve silencio, volvió a hablar.

—Oye, llamó papá. El abuelo ha muerto.

Mi primera impresión fue de absoluta perplejidad. ¿Por qué me lo decía de esa forma tan brusca?, ¿era posible que nada de aquello fuera real? Todo pasó en un instante. Sentí un puñetazo en el vientre. «El abuelo ha muerto». La frase me martillaba en la cabeza. Caí de rodillas, me costaba respirar, escuchaba mi llanto agudo y quebrado y la cara se me llenó de lágrimas calientes y saladas. El mundo se desdibujó y cualquier rastro de felicidad en mi cuerpo desapareció.

«El abuelo ha muerto».

La noticia me llegó sin sorpresas. Al menos era una niña con cierta perspicacia e inteligencia y sabía que aquello no iba a terminar bien. Mi abuelo se rehusó a ir al médico, la cirrosis hepática y un más que probable y avanzado cáncer lo consumieron en menos de dos meses. Dos meses. Menos de sesenta días transformaron a un hombre vigoroso e incansable en una sombra deformada de sí mismo. Mi abuelo no quiso luchar contra la enfermedad. Nadie sabía si aquello era posible, pero tampoco permitió que la familia gastara un solo céntimo en él. Vivió sus últimos días en soledad, abrazando sus recuerdos y sometido a fuertes dosis de medicamentos que tranquilizaban sus dolores corporales y, tal vez, alguno emocional.

Mi abuelo había muerto y yo solo podía llorarlo en una profunda agonía. Mi madre se arrepintió enseguida de darme la noticia de aquella forma. Estaba consternada. No tenía ni la menor idea de que le guardara tanto afecto.

Intentó levantarme, pero yo estaba deshecha, semiconsciente, adormilada en mi llanto. No sé lo que pasó después. Solo recuerdo haberme dormido con lágrimas en los ojos y el rostro de don Enrique Lafourcade Miranda tan vivo que me parecía imposible que ya no respirara.

...

Al fallecer mi abuelo, una parte de la casa se fue con él. Lentamente la 115 perdió un poco de su brillo natural. Durante la enfermedad, al tejado le aparecieron huecos; el jardín fue atacado por las plagas; los cuartos se volvieron fríos y sombríos; el taller quedó en desuso; los perros y los animales desatendidos y por todas partes había una muestra inequívoca del deterioro. A la par, mi abuela se fue demacrando en una lucha salvaje contra el lento abandono del hogar. La casona se le hizo grande y espinosa. Mientras más intentaba ordenarla, más heridas se abrían. La casa moría, pero la suya era una enfermedad mucho más lenta que la de mi abuelo y tardaría un tiempo en ser terminal.

En medio de aquella penosa odisea, mi abuela organizó el velorio de su esposo. Lo realizó allí, entre esas viejas paredes claras que habían atestiguado el lento avance de sus vidas. Sacaron el comedor, las sillas y otros muebles al jardín y así dejaron el espacio necesario para el acto. Fue una ceremonia íntima a la cual solo asistió la familia y algunos pocos amigos de mi padre. Nosotros, los niños, veíamos el dolor desde abajo. Solo alcanzábamos a ver piernas y rostros, piernas y pañuelos, piernas y tristeza.

El ataúd lo colocaron en el centro del salón, a su lado estaba la viuda y las personas se acercaban para darle el pésame. Mi abuela agradecía cordialmente; su rostro no dejaba traslucir su pena. En ese momento entendí que el luto no era algo nuevo para ella; de hecho, al ver a todos con ropas negras, descubrí que ese había sido su color desde que tenía uso de razón.

Mi abuela vivía en un luto perenne desde que la tuberculosis le arrebatara la vida de Ximena, su hija menor. Ocurrió durante el invierno de 1949. La fiebre y la tos cayeron sobre todas las mujeres Lafourcade y las dejó en cama por un par de semanas. Poco a poco fue desapareciendo la enfermedad en Quety, luego en Eliana, pero en Ximena empeoró día tras día. Comenzó a toser sangre, perdió un tercio de su peso y las intensas fiebres la hicieron alucinar. En su dolor seguía sonriendo y escribiendo, cantándole a la gente y soñando con volver a visitar el sur para jugar con sus hermanos y amigos. Falleció el veintiuno de abril.

Desde entonces, mi abuela llevó el luto en su ropa. Siempre vestía de negro y, en las bodas, de gris. Su pena la seguía allá por donde caminaba y ahora se le sumaba la partida de su esposo. Al menos se consolaba con el hecho de que su amado Enrique no sufriría más. Ya se había ido, ya estaba en paz.

Quien no estaba nada tranquilo era mi padre.

Ese día llegó de último, con el rostro congestionado y los ojos rojos. Se le notaba en el cuerpo una carga invisible que lo hacía lucir más bajo y débil. Se secaba las lágrimas con los puños de la camisa y hablaba con una voz baja y cansada. Venía del mausoleo de los Lafourcade. Había recaído sobre él la responsabilidad de organizar el interior de la cripta familiar y lo que se encontró no fue nada agradable. Los huesos de sus antepasados ya ocupaban la totalidad del espacio disponible y la única solución era hacer una reducción de los restos de su hermana.

Aquello era lo último que Enrique esperaba vivir. Las reducciones implicaban la apertura del féretro, la trituración de los huesos y su traslado hacia una urna mucho más compacta. Mi padre tuvo que ser testigo del procedimiento. Vio los restos físicos de quien fuese la más amada de sus hermanas. ¿Cómo era posible que la vida se transformara en descomposición y huesos triturados? El dolor y la rabia le subieron desde la garganta hasta la cara. No estaba preparado para perder a su figura paterna, ni para revivir los dolores de su pequeña hermana, ahora más pequeña luego de aquel terrible proceso. Tragó hondo, apretó los dientes y aguantó con dignidad. Ahora era el *Pater Familias* y a pesar de no quererla, esa era su responsabilidad.

El velatorio concluyó con la primera luz del alba, cuando las aves revoloteaban por los cielos y se paraban a comer en las ramas de los árboles. Entre varios cargaron el ataúd y lo llevaron a la carroza fúnebre. Nosotros la seguimos en el Ford Taunus conducido por mi madre. Avanzamos penosamente por las calles, en una procesión modesta y triste que nos condujo hasta el Cementerio General de Chile.

Allí comenzaba la verdadera senda hacia la muerte.

Caminamos despacio, en una procesión solemne por la casa donde duermen todas las penas. El cementerio me parecía un ambiente imperturbable. Incluso las hojas de los árboles dudaban en caer para no interrumpir el desconcertante silencio del lugar. Los pasos levantaban ecos y en todas las direcciones se elevaban tumbas y grandes mausoleos con sendos pilares y estructuras de los materiales más hermosos.

Aquel cementerio era la ciudad de los muertos y los vivos solo teníamos permiso de perturbarla para llevar los cuerpos hasta su última morada. Para hacerlo, el lugar estaba repleto de calles y avenidas, de grandes estructuras y pequeños paseos rodeados de flores, de bancas para sentarse y árboles enormes con follajes multicolor.

A pesar de tener carteles y mapas, era fácil perderse en ese lugar, pero nosotros íbamos guiados por nuestro padre y los sepultureros. Luego de una marcha ininterrumpida, llegamos hasta el mausoleo Lafourcade. La estructura se componía de un pequeño y simple rectángulo grisáceo cubierto de cemento y rejas doradas. El interior estaba repleto de azucenas y las pequeñas urnas de mis antepasados. Dejaron el ataúd de mi abuelo en la entrada y alrededor de este nos juntamos todos los familiares. Era el último momento para decir adiós y cada quien hizo uso de la oportunidad para despedirse en el más rotundo silencio.

Cerraron la urna y la llevaron adentro. Aquella reja era la frontera entre los vivos y los muertos. Atravesarla hacía que el cuerpo se sintiera diferente, cargado de un respeto y un pesar que trascendía el dolor y el miedo. Al salir del mausoleo, todos nos miramos un instante. Agradecíamos en silencio al hombre que había partido y nos había reunido y cuidado por tanto tiempo. Los presentes íbamos cubiertos de lágrimas y tristeza. El mundo parecía otro luego de que una persona tan ligada a nuestra existencia hubiese desaparecido. Pero era irremediable. La vida continuaba, el cielo avanzaba con sus nubes oscuras y nosotros, los vivos, debíamos volver a nuestro mundo, a nuestros sueños… a nuestra realidad.

9

Desde 1965 mi padre dejó de firmar sus cartas con saludos de parte de su familia.

Quizás aquel detalle fuese inofensivo, pero resultaba, de muchas maneras diferentes, revelador. Inconscientemente, Enrique había decidido borrar del papel los vínculos que lo mantenían en una relación que ya no disfrutaba. Sobre él pesaba una gran incertidumbre. Su cobardía lo hacía dudar. No sabía cómo irse, pero tampoco estaba seguro si debía hacerlo. El momento de actuar nunca llegaba y entretanto su esposa lo rondaba como si de la reencarnación de Hera se tratara.

Tampoco podía culparla. María Luisa había descubierto muy temprano que mantenía una relación frecuente con otra mujer. Nunca llegó a saber cómo dio con el nombre exacto de su amante. Ella era una gran editora de las revistas de Zig-Zag y, como aquel ambiente era mayoritariamente de hombres, parecía un camuflaje infalible. Tal vez lo fuese en otras circunstancias, con otras mujeres, pero para despistar a su esposa hacía falta algo más que astucia.

Desde el hallazgo, el matrimonio se convirtió en una pantomima en la que él mentía, ella descubría su engaño y luego reventaba una discusión violenta que terminaba con platos rotos, agresiones y Octavio y yo escondidos en el clóset, tratando de protegernos de los gritos y los proyectiles. El amor de mis padres se marchitaba entre frustraciones y alaridos, celos y peleas, lágrimas y ausencias. Ninguno tenía el valor para dar el paso definitivo. Cada uno era víctima y verdugo y las razones más absurdas justificaban el daño que se hacían en nombre del amor y la libertad.

De los dos, mi madre era la más afectada. Sus sentimientos eran genuinos y, en apariencia, indestructibles. Lo había entregado todo por aquel

231

matrimonio. Sacrificó su reputación, su nombre y hasta su dinero. Todo parecía insignificante a cambio del amor y el afecto que recibía de aquel hombre que regresó a Chile convertido en una figura pública y un esposo distante.

Aun así, después de una década, había llegado el fin del romance y mi madre se negaba a aceptarlo. En su mente no existía esa posibilidad. Aquello era impensable. De forma arbitraria había decidido olvidar que ella misma estuvo en una posición similar hacía tantos años atrás, en un matrimonio que no la hacía feliz. Ahora no solo era incapaz de evaluar su situación con racionalidad, sino que se humillaba a sí misma al permitir que la engañaran reiteradamente sin una pizca de arrepentimiento. María Luisa no podía soltarse, no quería desprenderse. Estaba amarrada a su rutina alrededor de aquel escritor. La vida era a su lado, con sus hijos y sus mundos artísticos. ¿Por qué Enrique se obstinaba tanto en destruir algo que a ella le resultaba tan perfecto y maravilloso? No deseaba entenderlo y por eso prefería tragar y seguir. Escogía fingir que todavía la amaba, que todavía deseaba estar a su lado, a pesar de que todos los días encontraba mil pruebas de su infidelidad en la ropa, en el aroma, en los labios…, en la mirada.

Sin duda, su esposo ya no tenía aquella mirada viva de los pasillos de la Facultad de Derecho, ni los ojos brillosos cuando la miraba en el Forestal mientras le narraba una historia acerca del mundo y la literatura. Sin embargo, a veces, como una sombra fugaz y efímera, volvía. Enrique siempre volvía. Le regresaba la sonrisa, las ganas de jugar con sus hijos, el deseo en la cama. Sufría de esos arranques intensos que lo llevaban a esforzarse una vez más por su familia y su matrimonio. Mi padre sabía que necesitaba un hogar e invariablemente el suyo tenía el nombre de María Luisa. En ella siempre encontraba consejo y alivio. No hubo una sola empresa en la que no contara con su apoyo, ni una causa en donde no estuviese incluida. Enrique volvía al hogar, siempre, sin falta, y mi madre lo entregaba todo con tal de estirar sus sentimientos un poquito más. Quería que se quedara lo suficiente para que fuese toda la vida. ¿Qué más daba si la engañaba? Tarde o temprano eso iba a ser pasado, él se cansaría de las otras y ella estaría ahí cuando regresara, dispuesta a sacrificarlo todo en nombre de ese anhelo una y otra y otra vez.

Así, vestida de sueños e ilusiones, lo esperó.

Y en el proceso fue vendiendo las joyas de su familia para darle oxígeno al estilo de vida que mantenía con su esposo; fue alejándose de Marilú, quien se veía envuelta constantemente en discusiones con mi padre hasta que se cansó y se marchó de la casa; fue aceptando los engaños, los abusos y las discusiones hasta volverlas una parte más de su rutina. Lo tragó todo. Lo aguantó todo. Entre gritos y pataleos, entre celos y molestias, aceptó todo lo que fuese necesario. En el fondo, sabía que Enrique no se iba a marchar.

Podía haber cien mujeres, pero él no se alejaría de ella. Un día se aburriría y regresaría a su lado, volvería a entregarse por completo, a ser el hombre que la enamoró y ella lo iba a esperar el tiempo que hiciera falta.

Lamentablemente, a mi madre el tiempo se le convirtió en una serpiente escurridiza que se mordía la cola y empezaba de nuevo cada vez que nacía la esperanza del regreso de mi padre. Definitivamente, las personas se equivocaban; la eternidad no estaba en la prolongación infinita de la vida, sino en la agobiante espera de un instante. Entre susurros y reproches, maldecía la suerte zigzagueante que la esquivaba vilmente. Siempre ocurría algo justo cuando las cosas comenzaban a marchar bien y las posibilidades del renacer amoroso estaban en su punto.

La primera vez ocurrió a inicios de 1965, cuando su relación se estaba consolidando nuevamente y los planes de viajes y mudanzas lo endulzaban todo. Pero entonces cambiaron a Enrique al departamento de ventas de Zig-Zag y su vida se transformó en una rutina absorbente de llamadas telefónicas, cartas sin respuestas y ausencias en el dormitorio. Por aquella época, mi padre tuvo la fascinante idea de crear una red de universidades norteamericanas en donde dictaban clases sus colegas escritores. El fin era utilizarlas como plataforma para divulgar la literatura chilena. Contactó con todos, sin excepciones, y a través de ellos llegó a las bibliotecas universitarias, a librerías grandes y pequeñas, a alumnos interesados en el español y a profesores cautivados por los textos latinoamericanos. Poco a poco comenzaron a llegar desde Chile centenares de libros a los Estados Unidos. El negocio cambiaba; el mercado se agrandaba y las latitudes se expandían. Parte de aquel mérito lo recibía Enrique mientras su esposa suspiraba, feliz por su éxito, adolorida por la oportunidad que se escapaba.

Luego, a inicios del año 1966, la muerte de su suegro desvió la posibilidad de revivir la llama de la relación. Al enterrar a su padre, lo último que quedaba de juventud en Enrique se quedó en el mausoleo Lafourcade. Una parte de sí mismo también había muerto. Ahora la vida parecía distinta y tenía más cargas que nunca. Su madre estaba desvalida; sus hermanos, dispersos; sus deudas, en crecimiento. Las horas no eran suficientes para todas las responsabilidades de las que se debía encargar Enrique y, sin duda, María Luisa era quien menos tiempo pasaba en su mente.

Entonces todo parecía enrumbado hacia el fin. La oportunidad nunca llegaría y mi madre se sumergía en una tristeza absoluta que le oscurecía el ánimo y el pensamiento. Los meses se reemplazaban unos a otros sin mayores cambios, pero milagrosamente el momento oportuno llegó. La vida se reiniciaba, los planes comenzaban de nuevo, el amor irrumpió en el hogar y su grito se escuchaba en todas partes. Cada palabra nacía de la ilusión. *«Nos vamos juntos, por tres años»*. ¡Se había cansado de las otras mujeres! Si no fuera así, ¿sería capaz de marcharse por tanto tiempo? ¡Por supuesto que no! Era su oportunidad, había llegado la hora y no iba a desaprovecharla. *«Hay que sacar a los niños del liceo y dejar en alquiler los departamentos»*. No habría retorno. Era un viaje de ida que se transformaría rápidamente en un idilio de amor, en una reconquista apasionada, una vida en la que estarían solo ellos, con sus problemas y sus deseos. Lo resolverían todo; absolutamente todo. *«¡Nos vamos en agosto, querida! Prepara las cosas»*. Tres años completos, juntos, en los Estados Unidos, lejos de la sociedad chilena, lejos de sus habladurías y sus presiones, lejos de aquella mujer que tanto le había robado.

Suavemente, las olas de aquel amor comenzaron a arrasar con cualquier cimiento que se pusiera frente a ellos. Nosotros nos aferramos a lo que pudimos para no naufragar en medio de la tempestad. Octavio hizo sus maletas sin lloriqueos. Yo no podía llevarme la biblioteca de mi padre en la maleta, algo que lamentaba muchísimo, pero la promesa de nuevos libros en California me sosegó. En poco tiempo salimos del liceo francés, nos marchamos de los departamentos, nos vestimos de invierno y esperanza y partimos al aeropuerto, con dirección al norte, una vez más, sin despedidas ni lágrimas, sin palabras alegres ni dolores.

Al norte.

Nos montamos al avión sin miedos ni dudas. Despegamos en un instante y atrás se fueron quedando Santiago y mis recuerdos. Atrás dejé a los pocos amigos que había hecho, los rostros familiares, la tumba de mi abuelo. Atrás quedó el trabajo en Zig-Zag, el Taller 99, la 115 y todo lo demás.

Nos marchamos al norte. Una vez más. Y mis padres dejaron atrás sus problemas. Sepultados. Olvidados. Perdidos. El tiempo volvía a sonreírles. La vida comenzaba de nuevo y solo el futuro sabía con exactitud en qué derivaría aquella nueva oportunidad.

Solo el tiempo nos lo diría.

«Al norte, querida, nos vamos al norte...».

Capítulo 5

Corazón para la cena

1

You know that day destroys the night
Night divides the day
Try to run, try to hide!
Break on through to the other side!

En 1966 California vibraba a un ritmo totalmente diferente.

Las voces rugían y clamaban ideas disruptivas; las calles mordían con sus aceras agitadas e insurgentes; los transeúntes se comían el presente a grandes bocados, como si ya mañana fuese tarde; como si el mañana nunca fuese a llegar. California estaba cambiando. En realidad, ya había cambiado. Los hijos y nietos de los grandes conflictos mundiales se negaban a alimentar con sus vidas la maquinaria de la guerra y en el aire se respiraba el inconfundible aroma del hollín, el papel y los neumáticos quemados, la marihuana y la pólvora.

Los tiempos estaban cambiando.

Break on through to the other side!

En los Estados Unidos el aire estaba inflamado y cada protesta incendiaba las ciudades. Para las nuevas generaciones, la realidad sabía a desilusión. Muchos sentían que sus vidas estaban regidas por un Estado que los usaba y desechaba a placer sin que ellos pudiesen decir absolutamente nada. Cuando un estudiante de Berkeley manifestaba su descontento, lo silenciaban con la prisión. Cuando un afroamericano exigía derechos, lo reducían con la violencia. Cuando una mujer reclamaba igualdad, la censuraban con toda la fuerza opresora de la sociedad.

No había escapatoria.

Oponerse a la rigidez y a los atropellos del sistema se convirtió en una necesidad para muchísimas personas y protestar por ello, la única fórmula de presión. El descontento que llevaban cientos de miles en el pecho a lo largo de los Estados Unidos encontró epicentro en California y desde allí fue esparciéndose como un fuego incontrolable por todo el país. Los jóvenes de todos los colores, de todas las ideologías y clases sociales se alzaron a la vez para cuestionar uno por uno los preceptos que regían los estrechos márgenes de la sociedad norteamericana hasta el momento y no se detuvieron hasta alcanzar un cambio.

Break on through to the other side!

La ciudad en la que había vivido ya no existía. En menos de cuatro años California se había transformado por completo. Los suyos no eran cambios sutiles, sino radicales, polarizados, inquebrantables. Los jóvenes tomaron consciencia de sus pasos y se negaron a seguir las huellas de sus antecesores. En todas partes la música y las ideas florecían como un acto de rebeldía; las luchas y las causas sociales estaban en los rostros y los labios de todas las personas e incluso los medios de comunicación quebraron sus antiquísimos armazones editoriales para sumarse a las voces que demandaban cambios no mañana, no en el futuro, sino en el único momento que con toda certeza les pertenecía a los jóvenes: el presente.

Había llegado la hora.

Estados Unidos estaba a punto de cambiar.

Break on through to the other side!

Vietnam tenía mucho que ver con aquella necesidad de cambio. En ese momento, la guerra había adquirido nuevos significados. La contienda llevaba desde 1955 en boca de toda la sociedad, pero no fue hasta mediados de la década de los sesenta cuando realmente se convirtió en un verdadero horror que sacudió la opinión pública. Los combates se habían intensificado. Lo que inicialmente comenzó como otra pugna de la Guerra Fría, se había transformado en pocos años en el gran cementerio de los jóvenes estadounidenses. A diario, los noticiarios hacían eco del infierno que padecían los soldados norteamericanos en las tierras del sur asiático y muchas personas comenzaron a cuestionarse que todo aquello tuviese algún sentido.

Sin embargo, mientras las dudas y las indecisiones secuestraban la atención de las personas, a través del horror televisado, el reclutamiento por sorteo reclamaba a miles cada mes para la inducción armada en el ejército. Así, un poco menos de nueve millones de civiles fueron enlistados para servir en la Guerra de Vietnam. De ellos, más de tres millones resultaron desplegados. Muchos intentaron evadir de mil formas distintas la que consideraban una muerte segura en aquel lugar, pero cada vez resultaba más difícil escapar de un destino que transformó para siempre la psiquis de una generación y dejó más de cincuenta y ocho mil soldados fallecidos y cien mil heridos.

En poco tiempo las fotografías de los jóvenes héroes que habían dejado la vida en servicio por su país inundaron las revistas, los periódicos e incluso la televisión. Las cifras dolían y horrorizaban a todos, pero, lamentablemente, de formas muy diferentes.

Para las comunidades afroamericanas, el dolor sabía a racismo y a desigualdad. Incluso en la muerte el color de la piel seguía siendo un factor determinante. Aunque no existía una cifra exacta, les resultaba evidente lo injusto del proceso. El tiempo demostraría que se llegó a reclutar un porcentaje drásticamente superior de la población afroamericana activa en comparación a los hombres blancos.

Aun así, en 1966, los números para comprobarlo todavía no eran públicos ni de fácil acceso. Sin embargo, lo que sí estaba a plena disposición de todos era la fuerte convicción de que también en la guerra la segregación y la falta de oportunidades llevaba a los afroamericanos a los puestos más propensos a morir. Caían de a cientos en las primeras líneas de combate mientras que muchos hombres blancos con mejores posiciones económicas y educativas observaban desde la retaguardia. El proceso era excluyente y la arbitrariedad con la que desaparecía la población joven de las comunidades afroamericanas destruyó por completo la credibilidad en el sistema de reclutamiento por sorteo.

La guerra tenía un sabor amargo y cada uno de los jóvenes que marchaban para no regresar se transformaba en miles de razones adicionales para alzar la voz como nunca antes. Sería aquella década cuando los gritos de las minorías se harían escuchar, costara lo que costara. Sería en ese tiempo cuando las causas sociales y los derechos civiles —que durante décadas habían quedado irresueltos—, se materializarían en un rugido inmortal, un rugido que rompería el sonido de las balas y las armas en las protestas, un rugido que rajaría el aire y unificaría a cientos de pulmones en dos simples, indiscutibles y poderosas palabras: ¡*Black Power!* ¡*Black Power!* ¡*Black Power!*

Aquella lucha encontraría un gran aliado en la juventud californiana, mayoritariamente blanca, pero muy conscientes de las problemáticas sociales que padecía el país. Algunos de ellos poseían acceso a la educación y precisamente desde los espacios universitarios comenzaron a manifestar su descontento no solo ante la guerra que los machacaba y les prometía un final posiblemente funesto, sino también contra la segregación y el propio rumbo del país. Estaban decididos a mostrar su disconformidad a través de protestas inteligentes, civiles, pacíficas, y en poco tiempo se convirtieron en una gran fuerza de presión que encabezaba los titulares de los periódicos.

A su vez, en San Francisco había comenzado a expandirse uno de los movimientos más mediáticos y trascendentes de la década. Aquella corriente social nacía principalmente como oposición a la guerra, pero, también al materialismo, la hipocresía sexual, los estereotipos de belleza e incluso al propio sistema y los pilares que sostenían el poder. Su composición se concentraba alrededor de hombres en edades para ser enlistados en el ejército y mujeres anhelantes de igualdades y libertades exentas de moralidades anticuadas. Los medios comenzaron a llamarlos *flower children;* sus líderes propagaron el lema *Peace and Love* y de forma veloz, hasta el último de ellos se atrevió a vivir en otro plano de la realidad a través del consumo de marihuana y drogas alucinógenas como el LSD.

Su impacto superó fronteras, revolucionó la música estadounidense y enmarcó el espíritu libre, idealista y reformador de la época.

El movimiento *hippie* llegó como un huracán que se expandió a lo largo de los Estados Unidos. Allí donde llegaba, la marihuana, la música y la libertad calaban hondo en las personas. La suya era una corriente repleta de principios e iniciativas que anhelaba deconstruir la realidad a través de una filosofía contracultural y desafiante de los códigos morales de la sociedad. Lejos de las etiquetas y señalamientos que muchos políticos y medios de comunicación les hicieron, lo suyo no era solo drogas y coloridos estilos desarrapados, sino que desde sus entrañas se promovía un pensamiento crítico que muy pocas generaciones habían experimentado.

Para la época, el concepto de libertad de expresión llevaba menos de veinte años de haber sido consagrado en la Declaración Universal de Derechos Humanos y las generaciones anteriores no habían logrado hacer un uso muy extenso de este: pero aquello no ocurriría otra vez.

Es posible que nunca hubiese existido un momento más idóneo para cuestionarse el rumbo de la vida y del país como en aquel instante. Los *hippies* llegaron —junto al resto de movimientos sociales— para encausar ese deseo latente. En poco tiempo, los jóvenes comenzaron a tener sus propias opiniones. Se atrevían a cuestionar la vida de sus padres, el papel de los Estados Unidos en el mundo y cómo debería ser construido el futuro. Muy lentamente la posibilidad de expresarse se propagó por todas partes. Las personas hablaban libremente y conversaban de temas que siempre habían sido ajenos, especialmente para hombres y mujeres entre los veintiuno y treinta años. No importaba la clase social ni el nivel educativo, cientos de miles se reunían alrededor de la música para liberarse de las presiones de la sociedad. Y en el proceso, se fue construyendo una poderosa red humana consciente de los problemas que padecían los norteamericanos y con la valentía suficiente para volcarse a las calles y clamar por un cambio.

Un cambio. La sociedad entera se movía por un cambio. Levantaban las piedras, sacudían las calles e irrumpían en conferencias; protestaban con coros de voces, lemas y carteles, rechazaban las prohibiciones y se negaban a retroceder, a callarse, a doblegarse; la sociedad entera se movía por un cambio. Quemaban papeletas de reclutamiento, realizaban conciertos masivos y visitaban las prisiones con regularidad; luchaban en nombre de todos los derechos, de todos los colores y de todos los ciudadanos; la sociedad entera se movía por un cambio. Gritaban en los bares y en las avenidas, propagaban ideas a lo largo y ancho del país; se rebelaban en las reservas del ejército y se amotinaban en la vanguardia de Vietnam; se cubría en todos los medios de comunicación, se debatía en el congreso y se respiraba en el ambiente. El cambio llegaría, lo afirmaban las voces, el contexto, los rostros, la juventud y el futuro. El cambio llegaría, tarde o temprano, de una u otra forma, con o sin el apoyo de la sociedad más conservadora... el cambio llegaría.

Pero todavía faltaban algunos años para celebrarlo.

Made the scene, week to week,
day to day, hour to hour.
The gate is strait, deep and wide.
Break on through to the other side!

La radio sonaba con fuerza. Mi familia y yo peinábamos el corazón urbano de Los Ángeles en un taxi conducido por un inglés amigo de mi padre. El automóvil se movía ligero con las ventanillas abajo mientras los rayos del sol bañaban las calles. Por todas partes, el mundo había cambiado. Las aceras me resultaban envueltas en una contradicción de ruido, violencia, música y colores. Los transeúntes ya no iban descubiertos ni con trajes en punta, sino con pantalones de campana y camisas anchas pintadas de los colores más variados que había conocido jamás.

Miraba todo desde el asiento trasero, con los ojos de la niña que intenta descubrir el mundo. Desde mi posición, tenía una vista privilegiada de la ciudad que se abría a ambos lados de las calles. La brisa sacudía mi cabello, el aire sabía al salitre y al petróleo crudo de la costa y en mis oídos solo retumbaba aquella melodía fantástica. Jamás había escuchado algo como eso. Aunque mi mirada estaba perdida en la metrópolis que se dibujaba frente a mí, mi mente solo trataba de capturar el significado de las palabras, los instrumentos que acompañaban la voz, la pasión de la composición.

La música de la radio me secuestró. El paisaje solo era una excusa para perderme hacia adentro, hacia la imaginación. Nada que hubiese vivido antes podía compararse a ese momento. Desde niña había conocido el sonido del piano y el acordeón, de la trompeta y el violín, pero nunca el de la guitarra eléctrica, la batería y un cantante que desgarraba el sonido y transmitía con suma precisión la pasión de las palabras que recitaba. ¿Qué demonios era aquello?

Mi conciencia quedó atrapada durante esos breves minutos que duró la melodía, y sin percatarme del espacio ni del tiempo, llegamos a nuestra nueva zona residencial en Westwood. El auto se detuvo al margen de un pequeño edificio. Justo antes de terminar la canción, el inglés apagó el motor y, por extensión, la radio. Mi padre y su amigo se fueron al maletero y comenzaron a desempacar. Octavio y mi madre también habían bajado del automóvil, pero yo me quedé allí, estática y ansiosa hasta que regresó el conductor.

—*Excuse me, sir, what's the name of that song on the radio?* —mi voz salió como una ráfaga. Apenas tuve tiempo de articular mi oxidado inglés, pero no me importaba nada más que aquella respuesta.

—*On the radio? Hm* —la sorpresa del conductor se reflejaba en su sonrisa. No esperaba aquella pregunta—. *Sure! The Doors, it's the pre-release of their first single.*

—*Break on Through…* —repetí lentamente, sin saber que en ese instante había abierto la puerta hacia un mundo repleto de aristas y música desconocida y hechizante que no tardaría en hacer parte de mi vida.

2

Vivir tantas mudanzas deja huellas.

Parte del apego emocional y la estabilidad inherente al lugar físico que representa el hogar se va perdiendo entre las maletas. Nunca es una decisión, simplemente sucede. Para mí una casa dejó de ser un lugar de recuerdos para transformarse en un espacio compartido que tenía fecha de caducidad. Tarde o temprano llegaría una fecha de partida. Lo tenía claro. Daba la sensación de que nunca estaría por mucho tiempo en ninguna parte. Mi vida estaba sometida a demasiados vaivenes ajenos a mi voluntad que me impedían detenerme a extrañar lo que dejaba atrás. A veces, mi mente ni siquiera conservaba los detalles de las viviendas. Lo más importante era tener un espacio para refugiarme del mundo exterior. A eso se reducía la palabra hogar, a un simple refugio de cuatro paredes y un techo que me albergara del frío y del peligro.

El resto era asunto de la memoria y del olvido.

En ese sentido, Westwood no parecía diferente a otros lugares en los que viví. Era un barrio agradable y el departamento estaba repleto de comodidades norteamericanas que consistían en electrodomésticos, muebles industriales y armarios gigantescos. Sin embargo, había algo distinto: ¡Ya no compartía habitación con Octavio! Por primera vez disfrutaba de la privacidad en un dormitorio para mí sola. Aunque me alegraba, aquello no dejaba de ser extraño. Por un lado, sentía un gran vacío, como si el cordón invisible que me mantenía atada a mi hermano se hubiese roto; pero al mismo tiempo me envolvía una felicidad desconocida. Ya no contaba con más compañía que mi propia soledad, ni otra voz que la de mi pensamiento. Ahora solo yo era responsable de lo que ocurría entre aquellas paredes blancuzcas y estaba más que agradecida de que así fuese. Esa sería mi guarida, mi rincón, un espacio de autodescubrimiento y soledad.

Poco tiempo después de instalarnos, volvió el ajetreo por conseguirnos una escuela. El estado de California nos asignaba un colegio para emigrantes latinos con la idea de que allí encajaríamos mucho mejor, pero mis padres no compartían esa convicción. «*Bullshit*» decían con frecuencia mientras ignoraban la normativa y se enfrascaban en largas jornadas de papeleos y llamadas que derivaron en mi inscripción en Emerson Junior High School.

Así llegó la secundaria, de forma tan repentina como mi propia adolescencia. Como era usual, nadie se detuvo a explicarme los cambios que se avecinaban ni el mundo de reglas y posibilidades que nacían en aquel instante. Por suerte, tampoco lo necesitaba. A diferencia de mi vida en Chile, que siempre resultaba infantilizada y dependiente de un adulto, en los Estados Unidos me sentía empoderada, llena de derechos y libertades, transformada en una niña autónoma y capacitada para tomar mis propias decisiones y asumir nuevas responsabilidades. Estaba preparada para sumergirme en los cambios. En ese sentido, la secundaria estaba más que feliz de colocar sobre mis hombros todo el peso del conocimiento.

La institución trataba a los jóvenes como adultos. En las carteleras colocaban las normativas y los estudiantes se adaptaban a ella como mejor podían. Para empezar, los alumnos escogían sus horarios y las materias que deseaban cursar. Nadie vigilaba la asistencia de las clases. Todas las asignaturas ocurrían en salones diferentes y teníamos apenas diez minutos entre cada clase para trasladarnos de un lugar a otro.

Además, no importaba la razón que hubiese detrás de una tardanza, un minuto después de la hora significaba perderse una clase si el profesor era muy estricto; lo cual se traducía en serios problemas para la lluvia de exámenes de todas las semanas. Estos cambios, aunque sutiles, volcaban grandes responsabilidades en muchos niños que apenas estaban acostumbrados al deber de asistir a clases todos los días. Ahora, la vida iba a otro ritmo. Debíamos adaptarnos y crecer. No había alternativa.

Simultáneamente a las diferentes responsabilidades, se sumaban las exigencias de la secundaria. El nivel era alto. Por todas partes aparecían materias desafiantes con sus códigos, fórmulas y teorías que resultaban completamente desconocidas. Las nuevas asignaturas planteaban preguntas que nunca me había hecho: las ciencias, las matemáticas, el inglés, todo me reclamaba con increíble énfasis y yo me sentía sacudida por un mar profundamente hermoso. El conocimiento llegaba a mí de mil formas diferentes. Aprendía conforme avanzaba. Los números se volvieron mis mejores amigos, la historia y la geografía en mi gran interés. Cada una de las clases me desafiaba de maneras extraordinarias.

Sorpresivamente, en esa época daba la sensación de que la sociedad norteamericana estaba sumida en el mismo deseo de conocimiento que yo. Los jóvenes luchaban por derechos y libertades, pero también comenzaban a hacerse preguntas nuevas. Cansados de las viejas respuestas, decidieron formular las suyas y eso lo cambió todo. Así, conforme se reformulaban los diferentes aspectos de la vida, los sinsentidos de las guerras y el papel que podían desempeñar en el futuro del país, se hacían con una opinión propia, crítica, nacida de las bocas y las mentes de aquellos que no tenían ningún poder ni implicación política y —a veces— tampoco educación. Las personas comenzaban a deconstruirlo todo. Tener una opinión se volvió fundamental. Cuestionar la autoridad, rebelarse ante lo tradicional y ofrecer nuevas respuestas estaba en el espíritu de la década y lo abarcaría absolutamente todo desde entonces.

En mi caso, aquel espíritu renovador me llegó en una clase de historia. Mi profesora era una mujer amable y paciente que padecía del peor pecado de un docente: la imposición inconsciente de su opinión acerca de los temas que enseña. En algo tan delicado como la historia, sus arranques explosivos la hacían tomar partido ante los hechos históricos. Su pasión se desbordaba cuando abordábamos discusiones alrededor de la Guerra Fría y la Guerra de los Siete Días entre israelíes, palestinos y algunos países árabes. En esos momentos, más que una clase, el aula se transformaba en un espacio propagandístico. No había objetividad, sino que todo estaba nublado y retocado por la percepción de aquella mujer y eso me generaba un rechazo automático. No deseaba que nadie me dijera lo que debía pensar. ¿Por qué alguien se interesaría en dedicar tantos esfuerzos para que su opinión se convirtiera en la única verdad? ¿Cuál era el fin de contar la historia solo tomando una perspectiva y no explicando el panorama completo? Seguramente no había nada bueno detrás de todo eso, así que decidí conseguir mis propias respuestas.

Por fortuna, en Emerson Junior High School tenía las herramientas perfectas para mi búsqueda.

A diario, muchos estudiantes tenían una hora libre antes del almuerzo. Como es natural, los jóvenes las empleaban eficientemente para deambular por aquí y por allá entablando amistades, consiguiendo experiencias, disfrutando de no tener más responsabilidades que existir. Muchas veces se formaban grandes clubes deportivos o alguna afición en concreto y utilizaban aquellas horas para alimentar la interacción social y realizar las típicas chiquilladas que por ley divina deben experimentar los adolescentes. Sin embargo, yo me volvía una pagana de mi edad y utilizaba mi tiempo libre de una manera un poco diferente.

Todos los días, sin falta, me iba a la biblioteca de la secundaria. Atravesaba el jardín, esquivaba el bullicio de los alumnos, los rostros risueños y alegres que me seducían y parecían susurrarme con palabras mudas: *"hey, come over"*, pero yo los ignoraba. Al final de la travesía, llegaba hasta aquel modesto edificio de puertas de cristal que se abrían hacia adentro, como si llevaran un mensaje implícito en ese simple acto: *«así como el conocimiento está en nuestro interior, también desde adentro deberá nacer tu decisión de buscarlo»*. Por supuesto, yo estaba decidida a encontrar ese mundo que hasta entonces había sido invisible para mí... y vaya que lo conseguí.

El edificio de cemento y cristal que albergaba la biblioteca apenas alcanzaba los dos pisos de alto, pero sin duda era un espacio bastante ancho. La arquitectura exterior no tenía demasiados detalles ni se molestaba en mostrar falsas apariencias. Sin embargo, al entrar, todo cambiaba. La magnitud del lugar hacía que la mirada se extraviara inmediatamente entre las hileras infinitas de estantes de madera llenos de libros multicolores. El lugar resultaba desbordante, se mostraba imponente y desafiante para una niña tan pequeña como yo. ¿Cómo era posible desplazarse por aquel lugar?

La primera vez que entré me sentí deslumbrada. Era diez, veinte, ¡cien veces mejor que la pequeña colección de mi padre! Daba la sensación de que allí se encontraban las respuestas de todos los misterios de la existencia. Había suficientes libros como para comenzar a leerlos en ese instante y al terminar, levantarse con sesenta años. ¿Sería esa una buena forma de vivir? Me imaginaba arrugada y encorvada, con el cabello blanco, tirada en el piso, rodeada de libros y de pronto, un día emergiendo con todo el conocimiento del lugar, transformada en una enciclopedia andante que había dedicado su vida entera a descubrir las vidas ya apagadas y los conocimientos eternos. No me resultaba mala idea, pero no me atrevía a tanto.

Recuerdo haberme asombrado de la infinita cantidad de historias, anécdotas y hechos que se escondían entre aquellos estantes. Ni siquiera había tocado el primer libro, pero a mi mente acudió una conclusión muy obvia: el ser humano anhelaba ser escuchado. Más que eso, necesitaba perdurar y sobrevivir en el tiempo. Trascender y seguir presente en la vida más allá de la muerte era una de sus más fuertes obsesiones y frente a mí se hallaba la prueba. Allí estaban las voces del pasado, apiladas por categorías, clasificadas por una suerte de códigos muy bien pensados, impacientes por ser escuchadas. Allí estaban las respuestas y los hechos del ayer, pero también, con total seguridad, las soluciones del presente... ahí estaba la vida misma, con sus secretos, sus penas y sus anhelos; sus vaivenes, sus desaciertos y sus esperanzas, todas juntas, revueltas, entrecruzadas, presentes en un mismo lugar, dispuestas a abrirse para quienes llamaran a su puerta, acariciaran sus páginas y estuviesen dispuestos a escuchar, o más bien a leer.

—*How may I help you?*

La voz de la bibliotecaria me sorprendió en la distancia. Su timbre era angelical, suave, amable y enérgico. Su voz dejaba traslucir un genuino interés por servir. Al acercarme, descubrí que era una mujer de cuerpo delgado y estirado, vestida con una ropa sencilla y clara, unos anteojos enormes y una sonrisa que traslucía de forma limpia y sin remordimiento las arrugas de los cincuenta años. En ese momento estaba tan impresionada que había olvidado las razones que me habían llevado hasta allí. ¿Qué estaba buscando exactamente? Con tanta información al alcance de mi mano, se me nubló la mente. ¿Qué libro debía pedir? ¡No sabía lo que estaba buscando! Por suerte, la bibliotecaria pareció advertir mi indecisión.

—*Is there something specific that you are looking for? We have most books you might need, and if we don't have, we can request it from other Libraries through Inter-Library loans.*

No entendí de inmediato todo lo que me dijo, pero, al instante detecté que aquella mujer estaba hechizada por su vocación. Sin duda no era muy frecuente que los alumnos visitaran la biblioteca salvo para algunas ocasiones puntuales y ella los esperaba con una enorme sonrisa, preparada para convertir sus experiencias en algo que los motivara a regresar otra vez.

—*Geography, I want to get to know the world* —dije con una voz segura y al instante la mirada que recibí me confirmó que me había ganado a aquella mujer.

Desde ese momento, acudí a la biblioteca bajo una estricta puntualidad. No importaba el clima o los exámenes, acudía sin falta y encontraba a la Sra. Sophia —la bibliotecaria— con sus anteojos y su sonrisa, dispuesta a enseñarme lo que hiciera falta para penetrar en aquel laberinto abrumador y confuso que impresionaba a cualquier mirada que intentara descifrarlo. Gracias a ello, en poco tiempo logré dominar el *Sistema de Clasificación Dewey* y su maravillosa fórmula para organizar en grandes y pequeñas categorías cualquier tipo de libro. Bastaba con entender cómo se ordenaban los temas para encontrar los autores o títulos que pasaran por mi mente. El dominio de aquellos códigos abría las puertas del conocimiento. Así de directo, con poseer esas claves, la biblioteca estaba a mi entera disposición. Podía detectar sus pasadizos y secretos como si se tratase de un mapa celestial. Desde entonces, no pude evitar sentirme dueña de una llave poderosa, una fórmula potente capaz de desenterrar los libros más extraordinarios y misteriosos para consumir sus saberes.

Envalentonada por mi aprendizaje, comencé a explorar las estanterías. Me paseaba por todos esos pasillos silenciosos, llenos de pequeñas partículas de polvo y libros que me llamaban sin alzar la voz. Cada día visitaba una categoría diferente, tomaba dos o tres ejemplares más o menos al azar, me iba hasta una pequeña mesa y entonces ocurría la verdadera magia. Abrir los libros me llenaba de un éxtasis indescriptible. Nunca sabía con qué me iba a topar. La vida estaba llena de pequeños hechos y datos que ignoraba, pero me bastaba con sumergirme en un libro para ser consciente de lo que desconocía. El conocimiento me resultaba parte de un ciclo infinito: se renovaba, se reconstruía y cada vez que parecía olvidado, renacía para los ojos curiosos que abrían por primera vez sus páginas amarillentas y quebradizas.

Esa era mi labor.

Aquellos libros superaban todas las expectativas. Entre los párrafos, surgía un descubrimiento casi frenético. Constantemente me asombraba de los hechos más pequeños y mi mente volaba libre hacia lugares inimaginables. El mundo aparecía en el papel de forma vasta con tierras, mares, países y rincones que habían estado eternamente ocultos para mí, pero ya no más. Nunca más. Los libros transportaban mi alma y mi mente. A través de ellos redescubría lo que significaba estar vivo, el peso del pasado, las heridas del presente. Solo allí pude encontrar respuestas a las preguntas que se formulaban en las calles, en los salones de clases y, también, entre los amigos de mis padres que visitaban la casa los fines de semana. Solo los libros narraban los hechos con aquella extraordinaria capacidad que permitía al lector dudar y debatir consigo mismo. Las palabras se cruzaban en la mente, explotaban en mil pedazos y se reconstruían para formar significados. Cada libro suponía un desafío, una incitación al viaje, al descubrimiento, a la conquista. Solo allí podía entender lo que ocurría en el Líbano, de dónde surgía la Guerra Fría, por qué había luchas de clases y qué injustas razones les negaban a algunas personas sus derechos. No había pregunta que quedara sin recibir la información necesaria para llegar a una conclusión.

Esa me parecía la mejor manera de conseguir una opinión propia. Así, cuando participaba en clases o en los almuerzos de los fines de semana, lo hacía con una base y no guiada por lo que decían los demás. Desconozco qué fuerza extraña me obligaba a actuar de esa forma, pero no podía resistirlo. Jamás sería esclava de mi desconocimiento. Debía aprender y adquirir todo lo que fuese necesario para enfrentar la realidad que me esperaba. Solo en la soledad de mi cubículo, rodeada de atlas, enciclopedias, novelas y ensayos podía formularme una opinión acertada de lo que significaba vivir, con sus penas y sus glorias, con sus sinsentidos y sus curiosidades, con sus misterios y sus hechos científicos.

Los libros me lo dieron todo sin pedirme nada a cambio. Fueron mis confidentes y mi refugio. La lectura se transformó en mi templo, en mi oasis, mi lugar de sosiego y allí acudí cada día, sin falta. La biblioteca fue el mejor descubrimiento de mi adolescencia, quizás por eso le dediqué gran atención a los libros durante mi vida entera. Despegarme de las palabras me resultaba imposible. A veces, incluso por las tardes, también acudía hasta allí y me marchaba cargada de ejemplares. Hacía malabares para cargar entre cinco y seis libros, pero no importaba. Me montaba en el Ford Mustang que se había comprado mi papá, los depositaba en los asientos traseros y luego dejaba escapar un suspiro exhaustivo que marcaba más mi impaciencia por llegar a casa para leerlos que un genuino cansancio.

Solo entonces, mientras el automóvil avanzaba y el mundo entraba en movimiento, me desconectaba de la biblioteca. Cerraba los ojos un instante. Mi cuerpo se sentía flotar. Se aflojaban mis facciones, se relajaban mis músculos y mi mente... mi mente volaba, se perdía por completo en esa otra gran pasión que me robó de la forma más hermosa el espíritu desde que supe el nombre de aquella canción...

Aquella canción y las que vinieron después.

Dominique y Octavio - 1967

3

Hubo un día ya perdido en el pantano de la memoria en el que escuchamos sin saber nuestra primera canción. El momento llega de sorpresa, nunca lo esperamos. La música, que siempre ha estado por encima de nosotros durante la infancia, de pronto cobra significado cuando una tarde inesperada percibimos un ritmo, una voz, un sentimiento que irrumpe en la realidad y despierta algo desconocido en nuestro cuerpo, mente y corazón. Casi sin explicación se transforma en necesidad. Queremos entender lo que estamos escuchando, de dónde nace ese sonido y por qué nunca antes habíamos coincidido con esa canción que lo replantea todo; absolutamente todo.

Por alguna razón, esa melodía sabe a descubrimiento: nos llena un vacío inadvertido hasta entonces. Esa primera canción lo sacude todo por dentro, no podemos evitarlo, levitamos con ella. Después de escucharla solo alcanzamos a desear más. Sin advertirlo, comenzamos a formular preguntas que antes no alcanzábamos siquiera a imaginar. ¿Qué es la música? ¿Por qué al oírla nos sentimos más vivos? ¿Qué son esas emociones tan intensas que despierta? ¿Por qué el mundo adquiere tanto significado a nuestro alrededor? *¿Por qué, por qué, por qué?*

Todas esas preguntas me asaltaron desde mi regreso a California. Cuando me bajé de aquel auto y dejé atrás al inglés que lo conducía, por primera vez en mi vida me sentí una ladrona muy hábil. ¡Le había robado las palabras mágicas a aquel hombre! Tenía en mi poder un nombre, una banda, una canción que podía recitar al aire y adquiría más significados de los que alcanzaba a entender. Murmuraba cada sílaba en mi habitación, arrojaba las letras contra el techo y las paredes, mi espíritu se encendía tratando de descifrar sus secretos y mientras más me obsesionaba con ello, un genuino deseo por volver a escuchar esa canción me mordía el corazón. En mi cabeza, seguían retumbando los instrumentos, el cambio de los ritmos y esa voz desgarrada gritando: *Break on through to the other side.*

Entonces decidí hacer algo al respecto.

La sala de mi casa, que estaba llena de muebles alquilados, disponía, también, de un tocadiscos portable. Se trasportaba en una maleta marrón y lo acaparaba en mi habitación con más frecuencia de la que mis padres deseaban. Mi dormitorio no era nada extravagante, en realidad, parecía más bien un lugar deshabitado. Una cama, un armario, un par de pósteres de Charles Chaplin y Laurel & Hardy en las paredes blancas, y algunos pequeños montículos de libros era todo lo que adornaba el interior. Sin embargo, para mí era suficiente. La convivencia entre libros y discos era lo único que mi mente deseaba. Me sentía en un espacio que materializaba mis sueños: tenía soledad para disfrutar de la lectura, privacidad para escoger lo que deseaba escuchar y las herramientas suficientes para dejar libre mi pensamiento.

Al inicio, no poseía muchos vinilos, pero eso no me detuvo. Comencé por lo que tenía a mano: los gustos musicales de mis padres. Primero fue la sinfonía de mi madre; esa estaba compuesta fundamentalmente de los temas clásicos de Niccolò Paganini y su destreza para arrancar las inmaculadas notas de los violines. Luego vino la influencia de mi padre. El jazz lo permeaba todo para él. En su percepción, no había música más culta que aquella y en función de ella evaluaba y destruía el resto de los géneros. Yo escuchaba con atención, me agradaba tener la posibilidad de escoger las melodías que más me gustaban, pero me sentía excesivamente protegida bajo sus alas. Necesitaba encontrar mi sonido, descubrir lo que movía mi espíritu.

Así las cosas, me di a la tarea de conseguir nuevas melodías. Y quizás por esas hermosas coincidencias de la vida, en el mismo lugar en el que encontraba libros, también pude hacerme con vinilos. La biblioteca tenía una sección para sacar discos. Estaban almacenados en gavetas y se ordenaban por géneros. Usualmente le llegaba al menos un par de ejemplares de los lanzamientos más populares y los estudiantes nos batíamos en duelos por ellos. Aun así, como la biblioteca era mi segundo hogar, siempre estaba atenta y lograba llevarme los mejores discos a casa.

También existía una gran cultura del intercambio. Los jóvenes se reunían en distintos puntos de la secundaria y compartían sus discos entre recomendaciones, gritos y promesas extravagantes. A través de ese sistema di con auténticas experiencias sonoras y me fundí en dinámicas que mezclaban no solo un compartir musical, sino, también, las propias reflexiones, sentimientos y emociones que despertaba cada una de las melodías.

Por otra parte, al ver mi creciente interés por la música, mis padres decidieron contribuir con algunos discos que adquirían por aquí y por allá.

Eso completaba mi abanico de opciones. Tomaba todos los vinilos con la mayor ilusión; cada uno representaba una realidad ficticia por descubrir, un espacio subjetivo a la espera de ser descifrado. En las composiciones, los artistas volcaban la totalidad de su mundo interior. Cada verso, arreglo e instrumento narraba una historia personal, un sentimiento inmaculado que nacía como expresión de un instante. Eso era lo que más sacudía mi mente. Deseaba perderme entre esos paisajes de cielos rosados, mares verdes y estrellas azules. Las canciones construían sus propias reglas y las melodías alcanzaban propiedades alquímicas. Todo era posible cuando me lanzaba en el piso, colocaba el vinilo en el tocadiscos, cerraba los ojos y dejaba que el disco diera vueltas sobre su propio eje.

En ese momento, ya no había marcha atrás. La música surgía por arte de magia y yo me rendía por completo a su voluntad.

No podía resistirme.

I thought love was only true in fairy tales
Meant for someone else but not for me.

Una de las primeras bandas que escuché por decisión propia fue The Monkees. Su sonido era *light*, suave como un beso y seductor con mis crecientes emociones de adolescente. Cada vez que colocaba sus discos, tenía un fuerte deseo por bailar. Danzaba en medio de aquella habitación vacía, con los ojos cerrados, bajo la atenta mirada de Chaplin —quien parecía alentarme con su sonrisa—, escuchando aquellas voces entonadas que se unían sin falta en el coro para formar un canto de querubines.

Then I saw her face! Now I'm a believer!
Not a trace. Of doubt in my mind
I'm in love. I'm a believer!

Aquel era uno de mis gustos más superficiales, pero los encontraba divertidos y sumamente atractivos, especialmente a Davy Jones con sus ojitos de estrella. Su música me dejaba embobada y risueña. El aire se cargaba de un olor chicloso y por alguna extraña razón sentía los breves rastros de un amor invisible y solitario.

Good day sunshine. Good day sunshine.

También por esa época tuvo mucha influencia en mi vida la música de los Beatles. En aquel momento ya eran bastante populares y sus canciones estaban envueltas en una alegría contagiosa que, de improvisto, mutaba a mensajes profundos. De la nada aparecían letras que no alcanzaba a comprender y que escuchaba en bucles constantes para tratar de llegar al núcleo de su mensaje. Yo solo me quedaba viendo al techo, tragándome cada palabra y tratando de unir unas con otras para construir esos significados que se me escapaban.

Ah, look at all the lonely people,
Ah, look at all the lonely people.

Muchos de los temas que tocaban en sus canciones escapaban de mi capacidad de entendimiento. Ahora, con el paso del tiempo, puedo distinguir el cuestionamiento a la existencia de algunas de sus letras, el significado de estar vivos, el objetivo de despertar cada mañana. Sus mensajes trascendían a la propia música y se quedaban latiendo en mi cabeza en forma de pregunta. *I wonder what it all means.* No sabía responderlo, pero me entretenía esforzarme con tal de descifrarlo.

Esa misma sensación me la dejaban las canciones de Bob Dylan, pero en su caso me resultaba prácticamente imposible de penetrar. Por más esfuerzos que hacía, su mundo de versos hilados acompañados de guitarra y armónica excedía mis capacidades. Sus historias narraban ideas muy profundas, críticas picantes e inteligentes que también estaban envueltas en un contexto de drogas y sexo del que prefería mantenerme al margen.

Come on man, sing it with me.
Wild thing, you make my heart sing
Oh, You make a everything, groovy.

Pero si se trataba de perderme de verdad a través de un mundo en el que no entendía ni una pizca, colocaba el vinilo de Jimi Hendrix. Su caso era extraordinariamente diferente. Lo escuché de forma muy breve en los Estados Unidos, pero me acompañó durante toda la vida. Con Hendrix, entender lo que cantaba resultaba irrelevante. Lo suyo trascendía a las palabras. El verbo era una extensión de sus sentimientos. Si en lugar de decir «*Wild thing*» hubiese usado «*cosmic rainbow*» no habría ninguna diferencia. Su música hablaba más allá de los moldes de la escritura. Bastaba con escuchar el sonido de su guitarra, el quejido de esa voz que parecía extraída por el conjuro de un chamán, y la energía que colocaba en cada sílaba para desaparecer del plano existencial.

Su sonido me capturaba; me hacía prisionera de su energía.

Con Hendrix, los colores se palpaban, las palabras se olían y los sonidos se observaban como si hubiesen adquirido formas corpóreas. Las sensaciones que despertaba eran infinitas e increíbles. Su potencia estuvo presente en varios festivales de la cultura *hippie*; de hecho, desde 1967 se convirtió en una de sus figuras más valoradas. La música florecía y para muchos el fin último era exactamente lo que lograba Hendrix: un sonido capaz de hacer trascender al ser humano de su prisión existencial y que así tuviese la oportunidad de desprenderse del mundo terrenal.

En esa misma línea cantaba Janis Joplin, pero ella era la cúspide, una ejemplificación de la cultura *hippie* como pocas. Su voz desgarrada, multiforme y capaz de emular el rugido de los animales, el grito de la locura y las voces de muchas mujeres distintas, la convertía en una cantante impredecible y musicalmente difícil de entender para mí. Su sonido era único, extraordinario y representaba por completo la anticultura del momento. Solo ella podía doblegar sus cuerdas vocales y convertirlas en una amalgama de matices, potencia y sonidos. Y aunque no alcancé una mayor afinidad con sus primeras canciones, en todos los lugares de California se hablaba de ella. Incluso en la secundaria, mis compañeros de clases comentaban su participación en festivales o conciertos. Por eso, a su manera, estuvo muy presente en mi vida.

Así pasaba todas las tardes en mi casa. La música se me introdujo en los pulmones, la inhalaba sin descanso y su sonido me adormecía por dentro, me hacía sentir realmente viva y feliz. No obstante, de la misma forma en la que el tocadiscos hacía girar a los vinilos sobre su propio eje, así también giraba mi vida alrededor del reloj. En ese entonces, mi rutina avanzaba entre clases, libros y música. Todo marchaba a la perfección. Me sabía más independiente y libre que nunca. Poco a poco había descubierto mis sonidos, aquello que me representaba, y aunque a mi padre le parecía fatal la mayoría de los discos que escuchaba, su rechazo me generaba satisfacción. No pretendía agradarle, tampoco buscaba su aprobación. En realidad, me parecía natural que a unos adultos como ellos no les gustara un ritmo tan joven. De hecho, tal vez me hubiese asustado que disfrutaran de la música que a mí me gustaba.

Al margen de aquello, no recuerdo en qué momento sucedió, pero así como el que ve una luz encenderse por primera vez, así también comencé a vislumbrar mi personalidad y, lo que es más importante, mi identidad. Nadie me había guiado a leer aquellos libros, al contrario, eran consecuencia de mi determinación. Los conocimientos que conquistaba respondían solo a mi autonomía. En la música sucedía igual. No aceptaba recomendaciones de los adultos. Con mi propio pulso tracé el rumbo de mis gustos, la suma de artistas que me representaban y, al mismo tiempo, conformarían el *soundtrack* de mi vida durante esos breves meses californianos de entera plenitud.

En menos de cinco meses mi perspectiva de la realidad había cambiado. Ya no dejaba que nadie guiara mi camino ni permitía que intentaran moldear mi pensamiento. Cada paso que daba era mío y lo sentía como una decisión personal. Solo yo era dueña de mi forma de interpretar la vida y lo que ocurría en ella. Por un extraño y breve momento sentí que el mundo entero estaba en mis manos. Tenía el control de lo que sucedía en mi alrededor y la capacidad de decidir cómo enfrentar las adversidades.

Todo era perfecto.

Pero tarde o temprano alguien me sacaría de mi inocente, infantil y fantástico engaño. Tarde o temprano… o más bien, pronto.

4

—*Mom, where are we going?*

Aquella tarde de febrero sentía que los rayos del sol californiano eran especialmente inclementes. El calor se filtraba en el automóvil a pesar de los esfuerzos de la brisa. Las calles lucían vacías, pues todos los hombres y las mujeres sabían que durante esa hora el sol castigaba con fuerza. Mi madre también lo sabía. La pregunta era, ¿por qué estábamos de camino a ningún lugar a esa hora?

Mi pregunta obtuvo como respuesta una subida al volumen de la radio. El ruido de la música no me permitía siquiera descifrar quién cantaba o de qué género se trataba. Apenas distinguía el sonido estridente de guitarras y los gritos indescifrables del vocalista. Mi voz ya no volvió a tener la potencia suficiente para imponerse por encima del bullicio. Tampoco lo intenté. Solo alcancé a intercambiar miradas con Octavio.

Algo marchaba terriblemente mal.

En el fondo, con mi pregunta solo buscaba confirmar lo que ya sabía. Era la primera vez que mi madre actuaba así, pero decididamente la causa seguía siendo la misma: mi padre. A pesar de su decisión conjunta de partir a California, los problemas no se quedaron en Chile, como anhelaban. Las sombras de las infidelidades no se borran tan fácil y menos cuando no existía arrepentimiento ni intento alguno por terminar con todo aquello.

Cada vez con mayor regularidad mis padres discutían. Octavio corría a mi habitación y ambos nos escondíamos en el armario. No decíamos palabra alguna, solo aguardábamos a que todo pasara. El tiempo se alargaba mientras respirábamos el aire comprimido y escuchábamos los gritos. La voz de mi madre era angustiosa y desesperada, cada vez más rápida, más débil, más aguda. Mi padre, en cambio, cada vez decía menos y, cuando lo hacía, sufría de un arranque violento que elevaba su tono de voz hasta transformarla en un aullido realmente aterrador. Al final, todo terminaba abruptamente con el llanto desconsolado de María Luisa y el brusco sonido de un portazo como la despedida de Enrique.

El conflicto era el mismo de siempre. Había otra mujer. Ni siquiera la distancia los separó. Seguían enviándose cartas impregnadas de un amor fresco y oloroso que gozaba de todo aquello que había perdido mi madre. La correspondencia era frecuente y aquel día María Luisa consiguió ya no la carta de esa otra horrible mujer, sino la de él, su Enrique. Ahí estaba la prueba del delito. Un simple papel capaz de destruirla. Cada palabra, dirigida a otra; cada anhelo, depositado en otra casa; cada deseo, prometido a otro cuerpo. Fue demasiado para mi madre. Se rompió. Enloqueció. Tomó apenas un par de cosas, las llaves del auto y se fue a recogernos a la salida de la escuela. Todo eso lo supe días después, cuando comenzó a hablar consigo misma sin advertir nuestra presencia.

Antes de eso, dentro del automóvil, solo podía mirar la ciudad. Adivinaba que nos movíamos al sur, hacia la costa y su mar. ¿A dónde exactamente? No alcanzaba a entenderlo. Nada de aquello tenía mucho sentido. A excepción de mi tía Susana, mi madre no conocía a nadie en California y para llegar hasta ella debíamos emprender camino hacia el norte. Si fuese así, hubiese observado montañas; en cambio, apareció el mar. Recordé en ese instante la primera vez que lo vi. El azul y el dorado mezclado en la distancia; la gente caminando por la playa con poca ropa, los aromas estallando en mi nariz... todo había cambiado. Ahora el mar me parecía diferente, no alcanzaba a entender la razón, solo era así. En mi memoria el recuerdo se conservaba de otra manera, la realidad me sabía a poco. Me entristecí. Ya no éramos aquella familia alegre que llegaba de recorrer México. Desvié la mirada hacia la carretera. La vía estaba libre. Sin tráfico ni personas caminando por los grandes corredores de la costa; sin felicidad. Entonces la música enmudeció de golpe.

—Qué bonito es el mar... —Mi madre parecía perdida en su interior. Aquello se lo decía a sí misma. Era imposible que estuviese pensando en nosotros.

Por un instante solo se escuchó el sonido de la brisa. Si el auto no hubiese estado en movimiento, juraría que el tiempo se había congelado dentro del coche.

—Mami... —Esta vez me escuchó. Lo supe porque vi sus ojos a través del retrovisor. Eran ojos extrañamente sosegados. Su intenso color azul estaba sobre mí y me hacía sentir incómoda—. *Where are we going?*

Sonrió. Lo hizo de una forma tan dulce que me conmovió. Su rostro adquirió una paz que nunca había visto y entonces, con esa voz que han de tener todas las personas que creen haber encontrado el lugar ideal para desaparecer, dijo:

—A Venecia, Nicky. ¡Vamos a Venecia!

...

Yo nunca había estado en Venecia, pero estaba segura de que aquel lugar era tan poco italiano como el *hotdog*. Tardaría unos días en descubrir qué extraños motivos le hacían comparar a mi madre la ciudad de los canales con *Venice Beach*. A primera vista, me parecía una broma cruel. No podía hablar en serio. No había posibilidad alguna de que fuésemos a pasar la noche allí.

«A Venecia, Nicky. ¡Vamos a Venecia!».

Después de susurrar aquellas palabras ilógicas, no tardamos en llegar. Su Venecia quedaba a menos de veinte minutos de Westwood. Nos estacionamos en una especie de pensión en decadencia. En realidad, toda la zona de Venice Beach parecía venida a menos. El edificio era de cinco pisos y estaba pintado con un color blanco envejecido que se desconchaba de las paredes. En el interior, una gran capa de suciedad se esparcía de forma democrática por el suelo y estaba conformada por papel para enrolar, colillas de cigarrillos, cenizas, bolsas de plástico y botellas de vidrio. Mientras avanzábamos por aquel lugar, nuestro casero, un polaco muy bajito y con rostro duro, nos hacía de guía y farfullaba un inglés tosco que no alcanzaba a entender. Había ascensor, pero estaba averiado; al menos eso entendí mientras subíamos por las escaleras hasta el cuarto piso.

Mi madre se había gastado todo el dinero que traía consigo en un departamento de una sola habitación, un baño y un salón diminuto con un sofá-cama. Al entrar, el sol nos esperaba adentro. Por un gran ventanal de madera se colaba el sofocante calor californiano. El ambiente estaba repleto de partículas de polvo, muebles apretujados, un televisor pequeño, manchas de aceite en las paredes y una capa de humedad en el techo. Era un lugar triste y desdichado, totalmente distanciado del esplendor que venía a mi mente al pensar en esa Venecia que no conocía.

El polaco se marchó, dejando nuevas partículas de polvo en el aire, las llaves en un sofá y el eco de su voz resonando entre las paredes. Mi madre dio una vista panorámica al lugar y, como si le hubiese caído el peso de la realidad de golpe, se encerró en la habitación: no salió hasta el día siguiente. Mi hermano y yo estábamos descolocados. Aquella situación nos parecía descabellada. Nos adentramos en el salón, encendimos el televisor y tratamos de asesinar el tiempo. Yo mantenía la esperanza de que apareciera mi padre antes del anochecer. Debía aparecer. No creía que fuese capaz de dejarnos padecer aquel horror.

Pero me equivocaba.

La noche llegó en aquella zona de la forma más natural posible. La llama del sol se apagó y desde las mismísimas entrañas del asfalto emergieron un sinfín de jóvenes portando los colores y las ropas de la cultura *hippie*. Las mujeres se adornaban el cabello con flores. Los hombres tenían barbas y cabellos realmente largos y desaliñados. Algunos llevaban guitarras y panderetas y todos, sin excepción, sonreían y hablaban estruendosamente sin ninguna razón. Yo los miraba a través de la ventana; desde arriba me parecía que podía controlarlos a todos. Las luces de las calles estaban encendidas y los bañaba con un tono blanco y amarillo que los transformaba en figuras resplandecientes, animales nocturnos dispuestos a devorar las estrellas. Caminaban fumando porros de marihuana y bebiendo directamente de botellas repletas de licores muy variados. Todavía no lo sabía, pero las noches en Venice Beach eran ruidosas, realmente ruidosas.

La cercanía con la playa convertía a ese lugar en un imán de turistas, universitarios y bohemios. Lejos de la imposible Malibú y la costosa Santa Mónica, este era el enclave ideal para alquilar con poco dinero. Naturalmente, por su gran atractivo, la cantidad de personas que se residenciaba un fin de semana en pisos como el nuestro era incalculable. Con regularidad, grupos de hasta siete personas compartían aquellos palacios del amor libre y el placer. Ellos dormían gran parte del día y un trozo de la tarde, pero al caer la noche, salían de sus recipientes a quemar la energía renovada. Su ritmo de vida se reducía a esos pequeños momentos de dicha y felicidad que se prolongaban en el tiempo hasta la madrugada. No les importaba más que el presente y se esforzaban en disfrutarlo al máximo.

Aquella noche, hicieron del simple acto de dormir una tarea titánica. No muy lejos se escuchaba el sonido de la música, las conversaciones y las risas. La pequeña y abandonada Venecia californiana quizás no me resultaba tan atractiva, pero, en definitiva, su vida nocturna era voraz. Las almas jóvenes la disfrutaban hasta desfallecer. Y para prueba, el ruido, la fiesta y los gritos que no me dejaba conciliar el sueño. Tal vez ellos no tuviesen toda la culpa. Mi estómago también rugía a modo de reproche. Mi hermano y yo no habíamos comido nada desde el desayuno. Por alguna razón, supuse que esos bohemios tampoco habrían cenado. Salvo por el licor y la marihuana, seguramente sus estómagos estarían vacíos. Eso me hizo sonreír. Al menos teníamos algo en común. Pero solo eso.

Después de todo, ellos sí habían escogido estar en ese lugar.

...

Al día siguiente, mi madre se despertó con una actitud diferente. Estaba decidida a mostrarnos la belleza oculta de su pequeña Venecia. Ese día llevaba un vestido ligero de color amarillo, un sombrero de sol y una sonrisa que le resaltaba las facciones. Parecía una mujer distinta, incluso más joven. Me resultaba sorprendente que hubiese alcanzado a empacar aquella vestimenta. Sin embargo, luego de pensarlo mejor ya no me resultó tan impresionante, después de todo, por más que fuese cogida al azar, cualquiera de su ropa relucía. Nosotros, en cambio, apenas llevábamos unas prendas que no combinaban muy bien. Aun así, estábamos agradecidos por al menos tener algo para reemplazar la ropa de la secundaria. Mientras nos cambiábamos recordé los libros y los discos que debía regresar ese día a la biblioteca. Odiaba aquella situación. Me sentía impotente, como una hoja arrastrada por un torbellino. Nadie nos preguntaba nada, ni se preocupaban por nosotros, pero daba igual, no tuve tiempo para molestarme.

Aparentemente, mi madre había comprado algunas cosas mientras dormíamos. Comimos en la sala, sentados en el sofá-cama. No recuerdo exactamente lo que preparó. Tenía tanta hambre que no dejé ni una miga. A la par, mi madre tomaba su café a sorbos, sin apartar la mirada de nosotros. Parecía estar maquinando mentalmente el itinerario del día. Se veía en sus grandes ojos fijos que algo se traía entre manos. Sin embargo, allí donde ella visualizaba una gran idea, yo solo alcanzaba a sentir temor. No imaginaba qué vendría a continuación, pero lo mejor era seguirle la corriente.

—Nicky, ¿sabías que en la playa de Venice se formó una banda?

El *tour* se inició apenas comenzábamos a descender por las escaleras de la pensión. Aquella pregunta me hizo vacilar. No solo me parecía extraña, sino que jamás hubiese imaginado que mi madre pronunciara alguna vez en su vida la palabra «banda». Lo suyo era la música clásica. ¿A qué venía aquello?

—¿Se puede fundar una banda en medio de una playa? —le pregunté y eso le causó gracia. Soltó una carcajada al aire. Era extraordinario verla tan alegre

—¡Por supuesto! A veces ahí radica la magia —respondió mientras bajaba las escaleras. Cada par de escalones, se volteaba para asegurarse de que le prestáramos atención—. Un lugar tan común puede convertirse inesperadamente en el escenario perfecto para que nazca una gran idea.

—*What's the name of the Band?* —dije sin titubeos.

—Bueno... —respondió ella—, es una que te gusta mucho según me han dicho —se calló un instante y luego se detuvo de forma dramática—. *The Doors*. ¿La recuerdas?

Me había atrapado. ¡No podía creerlo! Aquella primera banda que me hizo conocer la música volvía a aparecer de la forma más absurda. ¿Cómo ella sabía eso? Seguramente el inglés se lo comentó discretamente. Mi madre había tenido el detalle de recordar algo que me gustaba. No solo eso, ¡conocía la historia completa!

De camino a la salida me fue contando que Jim Morrison se paseaba por la playa un día de 1965 y se topó con Ray Manzarek en medio de la arena. El encuentro no tenía por qué derivar en nada, pero una cosa llevó a la otra y Jim comenzó a cantar *Moonlight Drive* para su amigo. Aquello lo cambió todo. Ahí nació esa chispa que sienten los artistas cuando están a punto de crear algo trascendental. Desde ese momento, sus vidas cambiaron por completo.

El cielo azul y despejado de la mañana iluminaba mi rostro sorprendido. La historia me pareció pintoresca. Aquellas calles habían sido testigo de algo extraordinario. Seguro Jim y Ray volvieron de la playa esa misma noche y decidieron hospedarse en una pensión como la nuestra. Los imaginaba haciendo música en el piso del polaco y me causaba gracia. *«Un lugar tan común puede convertirse inesperadamente en un escenario perfecto para que nazca una gran idea»*. Esa frase se me quedó rondando en la cabeza. Si la daba por válida, entonces Venice Beach debía de ser un auténtico museo de historias. ¿Qué otros hechos se escondían en ese lugar? Deseaba saberlo. Había nacido la expectativa en mí. Mi madre lo había logrado. Mis facciones revelaban mi creciente interés y ella lo disfrutaba.

Comenzamos a recorrer las calles de Venice teniendo como guía turística a nuestra madre. Mientras avanzábamos, relataba la historia de aquella tierra que había pertenecido a un gran señor, quien al poco tiempo de su llegada no tardó en maravillarse por las marismas naturales y las zonas pantanosas del lugar. De inmediato vio un enorme potencial y comenzó a excavar canales para drenar el agua y dar pie a las futuras áreas urbanizadas. La idea de recrear su propia Venecia en los Estados Unidos cobró fuerza y, al terminar, pensó que solo faltaba una góndola para sellar su éxito.

Pero eso no fue suficiente. El sueño se hizo más grande y las calles le ofrecieron una oportunidad invaluable para perfeccionar su idea. Por eso, se dedicó a promover la arquitectura renacentista y veneciana. Construyó zonas urbanas con edificios sin mucha altura y llenó las calles de columnas y arcos que evocaban un estilo sacado de otra época. El resultado fue un pequeño éxito que atrajo el interés de los turistas desde 1905. Aquella era la Venecia de América... ¡Pero qué deslucida se veía sesenta y dos años después!

Mi madre se llevó una fuerte decepción cuando tuvo que esforzarse por excavar los símbolos perdidos de una urbe que parecía haber desaparecido. Lo más probable es que hubiese visitado aquel lugar en otro momento. Tal vez junto a Enrique... cuando recién comenzaba la llama de su amor. Seguro conservaba en la memoria algo drásticamente opuesto a lo que estaba frente a ella. Quizás por eso, de forma muy lenta, su rostro se fue contrayendo hasta transformarse en tristeza. Se esforzaba por narrarnos la gran obra del ayer, pero cada vez le resultaba más difícil. Por doquier habían nacido edificios sin ningún cuidado arquitectónico. De las viejas estructuras venecianas solo sobrevivían los arcos ornamentados con sus grandes detalles cincelados, pero estos resultaban ser excelentes refugios para un gran número de tiendas de bañadores y otras baratijas. En los callejones y en algunas paredes de la calzada principal había una infinidad de grafitis con letras de colores y mensajes amorfos que no se alcanzaban a leer. Las aceras estaban sucias, por todas partes se veían los residuos de las fiestas nocturnas. Y como si no fuese suficiente, conforme nos alejamos de lo urbano y llegamos a esos canales que le daban el nombre a Venice, mi madre descubrió que ya nunca más podría revivir sus recuerdos.

Todo había cambiado.

En los canales, en lugar de góndolas, picnics y naturaleza, había cúmulos de basura, personas bañándose y círculos de música con guitarras y panderetas. Algunas mujeres estaban desnudas y sumergidas en las aguas. Nosotros lo veíamos todo desde un pequeño puente ubicado en el centro del canal. El agua se pintaba de verde por los árboles, arbustos y palmeras de los alrededores. Mi madre miraba el suave fluir de la corriente que iba arrastrando con una velocidad tenue algunas hojas y una botella de plástico. Al borde del canal una camiseta morada se había quedado encallada cerca de unas ramas de arbusto. El agua intentaba llevársela, pero esta no cedía. Su obstinación le permitía mantenerse en la tierra, así que la mitad estaba seca y caliente por el sol, mientras que el resto se mantenía sumergida en el agua verdusca.

Mi madre estuvo observando esa escena por un largo tiempo. De alguna manera, aquello era una metáfora burda de sí misma. María Luisa se aferraba con todas sus fuerzas a algo que ya no existía. No se trataba solo de sus recuerdos… no; sin duda pensaba en Enrique. ¿Cómo había terminado abandonada en medio de aquel lugar? Su matrimonio se desmoronaba frente a ella sin que pudiera hacer otra cosa que aferrarse una y otra vez a los planes, los departamentos, los hijos… el futuro que ahora sabía con total certeza que no llegaría jamás. Todo había cambiado, incluso su hermosa Venecia. Disimuladamente se secó una lágrima: no se permitía llorar frente a sus hijos. A lo lejos, un grupo de palomas se alzaron en vuelo y pasaron cerca de nosotros. Mi madre echó un último vistazo al canal y luego se marchó sin decirnos nada.

Yo me quedé unos segundos más. Tenía una corazonada que se hizo realidad al instante. Cuando mi madre ya estaba lejos, la rama del arbusto se rompió. La camiseta perdió su soporte y al instante se hundió en el fondo del canal. A lo lejos se escuchó la risa de las mujeres. Ellas estaban felices y risueñas, ignorando por completo la tristeza de una mujer llamada María Luisa Señoret.

5

Después de aquel día no volvimos a salir del departamento. Duramos siete largos días en aquella pocilga. Al quinto se terminó la comida. Al sexto, comenzamos a perder fuerzas. Mi madre salía de su cuarto solo para hacerse un poco de café y hablar consigo misma. Mantenía monólogos larguísimos dirigidos a la nada. Escuchándola descubrí todo lo que había sucedido y lo mucho que le afectaba esa situación. Por más esfuerzos que hice no pude traerla a la realidad. No le importó que perdiéramos clases, tampoco la falta de comida. Ni siquiera funcionó que Octavio le hablara cuando se intentó meter en su cama una de aquellas noches. María Luisa cruzó en una esquina hacia la locura y ya no sabía regresar. Su dolor la cegaba. Había olvidado sus responsabilidades y no existía forma alguna de que entrara en razón.

Ya en ese momento me sentí a la deriva. Dormía por las tardes y miraba por la ventana durante las noches. No había otra forma de vivir en aquel lugar. A veces les inventaba historias de las personas que veía; imaginaba hacia dónde se dirigían cada noche, las vivencias que tendrían, la comida que se iban a llevar a la barriga. En ocasiones hablaba con Octavio. Seguíamos siendo un equipo, pensábamos en lo que podíamos hacer para salir de esa situación, pero todo era en vano. Mi madre resguardaba la llave de la casa en su habitación. Sabíamos que no había forma de salir y eso no solo nos desmotivaba, sino que nos empujaba poco a poco a un estado de abandono y tedio del que no logramos salir hasta que llegó el fin de la tortura.

Al séptimo día apareció mi padre.

Tocó la puerta, gritó nuestros nombres y después de unos minutos, mi madre salió a abrirle. Enrique tenía una misión. Entró al lugar con las manos vacías y el rostro inmutable. En ningún momento nos dirigió la mirada. La tomó por los hombros suavemente y la fue guiando hasta la habitación. Allí estuvieron por horas. A veces se escuchaba un llanto suave seguido de la voz apaciguadora de mi padre. No sabría decir cuánto tiempo pasó. Sé que fue mucho porque en la calle del frente aparecieron los músicos con sus guitarras y sus panderetas y eso solo lo hacían pasadas las once. Ya era cerca de la media noche cuando salieron tomados de la mano. Enrique llevaba la maleta improvisada de mi madre. Cogieron las llaves, bajamos por las escaleras y, una vez en el automóvil, fuimos dejando atrás aquella triste, ruidosa y pintoresca Venecia.

Ahora que puedo analizar los hechos desde la distancia, comprendo que no esperaba que ocurriera algo diferente. Sabía que tarde o temprano mi padre llegaría para solucionarlo todo. Así funcionaba. No existía otra fórmula. Ni siquiera guardaba registro mental de que las cosas pudiesen ser de otra manera. A una gran pelea siempre le seguía la calma y así en un ciclo infinito e ininterrumpido. Esa era la vida. Su vida. Yo era consciente de que no quería eso para mí. Apenas tenía doce años, pero a través de la observación comenzaba a sacar mis propias conclusiones. Jamás me permitiría terminar en una situación como aquella. Aunque no tomaba partido ni guardaba rencor u odio hacia ninguno, me costaba sentir empatía por la postura de mi madre. Ella siempre había sido tan auténtica, tan libre e independiente, no alcanzaba a comprender cómo aceptaba esa situación. Por supuesto, todavía era muy pequeña para entender aquello que la había llevado hasta ese punto. En ese momento solo concluía que, si aquello era amar de verdad, yo no lo quería para mí. El amor pasional y desmedido, la entrega ciega e irracional representaba ineludiblemente el camino a la perdición, una condena a la cual nunca me iba a someter. Lo tenía claro.

...

Volvimos a Westwood como si no hubiese sucedido nada.

La vida regresó a la normalidad casi por el chasquido de un habilidoso mago. Solo la magia puede explicar lo que sucedió durante las seis semanas siguientes. La rutina se reinició de forma extraordinaria; más que eso, una capa de artificialidad lo cubrió todo. Había un ambiente de felicidad casi irreal. Mi padre, que llevaba mucho tiempo esquivo y distante, reconquistó a mi madre tal vez sin proponérselo. Era conversador durante la cena, regresaba a casa animado y tenían mucha intimidad en la habitación. Además. Enrique se concentró en el mundo editorial. En ese momento estaba terminando los últimos retoques de su obra *Pronombres personales* y, adicionalmente, se encontraba envuelto en la traducción al inglés de su novela *La fiesta del rey Acab*. Gran parte del tiempo lo consumía dando clases en la UCLA, escribiendo en su oficina y visitando a Ray Morisson, su traductor, un hombre de buen porte y una sobriedad absoluta que comenzó a visitar la casa todos los fines de semana.

Por esa época, la vida de mi padre tenía muchos frentes y todos les resultaban interesante. Había logrado vender los derechos cinematográficos de *Para subir al cielo* y, naturalmente, permanecía en constante comunicación con sus amigos de la generación del cincuenta. Además, se mantenía en la eterna búsqueda algo nuevo; anhelaba involucrarse en experiencias novedosas y posiblemente por ese deseo siempre caía en sus manos algo extraordinario. Él era un hombre apasionado por su trabajo y, quizás sin saberlo, este se dividía en muchas vertientes. Su vida no era solo la del escritor, trascendía a las máquinas Olivetti y a los salones de clase. Se movía en tantos lugares y convocaba a tantas personas que muchas veces parecía inmerso en una corriente de la que no podía escapar. En realidad, no deseaba escapar. Mi padre cerraba los ojos y fluía con esa energía rápida y violenta que lo llevaba más lejos que su propia imaginación. No tenía límites y se enorgullecía de ello.

Esas semanas fueron particularmente intensas. A finales de febrero, las visitas comenzaron a multiplicarse. En marzo se llevaría a cabo un gran congreso de escritores latinoamericanos en Ciudad de México y algunos amigos de mi padre aprovecharon la ocasión para acercarse hasta California antes del encuentro. Vi muchos rostros conocidos durante esos días. Además, los colegas de mi padre regados por los Estados Unidos aparecieron movidos por el entusiasmo del ambiente. Entre ellos se encontraban Fernando Alegría, Ray Morisson, Jorge Eliott, Ramón Sender Garcés, Donald Fogelquist y una familia española de apellido Maurín que desde nuestra llegada visitaba con regularidad nuestro departamento.

Asimismo, aparecieron nuevos rostros. Entre ellos destacaba el jefe del departamento de español de la UCLA, José Rubia Barcia, un gallego republicano exiliado por la dictadura de Francisco Franco. Barcia era un hombre modesto y digno de que se le atribuyera la palabra intelectual. Aunque había visitado la casa en otras ocasiones, no le había prestado tanta atención como en ese momento. Siempre hablaba mirando a los ojos y con un tono solemne, muy respetuoso.

Otra persona que conocí durante esos días fue al escritor Jorge Luis Borges. Me pareció un hombre bastante reservado y muy particular que miraba todo con los ojos de una lechuza. Ya entonces había perdido la vista, pero cuando posaba la mirada en las personas, daba la sensación de que abría la puerta a su mente. Al igual que mi padre, acaparaba la atención del lugar. Su voz era profunda y cargada de sabiduría; cuando hablaba, parecía estar tejiendo una narración envolvente. Sus argumentos cumplían con el concepto que tenía mi padre de los cuentos: inicio, desarrollo y un final inesperado.

Ese día, Borges solo quiso comer arroz blanco, sin acompañantes. Mi madre se decepcionó. Tenía un gran deseo de preparar un delicioso platillo francés. En el caso de Enrique, estaba especialmente animado durante ese almuerzo, pero, para sorpresa de todos, escuchaba atentamente y solo hablaba si era necesario. Estaba absorto, escuchándolo casi sin pestañar. En definitiva, mi padre respetaba a ese hombre.

Como aquellos invitados, hubo muchos otros que visitaban la casa de forma regular; se reemplazaban unos a otros y así, de alguna manera, entre la variada actividad social y la modesta pero significativa vida amorosa de mis padres, renació la armonía en el hogar. Los días se iban reemplazando unos tras otros sin complicaciones ni peleas y al margen de las actividades académicas e intelectuales de mi padre, el resto de la familia también se esmeró por recuperar su dinámica cotidiana. Octavio volvió a su colegio de educación primaria y mi madre se volcó apasionadamente en su arte.

En mi caso, luego de unas semanas ajetreadas en la secundaria, logré ponerme al día. Durante ese mes, los exámenes fueron especialmente difíciles. Mis inasistencias me pasaban factura cada cierto tiempo, incluso en asignaturas en las que era realmente buena. Por otra parte, una tristeza se apoderó lentamente de mí. En California, la música seguía experimentando un fuerte crecimiento, pero yo solo podía ver los discos desfilando frente a mí. La sanción que se me impuso en la biblioteca por el retraso en las entregas de los libros fue una prohibición de treinta días. Podía seguir leyendo, pero perdí el derecho a llevarme vinilos y ejemplares a mi casa.

Aquello me hirió profundamente, especialmente porque la culpa no era mía, pero a nadie le importaba la razón. A nadie excepto a la bibliotecaria. Ella obviaba las reglas en ocasiones y me permitía retirarme con algún disco sin que lo advirtieran. Nunca le comenté lo ocurrido y a excepción de algunos pocos encuentros, jamás intercambiamos muchas palabras. Sin embargo, por algún acto instintivo, me tenía empatía. Creo que mis palabras jamás expresaron lo agradecida que estuve con ella. Ese simple gesto fue mi salvación. A pesar de la adversidad, logré seguir disfrutando de la música y la lectura que tanto me gustaba y en poco tiempo recuperé mi ritmo de vida.

En general, las cosas parecían en orden. Sin saber muy bien la razón, cuando escuchaba música, a veces me daba por recordar a mi familia. A la chiquita, formada por cuatro personas. Recurrentemente volvía al encuentro con mis padres en el aeropuerto, el viaje que hicimos por México, el miedo del desierto de Sonora, la felicidad de ver por primera vez el mar de California. Todos esos recuerdos revivían mientras los vinilos giraban. Las paredes blancas de mi habitación se pintaban con los colores de esos días pasados y yo los observaba distraída. ¿Sentía miedo de perder a mis padres?

Incluso ahora no sabría responderlo, en ese momento creía que siempre iba a estar junto a ellos.

Yo realmente lo creía.

Ahora, al verme tirada en aquel cuarto en Westwood, me surge un fuerte deseo de abrazar a la niña que fui. Me encantaría decirle que todo saldría bien, pero sé que, si lo hiciera, solo estaría diciendo una gran mentira.

6

Fui al mercado. Era fin de mes. Debía comprar lo más barato. Las carnes. Todas estaban cerca del dólar. No podía gastar tanto. El hígado, los riñones no había manera de disfrazárselos a mi marido. Se quejaría esa noche, se pondría de mal genio. Pensé de nuevo en el desorden económico de nuestro presupuesto. Por fin descubrí algo: corazón. Las recetas francesas eran buenas, y creerá que se trata de una de las mejores carnes. Lo compré por algunos centavos.³

Un día a finales de febrero, luego de recogernos, mi mamá entró muy contenta a la cocina. Llevaba en brazo un par de bolsas de papel. Mi hermano y yo nos fuimos a hacer nuestras cosas. Aquel día no pude sacar ningún libro de la biblioteca. Tampoco tenía discos nuevos para escuchar. Me senté con Octavio a ver televisión, pero me aburrí enseguida. Estaba a punto de retirarme a mi habitación, debía estudiar matemáticas, pero de pronto un aroma inusual me hizo salivar.

Me fui muy contenta a casa. Allí empecé a hojear La cuisine pour tous. *Venían tres recetas. Las leí con detención. Si, pensé, después de todo se trata de disfrazar el corazón. Bueno, lo mejor sería escoger* coeur braisé. *El corazón «permanece» tres a cuatro horas en la olla cociéndose. Se ablanda, tan blando que puede confundirse con carne de pollo. Me alegré mucho de haber recurrido a ese libro. Iba a ser todo un éxito, ya que al día siguiente [a Enrique] le pagarían el sueldo y ya se terminarían los problemas económicos. Eso sí, esta vez había que hacerse el firme propósito de organizarse. En un país extranjero no se puede estar sin dinero.*

Casi de forma involuntaria me fui acercando a la cocina. Desde la distancia distinguía a mi madre trabajando laboriosamente: desempacaba

---

³ Del cuento «Corazón para la cena» escrito por Maria Luisa Señoret que relata su versión de los acontecimientos en aquel mes de febrero

alimentos de sus bolsas, picaba cebollas y zanahorias, echaba agua e ingredientes en una cazuela mientras esta hervía y cada cierto tiempo miraba al techo, como si algo que solo ella podía apreciar la estuviese distrayendo.

Saqué la carne de la bandeja de cartón cuidadosamente rompiendo el papel de celofán. ¡Qué lástima, solamente el de arriba era un buen corazón! El de abajo tenía tanta grasa que tendría que deshacerme de la mitad. Debía hundir la punta del cuchillo a un lado del corazón para sacarle toda la sangre cuajada. Eso me apretó algo dentro del pecho. Demoré bastante en decidirme. Tuve miedo. A lo mejor me saltaba a la cara. Pensé que la repugnancia y el horror me impedirían probar bocado esa noche. Era odioso y asqueroso estar desangrando un corazón, con restos de coágulos duros. Los pelotones del líquido rojo calaban desarmándose sobre el lavaplatos blanco. Todo se había manchado al solo incidir con el cuchillo en un lado del corazón, tal como la receta lo decía. No cesaba de creer en la crueldad de tales actos. Después claro me olvidaba y comía con apetito y alegría al lado de mi marido y de mis dos hijos.

—Mami… —Ella volteó sorprendida, se sintió espiada por un instante—. ¿Qué preparas? ¡Huele delicioso!

—¡Ah! Me alegra que te guste, Nicky. —Sonrió satisfecha. Si su receta me había capturado, sin duda ocurriría lo mismo con Enrique—. Hoy tenemos corazón… —dijo mientras me daba la espalda y regresaba a su labor—, corazón para la cena.

No supe muy bien qué responderle. Era la primera vez que mencionaba un platillo con esas características. Me parecía algo extraño, ¿cuál era el sabor del corazón? Dado que olía tan bien, seguramente no estaría nada mal, pero al repetir esa palabra en mi cabeza, no dejaba de imaginarme una escena espeluznante y sangrienta en la que usaba un cuchillo para cortar un corazón mientras escuchaba sus latidos. Aunque inquietante, era un pensamiento absurdo al que le resté importancia.

Dejé a mi madre en la cocina y me fui a mi habitación. Solía estudiar tirada en el piso; adquirí esa manía por mis jornadas frente al tocadiscos y tardé un tiempo en cambiarla. En el suelo analizaba todo desde otra perspectiva. Los objetos e incluso las personas adquirían formas completamente diferentes. El mundo parecía enorme mientas yo me hacía cada vez más pequeña, invisible, mimetizada con ese entorno que me resguardaba en mi soledad. Ese día estaba concentrada en las ecuaciones. Se me daban bien, para mí eran tan divertidas como cualquier juego y las horas se volvían minutos mientras mi lápiz se movía furioso, impulsado por la velocidad de mi mente.

…

—¡Dominique! ¡Dominique! ¡Dominique!

No sé cuánto tiempo pasé frente al cuaderno, pero de no ser por aquellos gritos no me hubiese levantado. La voz de mi madre no sonaba alarmada, sino, más bien, irritada. Al salir, vi el reloj de péndulo que colgaba en la pared de la sala. Anunciaba pasadas las ocho de la noche. Supuse que estaría impaciente por servir la cena, pero seguramente mi padre no había llegado. Cuando acudí a su encuentro, todavía llevaba el delantal manchado de sangre y mantequilla.

—Oye, llama a la oficina de Morisson y pregúntale si tu papá tardará mucho más en llegar.

Luego de esas palabras, volvió a la cocina. Al parecer, el platillo la había obsesionado y se volcó en él con mucha energía. Aquella era una escena típica. Mi padre siempre se demoraba y con frecuencia retrasaba la hora de la cena. No me lo pensé mucho y me dispuse a atender el pedido de mi madre. Para cumplir con su demanda, debía atravesar el comedor y la sala. El teléfono se encontraba al final del salón. Mientras avanzaba, fui dejando atrás las sillas, los muebles y a un ensimismado Octavio que no quitaba la vista de la televisión. En el teléfono negro de dial redondo marqué el número y esperé.

Beep-beep... Beep-beep… Beep-beep.

En ese momento tuve un mal presentimiento. Por lo general, no utilizaba demasiado el teléfono, pero a veces mi mamá me pedía que hiciera ese tipo de llamadas. Sin motivo aparente, me asaltó el recuerdo del día en el que llamé a mi abuelo y no contestó. Ahora entiendo que tenía razones para pensar en ello. Al igual que mi abuelo Enrique, Morisson también era un hombre muy atento que siempre contestaba al primer o segundo repique del teléfono. Esa noche, inexplicablemente tardó muchísimo en contestar. Estaba a punto de colgar cuando escuché su sombría voz.

—*Hello?*

—¿Sr. Morisson? Habla Dominique, ¿podría preguntarle a mi padre si tardará mucho en llegar?

—Dominique… —hubo un silencio extraño seguido de un suspiro—. Tu papá no va a llegar a casa. Acabo de dejarlo en el aeropuerto… Va camino a México —entonces enmudeció y concluyó la llamada con unas últimas palabras atropelladas—. Díselo a tu mamá, ¿sí? Lo siento.

Me quedé con el teléfono en la mano; a mi alrededor el mundo perdió sonido, forma y sentido. Mi cabeza trataba de procesar lo que había escuchado, pero el entendimiento llegaba a pedazos. *«Acabo de dejarlo en el aeropuerto»*. Mi padre se había marchado sin nosotros. No tenía sentido. Eso era imposible. Debía estar ocurriendo algo, seguro una emergencia, una situación compleja en Paula Jaraquemada. Sí. Esa era la única explicación. Mi abuela estaba en aprietos o tal vez el propio Gastón. Sin embargo… *«Díselo a tu mamá, ¿sí?»*. Esas palabras anunciaban algo terrible y definitivo. ¿Por qué Morisson se había despedido con ese *«lo siento»*? ¿Por qué no dijo directamente el motivo o las razones de su partida? Mi padre se había marchado, sin nosotros. Nos dejó atrás, olvidados. Esa era su despedida.

Entré en negación: no podía creerlo.

Inmediatamente después de colgar, salí veloz como una gacela hacia el sofá. Tomé a Octavio del brazo y lo jalé hasta mi cuarto. Él cedió al instante. Su sorpresa le impidió quejarse. Teníamos un lenguaje propio y ese tipo de forcejeos indicaban urgencia. Luego de entrar, cerré la puerta detrás de mí. Se sentó instintivamente en la cama. Algo en mi cara debió de alarmarlo porque al verme recuperó esa mirada infantil y temerosa que le hacía abrir la boca involuntariamente, como tratando de oxigenar sus miedos.

Al verlo, por alguna razón me llevé una sorpresa: Octavio había crecido. Aunque le llevaba quince meses de diferencia, ya casi era de mi estatura. Su cuerpo se estaba estirando y su rostro comenzaba a adquirir un aspecto más adolescente e indomable. Aun en su temor, un aura encantadora lo cubría. En muy poco tiempo no habría hombre o mujer que pudiera resistirse a sus facciones, pero yo no lo sabía. En ese momento, noté todos los cambios de golpe. Sin darme cuenta, había durado meses sin dirigirle una mirada apreciativa a mi hermano. Como ya no íbamos al mismo colegio y no compartíamos salvo en la cena, su crecimiento me resultó desapercibido... hasta entonces.

—Nicky, ¿qué pa-pasa? —Su voz surgió temblorosa. Su tartamudeo seguía presente. Estaba impaciente, sabía que algo malo estaba sucediendo—. ¿Le sucedió algo a pa-papá?

Lo miré una última vez antes de hablar y luego comencé a narrarle la breve conversación telefónica. Él no dijo nada, esperaba que yo siguiera explicando aquel enigma. Así lo hice. Ya para entonces había deducido que ese era el final de la relación de mis padres. Era el fin, Enrique lo había hecho de una forma cobarde, valiéndose de un mensajero que ni siquiera sabía el rol que debía representar. Eso no se lo dije a mi hermano.

—¿Qué sucederá ahora?

Esa pregunta comenzó a martillarme la cabeza. Mi madre no tardaría en descubrirlo y eso sería el fin de todo. Podía imaginar su dolor, aquello la iba a destruir. Me tumbé en el suelo. Por primera vez no sabía cómo responderle a mi hermano. Mi silencio lo extrañó, pero no insistió. Ambos temíamos la reacción, el caos que se avecinaba. Pasamos unos minutos callados, como si aquello hiciera menos real la situación. Entonces decidí ir en búsqueda de mi madre. Ella debía saberlo y yo debía cumplir con mi deber.

Pero antes de salir, abrió la puerta.

—Dominique, ¿qué te dijo Morisson?

—Me dijo que lo llamaras.

No me atreví a decirle la verdad. En menos de una fracción de segundo decidí mentir. A pesar de ser muy joven, había descubierto que el instinto humano empuja a ejecutar al mensajero. No sería yo quien le daría esas palabras amargas. Solo con verla me arrepentí de mi determinación anterior. Aquello escapaba de mi responsabilidad y no pretendía pagar por ello. Mi madre me miró furiosa, como tratando de detectar algo más. Le sostuve la mirada sin moverme. Después de unos segundos, viró sobre sus pasos y se fue veloz en búsqueda del teléfono.

Al verla marchar, mi hermano y yo volvimos a respirar. Nos miramos a los ojos, como conteniendo un grito que se materializó casi al instante en el sonido de un teléfono… Era mi padre, pero yo no tenía forma de saberlo.

—*Aló, linda, sabes que he decidido separarme. Tengo dos cartas que te enviaré. Una en que te pido el divorcio. La otra en que establezco las condiciones económicas en que quedarías y los niños.*

—*Bueno… sabes… creo que no es el momento más oportuno ahora que estamos sin dinero…*

—*Pero, linda, entienda que se trata de una decisión irrevocable. Me voy al hotel esta noche. Ya reservé.*

No logré escuchar las palabras de mi madre, pero colgó en poco tiempo. Lentamente fue arrastrando sus pasos por el salón, pronto se perdieron, presumo hacia la cocina. Entonces la casa enmudeció.

Miré los corazones todavía hirviendo más de una hora. Su color casi negro daba una salsa espesa que se formaba en el fondo de la olla. No sé si sentía repugnancia o pena o dolor o no sé qué me atravesaba por el cuerpo. Así tan simplemente se les decían las cosas a las personas… estando casados quince años… claro que era lo mismo. Las cosas del corazón cambian, pero era algo distinto… no aquella exaltación de la primera vez que me tomó una mano debajo de los árboles de la Quinta Normal, cuando en la charca de una lluvia reciente se reflejaba una luna suave. Dibujamos dos corazones en aquel árbol de la Pirámide, decía algo importante. Ya la emoción había huido, casi como si no existiera, pero solo la noche anterior me había besado, me había abrazado, estuvimos juntos y me decía que me quería.

Era una pesadilla, mis ojos estaban fijos, mientras entraba por la nariz el olor de los dos corazones negros que hervían en la olla. ¡Y tanto que le gustaba el cilantro y no lo comería esta noche! No puedo negar que algo le notaba en los últimos tiempos, unos silencios, unos mal genios inesperados. Pero eso era todo lo que yo veía. Claro los hombres tienen sus historias, todos lo mismo. Pero, irse así, poco menos que sin decir palabra. Solamente decirlo por teléfono y con tanta tranquilidad. Y todavía… decirme linda… porque yo objetaba la fecha en que ocurrían las cosas. Linda… linda… qué tremenda cosa.

El sonido de un plato roto me hizo entender que ya lo sabía. Nos quedamos en el cuarto mientras mi madre gritaba y destruía todo a su paso.

Cerré la puerta para que el ruido se hiciera hueco y, tal vez, menos real. Aquello había sucedido y, a pesar de que lo estábamos viviendo, seguía creyendo que mi padre iba a regresar.

Hasta ese momento, la posibilidad de una separación no existía. Para entonces, yo ni siquiera entendía que mi madre ya había anulado su matrimonio anterior. Jamás me habían comentado aquello y no tenía la madurez suficiente para entender que dos personas podían separarse. El mundo se desintegraba ante nosotros y lo único que yo podía hacer era proteger a mi hermano.

Cuando la casa quedó en absoluto silencio, salí sin hacer ruido. El mismo reloj marcaba las nueve y media. Octavio me seguía lentamente. Nos asomamos a la sala y nos sorprendimos al descubrir a nuestra madre sentada y esperándonos para cenar. Ocupaba su puesto en la cabecera del comedor. Sobre la mesa rectangular, había una botella de vino y una copa. Mi madre tenía los ojos rojos y brillosos. Su porte era melancólico; dolía verla. Parecía un jaguar herido. Al vernos entró en razón. Nos dirigió una sonrisa.

—Niños, vengan, vengan a cenar. Sé que les gustará.

Nos sentamos a la mesa. Les serví los tallarines con salsa de corazones, su cilantro y la mantequilla. Los devoraron con un espantable apetito. Estaban felices. Les gustaban mucho. También es verdad que yo había dedicado bastante tiempo a la cocina, pensando en ellos. Los quería mucho, les agradaba tanto que yo les preparara guisos, dulces, tortas. Eran incansables.

Acudimos lentamente a su encuentro. Luego de ocupar nuestros asientos en la mesa, nos sirvió un plato abundante que incluía las porciones que ya ellos no comerían. Al terminar, mi madre volvió a la cabecera del comedor y siguió tomando vino mientras nos miraba. Octavio fue el primero en comer. Su miedo desapareció instantáneamente. Después del primer bocado no levantaba la mirada del plato. Era normal que estuviésemos hambrientos, pero su voracidad se acercaba al desespero. El temor se borró de sus ojos, estaba ansioso por seguir comiendo y aquello me inquietó.

Animada por su apetito, yo también hice lo mismo y me bastó menos de un segundo entender lo que experimentaba mi hermano. Aquello era simplemente exquisito. El sabor era perfecto. Cada vez que tragaba, deseaba llevarme otra porción a la boca. Era algo inhumano. El platillo tenía algo mágico y siniestro. Mi imaginación se exaltaba entre bocados. Estaba comiendo corazón con fideos; corazón con mantequilla; corazón con su caldo… corazón.

Entonces, miré una última vez a mi madre esa noche. Ella no tenía ojos para nada más que el cristal de su copa, como si en ese último trago de vino pudiese ahogar sus penas y dolores. Un instante después, bajé la mirada hacia mi plato. Los pedazos de vísceras negras se mezclaban hermosamente con los tallarines y su caldo. Al verlos, por alguna inexplicable razón me pregunté quién sería el dueño de aquel corazón.

Fue la cena más deliciosa y triste que tuve en mi vida.

7

El primero de marzo de 1967 mi madre cargaba sus maletas mientras caminaba despacio por Los Ángeles International Airport. Mi hermano y yo la seguíamos de cerca con nuestras pertenencias. Avanzábamos a paso lento, íbamos holgados de tiempo. Junto a nosotros, pasajeros, ejecutivos y aeromozas se dirigían a sus destinos. Llegado un punto, nos detuvimos. Mi madre trataba de encontrar el lugar de abordaje en medio del ajetreo y el bullicio. En ese instante pude distinguirla bien. Su semblante volvía a ser el de siempre. Las gafas oscuras la ayudaban a ocultar su dolor. Ahora lucía sosegada, con la mente despejada y la mirada anclada a la realidad. Era dueña de sus decisiones.

Sin embargo, nueve horas atrás, la situación era totalmente diferente.

Esa mañana no desayunamos. Mi madre tenía los ojos hinchados y su rostro había mutado de la profunda tristeza a la más viva desesperación. Sus ojos desorbitados miraban hacia todas las direcciones y no podía quedarse quieta en un lugar; se tambaleaba del dormitorio al salón y del salón a la cocina. Ya estaba vestida y miraba con frecuencia al reloj de la sala, como si temiera llegar tarde —o tal vez antes— a un lugar. Al vernos, nos ordenó que nos vistiéramos para salir. Aunque era miércoles, desde la noche anterior sabía que no iría al colegio. Perdería el examen, pero había problemas más apremiantes en ese momento.

Salimos en el Mustang de mi padre. Aquel era uno de los últimos objetos que llevaba impregnada su esencia. Esa mañana me sentía especialmente incómoda. Mientras dejábamos las calles atrás, experimentaba un intenso dolor en la coronilla de la cabeza. ¿Qué sería de nosotros ahora? A pesar de mi poco conocimiento respecto a las finanzas familiares, algo me animaba a pensar que mi padre era quien gozaba verdaderamente de una economía saludable.

A pesar de que María Luisa nunca dejó de trabajar y se mantenía en constante creación artística, Enrique era quien había logrado hacerse con constantes fuentes de ingresos. Así las cosas, mi madre muy difícilmente tendría dinero suficiente no solo para valerse por sí misma, sino para cargar con la alimentación, la vestimenta y la educación de sus hijos. Solo en ese momento comprendí —aunque de una forma vaga— la desesperación de su rostro. Por supuesto, yo desconocía hasta qué punto ella se había vuelto dependiente a los cheques de su esposo, pero no tardaría en descubrirlo.

Esa mañana, mi mamá pudo escoger no llevarnos consigo a lo que pretendía hacer. Su peregrinaje por la marchita realidad de su matrimonio podía ser un acto solitario, un luto personal; sin embargo, tal vez consideró que aquello era un asunto familiar que nos reclamaba a todos. No sé si buscaba testigos o simplemente no era capaz de dar esos pasos sin respaldo. Aunque el apoyo provenía de dos preadolescentes, era mejor que la soledad. Indiferentemente del motivo, estoy segura de que nunca imaginó que se toparía con las meticulosas pistas del asesinato de su relación.

Llegamos a la oficina de mi padre en la UCLA. Por suerte, en casa guardaban una copia de la llave. Al entrar, nos encontramos con un absoluto caos. Por doquier había carteles escritos con la rápida caligrafía de Enrique, todos decían lo mismo: «*SALE*». Debajo de ellos, reposaban pequeñas notas con el número de teléfono, el nombre y la dirección de diferentes personas. Los objetos que debían ser vendidos consistían en piras de libros, cajas de contenidos diversos, una montaña de ropa, dos máquinas de escribir y algunas otras baratijas que por su peso y dimensiones mi padre no pudo llevarse.

Mi madre quedó muy impresionada con aquel descubrimiento. En un rincón de su mente suponía que su esposo había tomado esa decisión producida por un arranque violento de emociones. Creía fielmente que su resolución lo había empujado a hacer las cosas burdamente y por eso ni siquiera había sido capaz de decirle a la cara que ese era el fin. Sin embargo, esa oficina revelaba un accionar metódico y premeditado. Su partida era el último paso de una cadena de acontecimientos. Antes de irse se encargó de vender cada objeto de valor y solo dejó atrás algunas nimiedades a cargo de diferentes personas que, eventualmente, le depositarían el dinero en su cuenta.

Todo eso lo fuimos descubriendo en menos de veinte minutos. Yo nunca había estado en esa oficina. Tenía ventanas con persianas, estantes de madera y un escritorio blanco repleto de libros y papeles. Mi madre se sentó en la silla que durante meses había ocupado mi padre. Abrió histérica los cajones y comenzó a leer desquiciadamente cada papel. Jamás logré descubrir qué buscaba exactamente, tampoco supe si lo encontró, pero de un momento a otro se levantó con una mirada fiera y salvaje y salió disparada como saeta hacia la oficina del gallego Barcia.

No estaba muy lejos y llegamos enseguida. Mi madre se hizo paso por encima de la secretaria e irrumpió en el interior de la oficina como si aquel hombre le debiera algo. Barcia quedó impresionado por la escena. Tal vez por su naturaleza conciliadora, o porque era la esposa de uno de sus profesores, tuvo la bondad de no hacer un escándalo de aquello. Tranquilizó a su secretaria, cerró la puerta de su modesto despacho y se prestó a escuchar la situación. Luego de que mi madre terminara su relato, le soltó sin esperar respuesta lo que necesitaba.

—El sueldo de Enrique, necesito que me lo entreguen a mí —se detuvo agitada, sorbió aire desesperadamente y luego se repitió—. Necesito que me lo entreguen.

Barcia apenas estaba digiriendo la situación. No solo debía lidiar con mi madre, sino que también había perdido a uno de sus profesores. Aquello era una catástrofe. ¿De dónde demonios podría sacar un reemplazo en ese momento? Pero ese era un problema posterior, ahora le incumbía resolver lo que tenía frente a él. Antes de responderle, miró a través de ella, hacia nosotros. Dio un suspiro largo y luego habló.

—María Luisa, lo siento mucho. De verdad. Enrique pidió su sueldo por adelantado hace un par de días —se calló un instante para que su interlocutora entendiera sus palabras. Inmediatamente después, trató de explicar su mensaje—. Es algo muy común entre los profesores de la universidad. Tienen ese derecho.

Mi madre estaba deshecha, pero no se permitió llorar. Solo quedó pasmada en su asiento, evaluando las implicaciones de aquellas palabras. Sabía que estaba sin un dólar en el bolsillo, con dos niños a su cargo, un automóvil con medio tanque de gasolina al cual se le debían tres plazos y, salvo por una excepción, sin una sola persona a la cual acudir. Era una situación terrible. No, más que eso, era apoteósica, cruda, cruel: injusta.

—Escúchame, María Luisa —la voz de Barcia tenía un tono salvador. Sus labios se movían como si portara la respuesta que conduciría a mi madre hacia la luz—, el cargo de Enrique quedó vacante. Tú cumples con las credenciales para ocuparlo, yo puedo interceder por ti —la miró firme por un instante y luego remató con una frase que mi madre nunca dejaría de recordar—. Toma el puesto de profesora. Tómalo, María Luisa.

Ahora entiendo que mi madre estaba hecha jirones por dentro. En su interior, sus sentimientos estaban deshechos, sus miedos potenciados y el peso de todas las responsabilidades le nublaban la mente, impidiéndole actuar con mayor temple. Se arrepintió toda su vida de aquella decisión, pero los años me han permitido comprender que, dada sus circunstancias, su respuesta era totalmente lógica.

—Yo n-no puedo —solo en ese breve instante permitió que su voz se quebrara—. No puedo tomar ese empleo.

Barcia la miró un instante con un semblante que dejaba traslucir una mezcla de tristeza y decepción: era el segundo profesor que perdía esa mañana.

...

El avión estaba a punto de despegar con dirección a Ciudad de México. Octavio ocupaba el asiento del medio. Mi madre miraba por la ventana. Yo me conformaba con ver al resto de pasajeros desde mi butaca contigua al pasillo. Una mujer se miraba en un pequeño espejo de mano y se pintaba los labios de un color que no le quedaba bien. Un hombre charlaba con otro, al parecer recordaban un gol del mundial de fútbol del año anterior. Una azafata entregaba un vaso de agua a una señora bañada de arrugas, a ambas les temblaba el pulso. Todas esas personas me parecían infinitamente felices, sumergidas en los pequeños detalles de sus vidas.

No muy lejos, una niña de apenas siete años abrazaba un oso de felpa de color marrón. Por alguna razón, la niña notó mi mirada y me observó asombrada, como si estuviese invadiendo su privacidad y la del oso. Entonces, antes de que yo apartara la vista, me sonrió, y ese simple y altruista gesto me hizo sentir reconfortada.

Un instante después, el avión despegó sin inconvenientes.

Cuando dejamos la oficina de Barcia, mi mamá ya había superado la tristeza. De alguna forma, las pocas esperanzas a las que se había aferrado esa mañana ya habían sido asesinadas. Eso la obligó a valerse por su cuenta. A su rostro llegó la serenidad que solo sienten las personas después de llorar por mucho tiempo. Parecía convencida de que solo ella podía salir bien librada de aquella situación. Se subió al automóvil envalentonada y pisó el acelerador mientras dejaba atrás aquella universidad que nunca más volvería a visitar.

Volvimos a Westwood y comenzamos a empacar. Como siempre, mi hermano y yo teníamos pocas pertenencias y mi madre, demasiadas. Mientras recogía los objetos de mi dormitorio, me topé con una interrogante. ¿Era nuestro el tocadiscos? No recordaba que mis padres lo hubiesen comprado, pero tampoco que fuese un objeto alquilado. En medio de esa indecisión opté por anteponer mi propio bienestar. No volvería a una vida sin música. Dada nuestra condición, sabía que nunca más podría tener aquel aparato, así que lo guardé en su maleta y me lo llevé. Me esfuerzo por convencerme de que no lo robé, que era de nuestra propiedad, pero de no ser así, al menos me consuela saber que sus dueños lograron cubrirlo con la fianza que mi madre no reclamó al abandonar el departamento.

Al salir con el tocadiscos, mi madre estaba ocupada apilando sus obras en el salón. Las dejaba en perfecto estado para que su tía Susana —que se encontraba en Santa Bárbara— tratara de venderlas. Al observarla, me sentí agradecida por no tener objetos de valor. También me alegró descubrir que no me llevaba nada de la biblioteca. Eso me daba una profunda paz. Nada me hubiese atormentado más que la imagen de la Sra. Sophia desilusionada por depositar su confianza en una niña traicionera. Me entristecí de repente. Realmente iba a extrañarla.

Una vez todo estuvo empacado, avanzamos por la ciudad en el auto hasta llegar a una joyería. A esa edad, desconocía que mi madre guardaba un pequeño cofre con las joyas heredadas por su familia. Aquel tesoro había ido vaciándose desde 1954 y para entonces no le quedaban más que unas pocas piezas de valor. No sé cuántas vendió ni tampoco cuánto le pagaron, solo sé que, con el dinero en mano, compró pasajes en primera clase. Al entregárnoslo, pronunció en voz alta aquella frase lapidaria: «Volvemos a Chile».

—*Anything else I can help you with?*

La azafata le entregó a mi madre una botella de agua. La mujer era toda sonrisa y alegría. Después de eso, siguió atendiendo al resto de pasajeros. A buena velocidad comenzamos a dejar atrás la ciudad. Desde las alturas, California lucía hermosa, agitada, renovada. Apenas alcanzaba a verla a través de la ventanilla de mi madre, pero lo poco que lograba percibir desde mi asiento me impresionaba. Aunque no llegué a ser testigo del *summer of love* ni los triunfos de todos los movimientos sociales de la época, me llevé un pedacito de esa cultura floreciente que trascendía a la música y a la lucha social. Ese espíritu californiano, esa necesidad de cuestionarlo todo y la decisión de construir mis propias opiniones se marchaban conmigo. Pronto esas corrientes llegarían a Latinoamérica, allí también se exigirían cambios y reformas, nacerían nuevos artistas y nuevas canciones, pero yo nunca dejaría de rememorar esos días tirada en Westwood, escuchando por primera vez la música que formó mi identidad; la misma que yo y solo yo había escogido.

8

Al llegar a Ciudad de México nos dieron una mala noticia.

Debido a una tormenta de nieve, el avión que venía desde Vancouver para llevarnos a Lima se iba a retrasar. La aerolínea pagaría nuestro hospedaje de esa noche. Así, inesperadamente, terminamos alojándonos en el Hotel del Prado. Aquel era una elevada mole de lujo y belleza. La recepción estaba repleta de rostros solemnes y cuerpos bien vestidos. El lugar estaba lleno de vida y bullicio, pero no era el ruido de las calles, sino el sonido de la pretensión y las palabras intelectuales tan comunes en las conferencias. Aquello le generó un gran malestar a mi madre, quien se encontraba realmente cansada, así que nos marchamos directamente a la habitación.

Subimos en un ascensor. Era la primera vez que entraba en una de esas cajas metálicas. Un botones marcaba el piso al cual se dirigían las persona, como si fuese lo más natural del mundo. Por un instante sentí claustrofobia, aunque no sabía siquiera que esa palabra existía. La caja se movía impulsada por un complejo mecanismo que yo no podía ver. En cada parada, un pitido agradable indicaba la llegada a un nuevo piso y enseguida se abrían las puertas.

En una de esas paradas, nos bajamos. Atravesamos un pasillo ancho y hermoso que estaba al lado de las escaleras. Al verlas, me fatigué de solo pensar que tuviésemos que subir por ellas. Mi madre colocó la llave en el picaporte de nuestra habitación, pero justo antes de abrirla, la puerta contigua se abrió y por ella emergió una silueta conocida. Todos quedamos perplejos: era Jorge Elliott.

Esa noche mi madre no regresó a la habitación.

Para sorpresa de todos, incluido mi padre, habíamos llegado al hotel en el que se estaba realizando el congreso de escritores latinoamericanos al cual, por supuesto, él había logrado ser invitado. Cualquiera que hubiese sido testigo de aquel momento, afirmaría sin temor que era imposible, que las coincidencias no existen y menos de aquella manera, pero, por muy extraordinario que parezca, así sucedió.

Al coincidir de esa extraña manera, Jorge Elliott dedujo que solo él podría cumplir con la tarea de reunir a mis padres. Creía que era su misión y quizás por esa razón actuó de forma tan decidida. En menos de una hora, cedió su habitación como lugar de encuentro y los convocó a ambos para que resolvieran sus diferencias. Él confiaba firmemente en que a través del diálogo todo se solucionaría. Al mismo tiempo, no nos descuidó ni un instante. Luego de hablar con mi madre, nos recordó que podíamos pedir lo que quisiéramos —todo corría por cuenta de la aerolínea—, y pocos minutos después de marcharse, envió a su hijo William a hacernos compañía.

No era mi primer encuentro con William. Nos habíamos visto varias veces en California. En algunas ocasiones, cuando Jorge visitaba a mis padres los fines de semana, William lo acompañaba y me alegraba la tarde. Ese muchacho me agradaba de verdad. Por esos días cumplía con todos los requisitos para ser catalogado como un *nerd* de la época: sus ojos azules estaban ocultos por anteojos de cristal redondo y marco de metal, emanaba un aspecto desaliñado con un puñado de vellos como barba y un cabello largo y sin forma, ambos de un color rubio oscuro; usaba camisas blancas y arremangadas que, al igual que sus *jeans*, le quedaban demasiado holgadas. A veces caminaba encorvado, otras mirando al cielo, siempre distraído y con un deseo extraordinario por hablar de ciencia.

A mí, lejos de parecerme un *nerd*, me resultaba una persona realmente interesante. Encarnaba de muchas formas distintas la imagen del científico loco. Cada vez que coincidíamos, siempre llegaba con un experimento nuevo y extraordinario que desafiaba a la existencia misma. Aunque nos llevábamos cuatro años, entre nosotros fue naciendo una amistad muy natural, libre de prejuicios o intenciones ocultas. Él era un amante de las ciencias que vivía buscando a quien mostrarle sus ideas y en mí encontraba una oyente dispuesta a cuestionarlo y a preguntarle de todo.

Esa noche no fue la excepción.

—¡Dominique! —Su voz siempre sonaba alarmada y alegre, como si cada palabra fuese de vida o muerte—. ¡Qué gusto verte! Oye, tengo que mostrarte algo en lo que estoy trabajando…

Siempre comenzaba la conversación con aquellas frases e inmediatamente después se perdía explicando con terminologías —y un gran número de teorías— sus más inusuales inventos. Disfrutaba escuchándolo. Le prestaba mucha atención y, al parecer, le interesaba mi opinión. Yo tenía algunas bases para decir algo más o menos interesante, después de todo, mis días en la biblioteca me había dotado de cierta soltura en las ciencias. Gracias a eso, las conversaciones fluían mientras nuestra amistad se fortalecía.

Esa noche estuvimos juntos casi hasta la madrugada. Octavio también participaba animado, pero se concentraba esencialmente en comer. Pidió siete postres al restaurante del hotel y tragaba como si su vida dependiera de ello. Nosotros probábamos algunos platillos, pero nos centrábamos más en la conversación. La risa y la diversión era un bocado de aire fresco. Después de aquellas horas de dolor y sufrimiento, aquello era renovador.

Naturalmente, nosotros ignorábamos por completo lo que estaba ocurriendo con mis padres. Un poco después de la medianoche llegó María Luisa y William se despidió. En ese instante sentí un genuino agradecimiento hacia él. Todavía no lo sabía, pero ese muchacho larguirucho y desaliñado se convertiría en uno de mis mejores amigos.

Mi madre no nos dirigió la palabra, se acostó, apagó las luces y dejó que el sueño la desvaneciera de su realidad.

Lo que ocurrió entre mis padres en el Hotel del Prado nunca se dijo en voz alta. Tampoco importó demasiado. No cambió en nada la situación y, seguramente, solo fue una pérdida de tiempo para ambos. En aquella habitación, sin duda alguna se repitió una escena que ya tenía muy vista. ¿Por qué puedo asumir que fue así? Simple: al día siguiente, mi madre comenzó a hablar sola otra vez. En ese instante, detecté la sombra de un rencor infinito que comenzaba a nacer en su vientre. Más tarde, mi padre le hizo llegar los papeles para tramitar la nulidad del matrimonio, pero por más ruegos, súplicas y amenazas de su parte, María Luisa Señoret jamás se lo concedió. En ese momento no tuvo implicaciones directas para la nueva relación que mi padre pensaba construir, pero, a la larga, tendría sus consecuencias.

De espaldas a esos acontecimientos, al día siguiente nuestro vuelo nos dejó en Lima. Casi de inmediato hicimos escala y partimos hacia Chile. A pesar de que habían transcurrido casi seis años de mi primer viaje en avión, el sistema aéreo había cambiado muy poco. Todavía era necesario realizar una larga cadena de trasbordos para llegar al destino, pero cada día se hacían menos.

En Santiago, el personal de la aduana nos abordó con insistencia. Lógicamente, traíamos un exceso de equipaje y parte de su contenido estaba sujeto a una serie de impuestos, especialmente mi tocadiscos. Aquel objeto generó una auténtica contienda argumentativa entre mi madre y los funcionarios. Aparentemente, esos aparatos, tan comunes en los Estados Unidos, en Chile eran un auténtico producto de lujo y sobre él recaía una larga lista de normativas. Mi madre, que se la notaba exhausta, tuvo un arranque explosivo y se vio obligada utilizar todos los años de su educación en la Escuela de Derecho.

A pesar de ser ciertas las normativas, los funcionarios creyeron que podían sacarle algo de dinero a mi madre. ¡Craso error! Los fue desarmando poco a poco hasta amenazarlos con una buena demanda. Los aludidos no esperaban esa reacción, menos de una mujer. Aun así, tardamos siete horas en lograr marcharnos con todo nuestro equipaje.

Mi madre obtuvo una pequeña victoria. Le agradecí infinitamente que salvara mi tocadiscos. Ella llevaba una sonrisa de satisfacción. Volvía a tener pintada la determinación y la firmeza en el rostro después de aquello. Sin embargo, cuando salimos del aeropuerto, su energía se fue desdibujando. Como si se hubiese quitado una máscara, apareció su tristeza. Advertí algunas arrugas nuevas, los párpados todavía hinchados, dos oscuras ojeras y un claro gesto de agotamiento. Mirar Santiago la removía por dentro. Solo alcanzo a imaginar los sentimientos que la sacudían. Regresaba a su hogar, derrotada, separada y deshecha.

Tras un largo suspiro y algunos pasos, subimos a un taxi del aeropuerto. El chofer era un hombre grueso a quien le costaba entrar en su traje. Su rostro era tosco, pero se esforzaba por sonreír. ¿Por qué la gente siempre sonreía? ¡Qué barata era la alegría con los extraños! Por supuesto que yo también lo hice. A pesar de que esa felicidad compartida era una farsa de la cortesía, se volvió real en esa pequeña fracción de tiempo. Por un momento, olvidé el dolor de la vida para estirar los labios y dibujar una pequeña sonrisa. Solo ese simple gesto confirmaba que, por mucho pesar, siempre existía una oportunidad para cambiar la actitud. Siempre encontraría un instante para dejar atrás la tristeza, la angustia y el temor.

El taxi atravesó la capital como un cuchillo. Ya para entonces la noche comenzaba a peinar a la ciudad. Santiago iba encendiendo sus luces nocturnas. Se veía en las calles, en las casas y en los edificios. Era sábado y las personas hacían todo lo posible por demorar su regreso a casa. El ambiente se me antojaba alegre; la oscuridad despertaba los más vivos deseos de la gente y bajo aquel cielo turquesa que moría y ya daba paso a las estrellas, sentía que para nosotros también llegaba el final de algo.

Quizás por esa fascinación embobada de ver el cielo no me percaté de que estábamos en Paula Jaraquemada hasta que el automóvil se detuvo. Mi madre le pidió al conductor que la esperara. Se bajó sin nosotros. Yo la seguí con la mirada. La 115 era y no era la misma. Apenas había trascurrido más que algunos meses de nuestra partida, pero algo lucía diferente. ¿Qué podía ser...?

Entonces, lo recordé súbitamente; de golpe, una aprensión me abrazó el cuerpo y me arrancó dos lágrimas. Ya había pasado más de un año de la muerte de mi abuelo. Cuando cruzara el umbral, él no estaría allí para alegrarse y sonreír. Mi abuelo ya no estaba. El recuerdo me sacudió por dentro. Quizás tanto como la imagen deteriorada de la 115.

Desde la acera podía notar la pintura de la fachada, estaba sucia y desconchada. El letrero de la entrada colgaba en el aire, aferrado a las rejas por una sola de las esquinas; para leerlo hacía falta inclinar la cabeza. Las letras comenzaban a borrarse y al prestarle atención su mensaje deformado decía: *«Se venden huevos y juncos».* Además, la naturaleza del jardín se desbordaba por los barrotes de la reja. La maleza se extendía e invadía las casonas sin que nadie pudiese detenerla.

Mientras yo observaba aquella triste escena, mi madre había desaparecido. Necesitaba dinero, no tenía ni un dólar para pagar el taxi. Al dejarla pasar, mi abuela quedó impresionada. Naturalmente, nadie se imagina que al abrir la puerta se encontrará de frente un océano de problemas. Entre los miembros de las casonas hicieron una colecta y juntando centavos lograron sumar lo suficiente para saldar la deuda con el taxista.

Cuando nos bajamos, por alguna razón volteé el rostro hacia la ventanilla del conductor. El hombre, que estaba muy concentrado contando su dinero, pareció advertirlo. Levantó el rostro, la luz de las farolas le dio en la cara; tenía las facciones extrañamente sosegadas, sus ojos eran claros y al cruzarse con los míos, volvió a sonreír. Casi podía leer esa sonrisa.

«Ánimo».

Luego aceleró hasta perderse en la profunda noche de Santiago.

Bryan Alviárez Vieites – Nota biográfica

Nací en la Caracas de 1995, una ciudad de sal, pólvora y salsa donde se juntaba constantemente la pobreza con la abundancia. Durante mis primeros años de vida, crecí sin lujos ni carencias, amparado por la precaria e intensa rutina de una familia de pequeños comerciantes de textiles que cada año estaban a un paso de perderlo todo. Cuando cumplí ocho años, mi crianza recayó completamente en las manos de mi madre, una gallega férrea y amorosa que jamás encontró la paz del hogar lejos de España.

Mi niñez estuvo enmarcada por la aventura de la perseverancia. No hubo un solo día en el que no fuese testigo de los sacrificios que realizaba mi madre a pesar de no tener recursos ni educación. Llevaba su epopeya con un optimismo contagioso y en medio de sus vaivenes, siempre encontraba tiempo para relatarme la historia de su pasado, los recuerdos de una vida triste y una Galicia que había quedado inalterable en la memoria de esa niña de seis años que un día obligaron a despedirse sin saber el significado del adiós.

A través de sus historias, reviví aquellos días del pasado y la acompañé por esa tierra que yo no conocía, pero que en sus labios me parecía tan cercana, tan mía. No lo supe entonces, pero aquel fue mi primer acercamiento a la escritura. Nació de forma pura y primitiva por medio del verbo; el relato como el más antiguo ancestro de la literatura.

El avance del reloj fue cambiando los colores de la ciudad, agitando su ambiente político y transformando bruscamente mi vida. Durante mi adolescencia, las sacudidas económicas nos arrancaron la capacidad de asombro. El negocio familiar de veinte años desapareció sin dejar más rastro de su existencia que el recuerdo, y desde entonces el coqueteo con la precariedad se convirtió en algo rutinario. A la par, nunca demostré ser un gran estudiante. Aprendí a leer a los diez años y no fue hasta los dieciséis que realmente descubrí la existencia de la universidad. Para entonces era tarde, mi futuro estaba desdibujado, carecía de medios y recursos para alcanzar mis nuevos objetivos y nadie esperaba mucho de mí, salvo mi madre, por supuesto.

Tal vez por eso, y por las paradojas del destino, en medio de esa adolescencia turbulenta, indisciplinada y visceral, me topé con los libros. En un instante, la lectura se volvió mi alimento. Fue mi escape, mi distractor, la voz que me hacía penetrar debajo del velo de mi propia realidad. En sus páginas encontré historias que me acercaban peligrosamente a mi vida familiar, y otras tan opuestas que mostraban nuevas dimensiones de hechos que me eran desconocidos. De un día para otro, solo aspiraba a leer. Lo hacía en el metro, en el autobús, en las calles y conforme me perdía en las letras, algo en mí iba cambiando. Algo íntimo, profundo. Algo que nacía desde las entrañas y la médula. Algo nuevo y revelador que casi sin buscarlo me obligó a experimentar. Así comencé a narrar con mi voz errante los primeros trazos de una escritura precoz en las últimas páginas de un cuaderno envejecido. Tenía doce años, y desde ese momento, no pude dejar de hacerlo.

Ya ha transcurrido lo que parece una vida entera desde aquel comienzo. Y aunque constantemente me atormenta la idea de estar llegando tarde a todos los grandes acontecimientos, conforme me reencuentro con mi pasado, entiendo que mi historia ha forjado la personalidad de mi escritura. He conquistado las oportunidades por medio de la perseverancia y la empatía. Ambas constituyen mi esencia y a través de ellas he logrado adaptarme a la adversidad y convertirla en impulso para seguir soñando.

Soñar, pese a mi indisciplina y a mi poca capacidad para atender las lecciones en los salones de clases durante mi extrovertida adolescencia. Soñar, por encima de las heridas familiares y las carencias propias de haberlo perdido todo. Soñar, aunque las circunstancias del país fuesen adversas y envueltas en frustraciones. Soñar, a pesar de haber fracasado dos años consecutivos en las pruebas de admisión y comenzar la universidad tarde y probablemente con uno de los promedios más bajos de mi promoción. Soñar, sin pretextos, sin excusas, con el alma y el corazón, hasta convertir los fracasos en oportunidades y en logros; hasta convertir los sueños en realidad.

Ahora, en medio de vicisitudes y desatinos, estoy convencido de que he encontrado mi rumbo. Al poco tiempo de ingresar en la universidad, fui becado por un programa de ayudas económicas de la Universidad Católica Andrés Bello y egresé de ella con honores y un promedio Cum Laudem. A su vez, logré valerme de mi escritura para hacer camino al andar y transformar mi pasión en una herramienta de valor que me ha permitido apoyar a mi familia en medio de la Venezuela del presente. Una Venezuela difícil de padecer y de comprender desde adentro y desde afuera. También he logrado sobreponerme a la pandemia y a los días de ficción que ha traído consigo, aunque esto último no hubiese sido posible sin haber conocido a Dominique Lafourcade.

Junto a ella, este viaje al pasado se ha convertido en una experiencia enriquecedora y desafiante que ha puesto en vilo todas mis habilidades narrativas. La historia de su vida se ha convertido en parte de mí y en este primer libro —porque, indudablemente todavía queda mucho por contar—, encontré el apoyo de una persona que ha creído en mi talento, que ha apostado por mi escritura y me ha permitido ingresar a las raíces de su familia. Así, con esta memoria novelada se consagran definitivamente mis primeros pasos en la escritura, pero es solo el comienzo. ¡Todavía queda mucho por crear y relatar! Por eso, querido lector, en tus manos tienes la historia del pasado y del presente; la vida escrita de dos personas que la pandemia y las letras juntó para plasmar los recuerdos del ayer y los caminos del porvenir.

Esta es mi historia, pero lejos de terminar aquí, es tan solo el comienzo.

Made in the USA
Monee, IL
20 June 2021